한 정신과 의사의
37년간의 기록

일생동안 단 한 명의 정신분열병 환자라도 고친다면
내 삶은 구원받을 것이다.
구원받기 위해 나는 글을 쓴다.

한 정신과 의사의
37년간의 기록

Volume. 2

죽은 아들의 옷을
입고 자는 여자

김철권 지음

안목
anmoc

나를 낳아 주신 아버지와 어머니에게
그리고 나를 살게 하는 아내와 두 딸에게
이 책을 바칩니다.

# 차례

# 이 세상에 단 하나뿐인, 유일무이한 책

글이 말하기에 나는 입을 다물어야 한다. 글이 말할 수 없는 것에 대해서만 나는 말해야 한다. 그렇지만 몇 가지는 입을 열어 말할 수밖에 없다.

서른일곱 해 동안 정신과 의사로서 나를 키운 건 8할이 환자였다. 진료실을 찾아온 환자를 통해 나는 삶의 진실을 배웠고 세상의 이치를 깨달았다. 이 책은 그것에 대한 기록이고 해석이다. 모든 환자는 이 세상에서 유일무이하기에 이 책 역시 세상에 단 하나뿐인 책이다.

진료실에서 만난 수백 명의 환자에 대한 기록이 넘쳐 충돌하기 시작했을 때, 처음에는 침묵하려고 했다. 수많은 글이 난무하는 이 세상에 또 다른 글을 보태는 것이 부질없다는 생각에서였다. 그러나 문득 진료실에서 그들과 나누었던 말을, 그들과 나 사이에 있었던 이야기들을 세상 사람들에게 말해 주고 싶다는 생각이 들었다. 그 생각은 곧 의무감으로 바뀌었고 그래서 책으로 내게 되었다. 『죽은 아들 옷을 입고 자는 여자』는 애도와 멜랑콜리를, 『무지개 치료』는 진료실에서의 다양한 치료 방법을, 『사람들의 가슴에는 구멍이 있다』는 사랑과 욕망을, 그리고 『나는 항구다』는 정신과 의사로서 나의 치료 원칙과 철학을 담았다. 이 책들은 지난 37년 동안 진료실에서 날아다닌 말들을 채집해 모은 하나의 도감圖鑑이다.

진료실에는 항상 말이 날아다닌다. 허공에 떠다니는 그 말들을 잡으려 한 지난 37년이었다. 환자들은 증상으로 나에게 말을 걸어왔다. 정신분석을 공부하기 전에는 환자가 하는 말에만 신경을 집중했다. 나는 증상 수집가에 불과했다. 그러나 정신분석을 공부한 후로는 말 뒤의 말을 들으려고 했다. 환자의 욕망을 읽으려고 했다. 신경증 환자들의 말은 문법적으로 맞지만 변형과 왜곡으로 위장되어 있었고, 정신증 환자들의 말은 비문非文이었지만 언제나 진실이 넘쳐 흘렀다. 증상은 말로 쓰인 상형 문자였고 그것을 해독하면 환자의 욕망을 읽을 수 있었다.

정신과 의사가 된 것이 너무나 큰 축복이라서 나는 자다가도 일어나 좋아서 웃고 잔다. 정신과 의사인 아내도 나를 따라 자다가 일어나 웃고 잔다. 의과대학 학생들에게 왜 정신과 의사가 이 세상에서 가장 위대한 직업인지 설명할 때 여러 가지 이유를 들어도 학생들은 나와 아내가 자다가 일어나 좋아서 웃고 잔다는 그 이야기만 기억한다.

소설가가 되는 것이 꿈이었지만 내 삶 자체가 한 편의 소설이라는 것을, 진료실에 떠다니는 말들을 모은 것이 한 권의 소설책이라는 것을 깨달았기에 나는 이번 생에 만족한다.

내가 정신과 의사가 되기까지는 여러 사람의 도움과 가르침이 있었다. 내가 정신과에 지원할 때 흔들리지 않도록 마음을 다잡아 주신, 지금은 돌아가신 김병수 부산대학교 병원장님께 진심으로 감사드린다. 정신과 교실에서 수련을 받을 때 나를 가르치신 김명정 교수님, 변원탄 교수님, 서일석 교수님께도 진심으로 감사드린다. 변원탄 원장님은 내가 전문의를 취득하고 양산병원에 취직한 후 미국에서 2년 동안 공부할 수 있도록 도와준 고마운 분이시다.

의예과 교양 수업에서 만난 이후 지금까지 한결같이 나를 아껴주신, 지금은 은퇴하신 부산대 영문과 정진농 학장님께도 감사드린다. 미국 UCLA 정신과학 교실에서 지도 교수와 멘토로 만난 리버만Liberman 교수와 그린Green 교수에게도 감사드린다. 나에게 Dr. Crazy Hero(미친 환자에게 미친 영웅)와 Dr. Sponge라는 별명을 붙여준 리버만 교수는 나를 자기 곁에 두고 싶어 했지만 비雨를 사랑하는 내가 사막 같은 LA에서 살 수는 없었다. 그것은 운명이다.

그리고 나이 오십 넘어 만난 임진수 교수님을 통해 나는 프로이트와 라캉의 정신분석에 눈을 뜨게 되었다. 정신분석은 내가 환자를 이해하는 방식에 큰 변화를 가져왔다. 임진수 교수님께 진심으로 감사드린다.

영광스럽게 추천사를 써 주신 이근후 박사님께 진심으로 감사드린다. 꾸미지 않은 소박함과 따뜻함이 저절로 묻어 나오는 박사님은 히말라야 산처럼 언제나 듬직하게 서 계신 국내 정신의학계의 거목이시고 큰 어른이시다.

나는 어느 날 하늘에서 떨어진 사람이 아니다. 부모의 뼈와 살과 정신으로써 만들어졌다. 술을 좋아한 아버지로부터 술을 잘 마시고 뛰어난 해독 능력을 받은 것은 커다란 축복이다. 책을 좋아하던 어머니로부터 문학적 유전자를 받은 것 역시 커다란 축복이다. 그래서 나의 호는 주책(酒冊)이다. 술과 책을 좋아한다는 의미다. 죽는 날까지 술을 마시면서 진료와 글쓰기를 씨줄과 날줄로 삼아 직물 짜기를 계속할 것이다.

니체의 영원회귀 사상을 빌어 가족에게 나의 사랑을 전하고 싶다. 악마가 내 귀에 대고 지금까지의 내 삶이 영원히 반복되어도 좋은지 묻는다면 나는 조금의 주저함도 없이 점점 더 크게 "Yes!" "Yes!" "Yes!"라고 대답할 것이다. 정신과 의사가 되었고 아내와 결혼했고 두 딸을 낳았기 때문이다. 그 세 가지는 지금까지 살아오면서 겪은 모든 실패와 후회와 좌절을 덮고도 남는 행운이다. 아내와 결혼해서 나는 내가 하고 싶은 대로 하고 살 수 있었다. 내버려 두는 것이 최고의 내조라는 아내의 말이 나에게는 진리다. 내버려 두는 것이 자식을 가장 잘 키우는 방법이라는 나의 자녀 양육 철학은 두 딸을 통해 분명하게 입증되었다. 두 딸은 건강하고 아름답고 슬기롭게 커 주었기에 나는 아버지로서 할 바를 다했다. 두 딸은 나에게 〈눈이 부시도록 멋진 아빠〉라고 하는데, 내가 눈이 부시도록 멋진 아빠로 살아올 수 있었던 것은 전적으로 가족 덕분이다.

이 책에는 환자의 비밀을 보장하기 위해 여러 가지 장치를 해두었다. 환자를 익명으로 기술하였고 글의 내용상 중요하지 않은 부분들은 실제와는 다르게 바꾸었다. 10년 동안 치료를 받았다는 말은 오랜 기간 치료를 받았다는 것을 의미하고, 전공의 K 선생은 전공의 선생을 대표하는 것으로 이해하면 된다. 환자의 편지나 메모나 상세한 면담 내용이 들어가 있는 부분은 본인에게 동의를 구했다. 이 책에서 어떤 부분들은 다소 성적인 느낌을 주는 표현으로 생각될 수 있다. 이는 정신분석적인 의미를 담아서 설명하려다 보니 나온 것으로 이해해 주시면 감사하겠다.

본래는 정년 퇴임할 때 빨주노초파남보의 무지개색 7권으로 책을 내려고 했다. 그러나 랜섬웨어의 습격을 받아 초기 10년간의 기록이 완전히 사라져 버렸다. 다행스럽게도 일기 형식으로 블로그에 기록한 글은 살아남아서 이 책을 낼 수 있게 되었다. 오랜 세월에 걸쳐 쓰여진 글을 모아 책으로 내다 보니 내가 젊은 시절에 쓴 열정적이지만 과격한 글과 나이 들어 쓴 무난하기는 하나 다소 힘이 빠진 글이 뒤섞여 버렸다. 글을 쓴 시간 순으로 실을 수 있었다면 세월의 흐름으로 켜켜이 쌓인 내 생각의 지층을 볼 수 있었을 텐데 그 부분이 아쉽다.

신문이나 잡지에 발표된 글들을 보고 여러 출판사들이 연락해 왔는데 그들은 내 글 중에서 선택하여 한 권의 책으로 내기를 원했다. 나는 많은 글 중에서 특정 글을 선택할 수 없었기에 그들의 제안을 거절했다. 선택받지 못한 글들은 죽음이며 그것은 내가 진료실에서 만난 환자들을 무화無化하는 것이기도 했다. 그런 점에서 나의 글을 네 권의 예쁜 책으로 만들어 준 안목 출판사 박태희 사장님께 진심으로 감사드린다. 표지와 간지를 내가 찍은 여행 사진으로 하자는 사장님의 제안은 내 글을 사랑하고 내 책을 아름답게 만들겠다는 진심으로 다가왔다. 그 덕분에 책이 정말로 예뻐졌다.

삶은 환상이고 산다는 것은 환상 속에서 또 다른 환상의 길을 걸어가는 것이다. 두 겹의 환상 속에서 나에게 삶의 지혜와 의미를 일깨워 준 이 글 속의 주인공들에게 진심으로 감사드린다. 다음 생이 있다면 진료실이 아닌 곳에서 건강한 모습으로 만나 술 한잔하고 싶다.

〈있는 것은 아무 것도 버릴 것이 없으며, 없어도 좋은 것이란 없다〉는 니체의 말로써 그리고 〈지난 37년동안 치열하게 살아왔기에 정신과 의사로서의 나의 삶은 무죄다〉라는 나의 말로써 이 글을 끝내려 한다. 내가 경험한 모든 것, 내가 만난 모든 사람이 오늘의 나를 있게 만들었다. 그 인연으로 내가 있기에 그 분들께 고맙다는 인사를 전한다.

2024년 1월에 주책酒册 김철권

# 이근후

정신과 의사, 이화여자대학교 명예교수

"여보세요?" 반가운 목소리다. 오랜만이긴 하지만 김철권 교수다. 내년 정년 퇴임을 앞두고 그동안 진료한 환자들의 이야기를 네 권의 책으로 엮었는데 그 책의 추천사를 써 줄 수 있는지, 한 꼭지만 써 주면 4권에 똑같이 싣겠다고 조심스럽게 묻는다. 나는 더 들을 것도 없이 흔쾌히 승낙했다. 김 교수는 부산에서 태어나 거기서 교육받고 정신과 의사로 37년째 봉직하고 있다. 나와는 물리적 거리가 멀 뿐만 아니라 성장 과정도 다르므로 이질적인 부분이 많을 것이다. 그럼에도 불구하고 몇 번 되지 않는 공적인 만남과 네팔 의료 봉사를 포함한 〈가족아카데미아〉의 봉사와 같은 사적 모임에서 받았던 인상들로 나는 그에게 호감을 가지고 있었기 때문이다. 그리고 한 꼭지가 아닌 장문의 추천사를 써서 보냈는데 그 이유는 책의 내용이 좋아서이기도 하지만 책 곳곳에서 느껴지는 환자에 대한 김 교수의 열정과 헌신 때문이다.

그랬더니 바로 이튿날 아침 부산에서 서울로 올라와 내 사무실을 찾았다. 그가 말한 네 권의 책을 가제본해서 들고 온 것이다. 오랜만에 만났으니 할 이야기가 얼마나 많겠는가? 그런데 추천사를 의뢰받은 처지이니 우선 책에 대해 궁금한 것을 집중적으로 물어보지 않을 수 없었다.

짧은 시간에 나에게 책의 내용이나 취지를 설명하는 것이 쉽지 않았을 것이다. 그런데도 나는 그가 말하고자 하는 바를 다 알아들었다. 마치 내가 평소에 그에게 호감을 가졌던 이유를 확인시키기라도 하겠다는 듯이 자신의 생각과 일상을 이야기해 주었기 때문이다.

나는 그의 이야기를 들으면서 우선 대견하다는 생각이 들었다. 상담이나 정신과에 대한 이론서는 많지만 김 교수의 책처럼 사례를 바탕으로 쓴 책들은 동서양을 막론하고 그리 많지 않다. 그 이유는 환자 개개인의 사연이 담겨 있는 내용이고 치료를 목적으로 취득한 의학 정보를 본인의 동의 없이 공개할 수 없기 때문이다. 김 교수는 글의 취지를 설명하고 환자에게 동의를 구했고, 또 그러지 못한 경우에는 비슷한 주제로 내원한 환자들을 아울러 한 사람의 경험처럼 서술했다고 하니 참 창의적이라는 생각이 들었다. 이런 점을 높이 사고 싶다.

그와 환담을 나누면서 증상만 보지 말고 사람을 보라는 그의 진료 철학과 환자가 자기를 성장시켜 준 스승이라는 말을 듣고 나는 깜짝 놀랐다. 내가 놀란 이유는 전자는 내가 1970년 연세대학교 전임 강사로 부임하여 첫 강의에서 학생들에게 들려준 이야기이고 후자는 2001년 이화여대 정년 퇴임 기념 강연에서 내가 한 말과 너무나 똑같았기 때문이다.

그가 쓴 글에는 증상 뒤에 숨어 있는 사람을 이해하려는 그의 진료 철학과 환자를 통해 그가 성장해 나가는 과정을 보여주는 부분이 곳곳에 드러나 있다.

우리가 공부한 정신치료 교과서에서 '환자들이 치료되는 수준은 치료자의 인격 수준에 비례한다'라는 말을 읽은 적이 있다. 그렇다면 환자를 대하는 치료자의 내공이 얼마나 쌓여야 환자에게 도움이 될까? 내 경험을 통해서 보면 수련의 초기 때는 교과서의 매뉴얼대로 따라 하느라 사람을 보지 못했다. 김 교수의 말대로 증상만 볼 것이 아니라 사람을 보아야 하는데…… 병이라는 것도 결국은 앓는 주체가 사람이기 때문에 사람을 먼저 이해하지 않고는 병을 깊이 있게 이해할 수가 없다.

그의 책을 찬찬히 읽어 보면서 내가 느낀 점을 하나하나 언급하는 것은 군더더기에 불과하니 내가 정신과에 입문한 초년병이었던 시절 경험을 하나 말할 필요가 있겠다.

하루는 주임 교수가 외래를 보는데 나에게 환자 한 분의 예진을 맡겼다. 예진이란 본격적인 진료에 들어가기 전에 간단한 정보를 알기 위해 하는 면담이다. 환자 개인의 신상 정보, 함께 있는 가족에 대한 정보, 병원을 찾아오게 된 이유 등등 심층적인 면담을 하기 위한 기초 자료쯤으로 생각하면 된다.

나는 처음 받아 본 주임 교수의 지시라 매뉴얼에 따라 성심성의껏 면담했다. 내가 질문하는 도중에 환자는 자기는 잠이 오지 않아서 도움을 받고자 왔는데 이런 것까지 일일이 다 말해야 하냐고 했고 나는 매뉴얼에 따라 '그것은 좀 있다가 이야기하고 내 질문에 먼저 대답을 해 달라'고 하면서 "가족은 누구누구와 함께 사십니까?"라고 물었다.

이렇게 예진을 끝내고 환자를 모시고 주임 교수 앞에 갔더니 환자는 대뜸 주임 교수를 향하여 나를 손가락으로 가리키며 "이 사람 도대체 무엇 하는 사람이에요?"라고 했다. 주임 교수는 내가 정신과를 공부하는 수련의라고 말했다. 그랬더니 환자가 화난 목소리로 주임 교수를 향하여 "이 사람 좀 똑똑히 가르치세요!"라고 말하고는 진료실을 나가 버렸다. 영문을 몰랐다. 나는 예의를 갖춰 성심성의껏 질문했을 뿐이었다.

내가 이런 부끄러운 고백을 하는 것은 김 교수의 글과 비교해 보라는 뜻이다. 이렇게 비교를 해야 독자분들은 서툰 질문과 세련된 질문을 구분할 수 있을 것이다. 내가 그때 김 교수가 말하듯이 증상을 보지 말고 먼저 사람을 보라는 의미를 알았다면 그런 질문은 하지 않았을 것이다.

김 교수는 37년이라는 긴 세월을 마음에 구멍이 뚫린 사람들과 대화를 나누면서 성장한 정신과 의사다. 환자와 나누는 그의 세련된 대화가 하루아침에 이루어진 것은 아니겠지만 37년이 흐른다고 모든 정신과 의사가 김 교수 같아지진 않는다.

나는 이 책을 의료에 종사하는 사람, 특히 정신과를 전공하여 사람의 마음을 돌보는 의료인은 꼭 읽어 보기를 추천한다. 그 이유는 책의 내용도 내용이지만 이런 사례를 찾아보기가 어렵기도 하고 찾았다고 해도 서술의 여러 장애 요인 때문에 속 시원하게 소개된 것이 없으므로 의료인에게는 소중한 텍스트 같은 역할을 해줄 수 있기 때문이다.

또 자기 마음에 관해서 탐구해 보고 싶은 일반인들에게도 추천해 본다. 정신과 질환은 마음의 병이기 때문에 육체적인 질환과는 달리 그 원인을 하나로 종잡을 수가 없어서 학자에 따라 가설이 많이 나올 수밖에 없다.

그중에 정신과 의사에게 진료를 받으면 확인된 환자(컨펌드 페이션트)라고 하고 불편하더라도 그냥 참고 일상생활을 한다면 미확인 환자(언컨펌드 페이션트)라고 하는 학자도 있다. 이 학자의 주장을 폭넓게 이해한다면 우리 모두는 정신 병리적인 소인이 있다고 하겠다. 이 책에 나오는 환자들의 이야기가 마음이 불편한 상태로 일상을 살아가는 많은 사람들에게 자기 마음을 비춰보는 거울이 될 수도 있어서 일독을 권해 보는 것이다.

이 책은 단순히 재미로 읽히는 책은 아니다. 환자 이야기를 다루고 있지만 결국은 우리들의 이야기인 것이다. 읽기에 따라서는 자기 성장의 한 단계를 높일 수 있는 책이기도 하다.

나는 독자들이 김 교수가 사례를 통해 삶의 철학적인 의미를 이야기하고 있는 것으로 이해해 주시기를 바라는 마음이 크다. 모쪼록 많은 독자와 이 책이 인연이 되어 독자들이 스스로 자신을 성찰하는 좋은 계기가 되었으면 하고 바란다.

## 죽은 아들의 옷을 입고 자는 여자 (1권)

이 책은 〈한 정신과 의사의 37년간의 기록〉 네 권 가운데 첫 번째 책이다. 『죽은 아들의 옷을 입고 자는 여자』, 이상한 제목이다. 짐작컨대 아들을 사랑하는 마음으로 죽은 아들의 옷을 입고 지내는 그런 사례가 아닐까? 하는 생각으로 책 제목과 같은 글을 제일 먼저 읽어 보았다. 아니나 다를까 사랑으로 인해 가슴에 구멍이 뻥 뚫린 환자와 나눈 슬픈 내용이 적혀 있다. 사랑과 애도에 관한 이야기다.

애도가 일어나려면 먼저 사랑하는 대상이 있어야 하고 그 대상을 잃어버려야 한다. 여기에 실린 글들은 삶이 곧 애도의 과정이라는 것을 보여주는 동시에 사랑하는 사람이 죽은 후 그 고통으로 괴로워하는 환자들을 통해 사랑의 기준을 제시해 주는 지혜로운 내용들이 많다.

내가 지금 읽은 '죽은 아들의 옷을 입고 자는 여자'는 사랑이 넘쳐서도 안 되며 또 그 사랑이 중요하다고 해서 잃어버린 사랑에 매달려 사회적인 역할을 소홀히 해서는 안 된다는, 사랑의 위치를 가르쳐 주는 기준이 될 수 있을 것 같다.

독자 여러분들이 이 책을 읽음으로써 김 교수가 생각하는 사랑과 애도를 넓게 공유했으면 좋겠다.

## 무지개 치료 (2권)

두 번째 책 제목은 『무지개 치료』다. 원고를 읽기 전에 김 교수로부터 이 책에서는 자신이 지난 37년 동안 시도한 다양한 치료 방법에 대해 썼다고 들었기 때문에 무지개를 응용해서 어떻게 치료를 한단 말인가? 그런 의문을 가지고 책을 읽기 시작했다.

이 책을 나는 아주 흥미롭게 읽었는데 그가 재미있게 이름 붙인 여러 가지 치료 방법들이 기발하면서도 내가 아는 어느 책에서도 못 보던 독창적인 방법이었기 때문이다.

환자와 의사소통을 잘하기 위하여 환자가 사용하는 말을 그대로 질문 형식으로 되묻고, 거친 욕을 하는 남자에게는 그 증상과 양립할 수 없는 동요 부르기를 과제로 내주고, 유행가 가사를 음미하면서 자신의 상황에 적용해 보도록 한다거나 웃음을 잃은 환자를 마술로써 웃게 하고, 지나간 삶이 아무 의미가 없다고 호소하는 노인에게 젊은 날 즐거웠던 시절에 찍은 사진을 함께 보면서 자신의 존재 의미를 일깨워 주고, 잘 씻지 않고 옷도 안 갈아입어서 냄새가 나는 만성 정신병 환자에게는 외래에 올 때 목욕하고 정장을 입고 오도록 자기관리를 구체적이고 직접적인 방식으로 안내하고, 그리고 타로 카드를 이용하여 환자가 자기 자신에 대해 스스로 공감하고 이해할 수 있도록 이끌어 내는 타로 치료 등 그가 시행하는 치료는 독창적이면서 동시에 각 환자에게 하나하나 맞추는 맞춤형 치료라는 생각이 들었다.

치료 방법도 방법이지만 환자를 치료하면서 치료자로서는 부적합한 생각을 하고 건성건성 환자를 대했다고 고백하는 부분도 여기저기 나와 있어서 적잖이 놀라기도 했다. 자신의 치료 과정이 치료자로서 부적합하다는 것을 고백하기란 그리 쉬운 일이 아니기 때문이다.

그러나 무엇보다 내가 높이 사고 싶은 점은 의사로서 환자의 치료와 회복에 도움이 된다면 마술이든 타로든 무엇이라도 배워서 적용하겠다는 환자에 대한 그의 열정과 헌신이다. 정신과를 공부하는 후학들이 이런 부분을 닮기를 기대하면서 추천한다.

## 사람들의 가슴에는 구멍이 있다 (3권)

〈한 정신과 의사의 37년간의 기록〉의 네 권 중 세 번째 책인 『사람들의 가슴에는 구멍이 있다』는 진료실을 찾아온 사람들의 사랑과 욕망에 대한 이야기를 담고 있다. 존재에 대한 사랑이냐, 소유에 대한 사랑이냐 하는 문제다.

사람은 태생적으로 '나는 누구인가?'라는 질문을 순간순간 하게 된다. 이는 자기 자신의 존재 의미를 찾으려는 노력이다. 존재 의미가 부족할 때, 사람들은 이러한 존재 결핍을 무언가를 가지지 못해서 생긴 소유 결핍으로 잘못 생각한다. 그래서 그 무언가를 가짐으로써 그것을 통해 자신의 존재 의미를 채우기 위해 자신이 가지지 못한 것을 욕망하는 어리석음을 범한다는 그런 내용인 것 같다.

김 교수의 정신분석적 지식과 경험을 바탕으로 써 내려간 이 글은 그의 글솜씨가 좋아 술술 읽힐 뿐만 아니라 소유 중심의 삶을 지향하는 현대인들의 마음에 대해 깊이 생각하게 하는 부분이 적지 않다.

## 나는 항구다 (4권)

『나는 항구다』는 김 교수가 펴낸 4권의 책 가운데 마지막 책인데 역시 제목이 이채롭다. 사례를 근거로 한 앞의 세 권과는 조금 다르게 이 책에는 그 제목이 시사하듯이 자기 성찰과 인격의 성장 그리고 무엇보다 의사로서 환자를 대하는 그의 치료 철학을 써 내려간 부분이 많다. 굳이 그에게 미리 듣지 않았다 하더라도 〈환자가 텍스트다〉〈환자는 의사의 스승이다〉〈진료는 마음공부다〉〈나는 뗏목이다〉 등 글의 제목만 보고도 나는 그의 치료 철학을 짐작할 수 있었다.

게다가 〈정신과 약을 먹어보는 정신과 의사〉라는 글에서는 약의 부작용을 직접 경험해 보려고 지금까지 자신이 환자에게 처방한 약을 다 먹어 보았다고 했다. 이는 의사인 김 교수 자신이 환자가 앉은 자리에 앉아서 먼저 환자를 이해하고 치료에 임하겠다는 그의 마음가짐을 잘 보여주는 대목이라 하겠다.

사람들은 누구나 처음에는 서투름에서부터 시작한다. 세월이 흐르고 경험이 쌓이면서 서투름은 숙련되어 가고 그러면서 시작할 때에는 몰랐던 생활 철학과도 연결된다. 한마디로, 성장하는 것이다. 보통 나이가 들면 인격이 성숙한다는 말을 많이 쓰는데 나는 성숙이라는 말 대신 성장이라는 말을 즐겨 사용한다. 성숙이라고 하면 성장할 수 있는 최고의 정점이라고 느껴져서 과연 그런 사람이 있을까? 하는 생각에서다. 물론 성숙이라는 단어가 의미하는 경지에 도달한 분도 없지는 않을 것이나 내 생각은 성숙은 정점일 뿐 그 이후가 없다. 그러나 성장은 끝이 없다. 각자의 능력이나 노력에 따라서 천차만별이지만 누구나 성장은 하는 것이다.

김 교수는 정년 퇴임을 앞두고 37년이라는 긴 세월을 환자들과의 인간관계로 일괄해서 살아왔다. 환자를 보면서 반성할 것도 있고, 깨달음을 얻을 때도 있고, 자랑스러운 것도 있고, 부끄러움도 체험했을 것이다. 사람들은 지나온 경험 중에 드러내고 싶은 것은 자랑하고 감추고 싶은 것은 숨기기 마련인데 그가 환자를 보면서 자신이 했던 경험이 어느 쪽이든 가감 없이 진술하게 써 내려간 그런 부분이 더 돋보였다.

나는 이 추천사를 마무리하면서 김 교수가 처음에 했던 말이 생각났다. 그는 37년 동안 일기 쓰듯이 조금씩 정리해 둔 자료를 가지고 같은 주제로 묶어서 정년 퇴임 할 때 빨주노초파남보의 무지개색 7권으로 낼 계획이었다고 했다. 그런데 랜섬웨어 공격을 받았고 잠금을 풀어 주겠다는 조건으로 요구하는 돈의 액수가 너무 커서 초기 10년간의 기록을 완전히 잃었다고 했다. 나는 그 이야기를 들었을 때 굉장히 아쉽게 생각했다.

환자를 본 느낌이나 치료했던 방법을 그때그때 적어 놓기가 쉬운 일이 아닌데 그렇게 소중한 자료를 잃었으니 김 교수의 마음이 얼마나 아쉬웠겠는가? 그 자신이 아쉽기도 했겠지만 사례를 정리하고 자기가 치료했던 방법을 서술하는 그런 내용이니까 정신의학을 공부하는 후학들에게는 빼놓을 수 없는 좋은 자료였을 텐데 많은 부분을 잃어버렸으니 이 책과 관계있는 모든 사람의 아쉬움일 것이다.

그런데 문득 그것을 잃은 것이 오히려 다행한 일일지도 모른 다는 엉뚱한 생각을 해 보았다. 그게 무슨 말인가? 김 교수도 안 타까워하고 그 말을 듣는 나 역시 안타까워했는데 그 안타까움 을 뒤로하고 잘된 일이라고 하니 이 글을 읽는 분은 의아해하실 것이다.

조금의 설명을 붙인다면 요즘이 어떤 시대인가? 많은 표현이 있지만 제일 많이 회자 되는 말은 100세 시대다. 비록 지금은 무 지개색 7권의 꿈을 포기하고 4권으로 정년 퇴임을 기념하지만 100세 시대를 살면서 오히려 잃어버린 것이 전화위복이 되어 정 년 퇴임 이후 김 교수의 인생 이모작의 지혜도 우리가 접할 수 있 지 않을까? 라는 생각에서 그런 발상을 해 보았다.

그렇게 되면 김 교수가 인생 이모작에서 터득한 차원 높은 삶 의 철학도 우리가 접할 수 있게 되니 우리로서도 즐거운 일이 아 닐 수 없다. 시쳇말로 누이 좋고 매부 좋은 일이다.

'좋은 친구 한 명이 있다는 것은 온 세상을 얻은 것과 같다'라 는 글귀가 있다. 좋은 친구가 단 한 사람이라도 옆에 있으면 이 세상은 새로운 의미가 있다. 나는 이 책이 바로 그런 책이라고 믿 기에 김 교수에게 축하와 감사를 드린다.

끝으로 이 4권의 책은 김 교수의 말대로 지난 37년 동안 진료 실에서 날아다닌 말들을 채집해 모은 하나의 도감圖鑑으로 많은 사람들에게 읽히기를 바라는 마음으로 추천사를 끝내고자 한다.

# 죽은 아들의 옷을 입고 자는 여자

50대 중년 부인이 남편 손에 이끌려 진료실에 들어온다. 더운 날씨에도 불구하고 긴 소매 스웨터에 긴 치마로 온몸을 옷으로 감싸고 있다. 그녀가 들어오자 악취가 코를 찌른다. 양해를 구하고 일어나 창문을 열었다.

"어떻게 오셨습니까?"
부인을 쳐다보며 물었다. 그녀는 대답 대신 초점 잃은 눈으로 멍하게 나를 바라보았다.
"어디가 불편하십니까?" 다시 물었지만 역시 대답이 없었다.
"어떤 문제로 오셨는지요?" 이번에는 남편을 보며 물었다.
"그게 말하기가 좀……." 남편이 주저한다.
"그래도 말해보십시오. 그래야 제가 도와드릴 수 있습니다."
습관적으로 도와줄 수 있다는 말에 힘을 주며 말했다.
"그러니까 그게…… 집 사람이 속옷을 안 갈아입습니다. 교수님도 눈치채셨겠지만……."
남편이 열린 창문을 바라보며 말했다. 그래서 악취가 난 모양이다. '조현병일 가능성이 크겠구나.' 속으로 그렇게 짐작하며 남편과 대화를 이어나갔다.

"언제부터 그랬습니까? 씻지도 않습니까?"

"아니, 씻는 것은 잘합니다. 목욕도 하고요. 단지 옷만 안 갈아입습니다."

"그래요? 몸은 씻는데 옷을 갈아입지 않는다니, 이해가 되지 않는군요."

"그러니까 작년 겨울에 우리 아들이 교통사고로 죽었는데 그후로 아들이 입던 팬티와 속옷을 입고는 도무지 벗지를 않습니다. 겉으로야 드러나지 않지만 냄새가 너무 나서…… 저도 집에서 함께 지내기가 괴로워 이렇게 찾아왔습니다. 그리고 참, 말도 안 합니다. 한마디도 안 합니다."

가벼운 충격이 머리를 때렸다. 조현병으로 지레짐작한 것이 내심 부끄러웠다. 남편을 잠시 밖에 내보내고 부인과 다시 대화를 시도해 보았다.

"남편의 말이 모두 사실입니까? 만약 말하기 싫으면 그냥 고개만 끄덕이십시오. 제 말에 동의하면 고개를 아래위로 끄덕이고, 동의하지 않으면 좌우로 흔들어 주십시오. 아시겠지요?"

부인이 고개를 끄덕였다.

"죽은 아들 옷을 입고 있으면 마음이 편안합니까?"

부인이 고개를 끄덕인다.

"아들이 보고 싶습니까?"

부인이 고개를 끄덕인다.

"잠도 아들 방에서 잡니까?"

부인이 고개를 끄덕인다.

"옷에 배어 있는 아들의 냄새가 없어질까 봐 옷을 갈아입지 않습니까?"

부인이 고개를 끄덕인다.

"아들의 죽음이 너무 원통합니까?"

부인이 고개를 끄덕인다.

"너무 억울하고 원통해서 도무지 받아들일 수가 없습니까?"

부인이 고개를 끄덕인다. 부인의 눈에 눈물이 고인다.

"따라 죽고 싶습니까?"

부인이 고개를 끄덕인다.

"어떻게 죽을지 구체적인 방법도 생각해 보았습니까?"

이번에는 좌우로 고개를 흔든다.

"제가 도와드릴 일이 있습니까?"

이번에도 좌우로 고개를 흔든다.

"남편이 입원을 원하면 하시겠습니까?"

부인이 강하게 좌우로 고개를 흔든다.

"입원하는 대신 제가 약을 처방하면 약은 복용하겠습니까?"

역시 좌우로 고개를 흔든다.

밖에 있는 남편을 불러 부인이 식사는 하는지 물었다. 식사는 한다고 했다. 어떻게 하기를 원하는지 묻자 남편은 자신도 잘 모르겠다고 대답한다. 이런 경우가 어렵다. 그냥 강제로 입원시키면 걱정할 필요는 없지만 아들을 잃은 부인의 슬픔이 너무 강하게 전달되어 그렇게 하고 싶지 않았다. 자살의 위험성은 있지만 식사도 하고 또 구체적인 자살 방법까지는 생각하지 않은 것으로 보아 긴급하게 강제 입원이 필요한 정도는 아니라고 판단되었다. 내가 부인에게 말했다.

"옷을 빤다고 해서 죽은 아들의 체취가 사라지는 것은 아닙니다. 아들의 체취는 부인의 마음속에 머릿속에 강하게 남아있어 어떻게 해도 사라지지 않을 겁니다. 그러니 아들의 속옷은 이제 벗고 대신 아들이 있는 납골당에 자주 가는 것은 어떻습니까? 그게 더 아들을 위하는 길인 것 같습니다만…… 아들도 엄마가 냄새나는 남자 속옷을 입고 있는 것을 좋아하지는 않을 테니까요."

내 말에 부인은 아무런 반응을 보이지 않았다.

"꼭 입고 있어야 한다면 깨끗이 빨아 입기라도 해야 합니다. 속옷이 아들이라면 현재 아들은 아주 더럽고 냄새나는 그런 환경에 놓여있는 겁니다. 얼마나 괴롭겠습니까? 그게 어미가 할 짓입니까?"

죄책감을 자극해 보았지만 부인은 여전히 고개를 숙인 채 아무 반응도 보이지 않았다.

"부모가 죽으면 땅에 묻고 자식이 죽으면 부모의 가슴에 묻는다고 하지 않습니까? 그만큼 부모에게 자식의 죽음은 너무 아파서 차마 잊히지 않는다는 말이지요. 부인의 경우 아들의 옷은 아들에 대한 기억의 상징입니다. 아들의 옷을 입고 지낸다는 것은 아들의 죽음을 인정하지 않고 계속 기억하겠다는 마음의 표현입니다. 그렇더라도 정말로 아들을 사랑한다면 이제는 아들을 놓아주어야 합니다. 아들에 대한 기억을 붙잡고 있으면 죽은 아들이 저승으로 길을 떠나지 못합니다. 길을 떠나지 못하면 구천을 떠도는 귀신이 됩니다. 아들이 그렇게 되기를 원하십니까?"

　그 말에 갑자기 부인이 울기 시작했다. 이상한 악취가 울음과 함께 진료실을 떠돌았다. 한참 후 울음을 멈추고 부인은 말없이 자리에서 일어났다. 문을 나서기 전 부인은 몸을 돌려 나에게 인사했다. 말은 하지 않았지만 그녀의 눈은 나에게 고맙다는 표시를 전하고 있었다. 어미에게 자식이란 무엇인지…… 나도 모르게 울컥 눈시울이 뜨거워졌다.

# 슬픈 미소

한 할머니가 휠체어에 앉은 채 진료실로 들어온다. 한 남자가 휠체어를 밀고 그 뒤로 여자 두 명과 다른 한 남자가 따라 들어온다. 좁은 진료실이 꽉 찬다. 관계를 물으니 어머니와 두 아들 그리고 두 며느리라고 한다. 컴퓨터 화면에 뜬 초진 기록지를 보니 할머니 연세가 89세로 되어 있다.

"어떻게 오셨는지요?" 내 질문에 할머니는 아무런 반응을 보이지 않았다. 나를 외면하면서 시선을 창밖으로 고정한 채 미동도 하지 않았다. 할머니를 찬찬히 보니 곱게 늙은 얼굴에 기품이 느껴진다.

"어떻게 오셨는지요? 어디가 불편하신지요?" 내가 동행한 아들을 보자 그들이 어머니를 모시고 온 이유를 말하기 시작했다.

얼마 전에 할아버지가 돌아가셨다. 생전에 두 분의 사랑은 너무나 애틋해서 주위 사람들이 늘 부러워했다. 할아버지 장례를 치르고 사십구재를 마친 다음 날부터 할머니는 식음을 전폐하기 시작했다. 곡기를 끊은 것이다.

놀란 장남과 차남 그리고 첫째 며느리와 둘째 며느리는 돌아가면서 할머니 옆에 붙어 앉아 식사를 권유했다. 그러나 헛수고였다. 온갖 방법을 동원해도 할머니는 요지부동이었다. 미음을 입에 떠 넣어 드려도 입을 꾹 다물고 있어서 입 밖으로 흘러 내렸다. 그리고 말도 하지 않았다. 그게 벌써 사흘째다.

할머니는 급격히 기력을 잃어 갔다. 답답한 심정에 아들과 며느리들이 할머니를 병원에 강제로 입원시켜 영양제와 수액으로 버티고 있지만 상태는 여전히 좋지 못했다. 그래서 내과 교수가 혹시 도움이 될지 모른다며 정신과를 권해서 방문했다고 한다.

며칠 동안 있었던 이야기를 나에게 하는 동안 두 아들은 눈물을 글썽였다. 효자임이 분명했다. 그 뒤에 다소곳이 서 있는 며느리들도 인상이 선해 보였다.


정신과를 찾아온 이유가 무엇인지 파악되었다. 문제가 무엇인지는 알겠는데 해결책은 선뜻 떠오르지 않았다. 어떻게 할 것인가? 생각할 시간이 필요했다. 외래 간호사에게 다음 환자에게 20분 정도 기다려 달라는 양해를 구해 달라고 부탁했다. 그리고 생각했다. 어떻게 할 것인가?


할머니의 가슴을 보았다. 커다란 구멍이 나 있는 게 보였다. 그 구멍에서 피가 흘러나오고 있었다. 심리적 출혈 상태였다. 말로 메우기에는 그 구멍의 크기가 너무 컸다. 정신과에 입원시켜 본들 할 수 있는 일은 거의 없었다. 죽기로 결심한 할머니에게 정신과에서 해 줄 수 있는 일은 아무것도 없었다. 육체가 있어야 마음도 있지 육체가 죽어 가는데 마음이 무슨 의미가 있단 말인가?

　노인이 곡기를 끊으면 기력이 급격히 떨어지기 때문에 응급 상황이었다. 그렇지만 도와줄 방법이 선뜻 떠오르지 않았다. 돕고는 싶지만 전통적인 방식으로는 도울 수 없었다. 그럼에도 나는 돕고 싶었다.

　나도 모르게 할머니에게 마음이 끌리고 있었다. 곡기를 끊는다는 그 마음과 할아버지에 대한 사랑이 너무 간절해 보였기 때문이다. 나 역시 이런 죽음을 맞이하고 싶다는 무의식적 욕망 때문인지도 몰랐다. 문득 '곡기를 끊는다'는 말이 슬프면서도 아름답다는 생각이 들었다.

　"할머니, 할머니, 할아버지가 보고 싶으세요?"

　내가 할머니와 시선을 맞추며 물었지만 아무 반응이 없었다. 청력에 문제가 있는지 아들에게 물으니 아무 문제가 없다고 했다. 난감했다. 우습게도 그 순간에 토끼 간을 구해 오라는 용왕의 명을 받은 별주부가 자신은 육지에 한 번도 나가 본 적이 없고 게다가 토끼가 어떻게 생겼는지도 모른다며 난감해하는 심정을 노래한 〈난감하네〉라는 노래가 떠올랐다.

　어떻게 할 것인가? 순간 한 가지 생각이 스쳐 지나갔다. 그래서 장남에게 귓속말로 내 생각을 말했다. 그는 알겠다는 듯이 고개를 끄덕였다. 나는 급히 내 핸드폰에 저장되어 있던 노래 중에 할머니의 현재 심정에 어울릴 만한 노래를 찾았다. 조용필의 〈슬픈 미소〉가 눈에 들어왔다. 말이 되지 않을 때는 음악으로 대화를 나눌 수 있을 거라는 생각에서였다.

"할머니, 제가 더이상 괴롭히지 않을 테니 이 노래 한 곡만 듣고 가십시오. 제가 좋아하는 노래입니다. 제가 이어폰을 꽂아 드릴게요. 할머니, 큰아드님과 함께 들어 보세요. 그래도 되겠죠?"

휠체어에 앉아있는 할머니는 여전히 아무런 반응을 보이지 않았다. 장남이 어머니 손을 어루만지면서 나를 보고 괜찮다는 신호를 보냈다. 차남과 첫째 며느리와 둘째 며느리는 아무 말 없이 나를 지켜보고 있었다.

나는 장남에게 할머니 옆에 무릎을 구부려 앉게 하고는 그의 왼쪽 귀에 이어폰 하나를 꽂아 주고 나머지 하나는 할머니 오른쪽 귀에 꽂아 주었다. 그리고 노래가 계속 반복되어 나오게끔 조작하고는 시작 버튼을 눌렀다.

돌아서면 잊혀질까 세월 가면 잊을 수 있을까
슬픔은 흘러 흘러 가슴을 적시네

노래가 시작되자 장남이 먼저 눈물을 흘리기 시작했다. 그리고 곧 할머니도 소리 없이 눈물을 흘렸다. 노래가 두 번 반복된 후에 나는 이어폰을 그들의 귀에서 뺐다. 그리고 내 생각을 말했다.

"할머니, 할머니는 할아버지를 곧 만나실 겁니다. 제가 자식들에게 집으로 모시라고 할게요. 할머니가 원하시는 대로 하라고 할게요. 이 상황에서 입원해서 정맥으로 영양제를 놓아본들 무슨 소용이 있겠습니까? 할머니, 곡기를 끊겠다는 것은 할아버지에게 가겠다는 말 아닙니까? 제 말이 맞지요?"

그제야 할머니가 고개를 끄덕인다. 두 아들과 두 며느리가 숨죽여 울기 시작했다. 나도 눈물이 핑 돌았다. 나는 할머니와 그

가족에게 내 의견을 솔직하게 말했다.

"할머니가 곡기를 끊은 것은 적극적인 의사 표시입니다. 갓난 아기가 울음으로 젖을 요구하듯이 할머니는 온몸으로 죽음을 요구하고 있습니다. 가족이 최종적으로 결정할 문제이지만 제 생각으로는 할머니의 의사를 존중하는 편이 좋을 것 같습니다."

내가 말을 끝내자 할머니가 다시 눈물을 흘리기 시작했다. 그리고 고개를 들어 나를 보았다. 짧은 눈맞춤이었지만 '내 마음을 알아줘서 고맙다'고 하시는 할머니의 심정이 전해졌다.

할머니는 내게 이렇게 말하고 있었다.

"나는 영감을 만나러 가는 여행을 떠나고 싶어. 영감에 대한 기억만으로는 견딜 수 없어. 기억에 기대어 나머지 삶을 살 자신이 없어. 그러니 이제 나를 보내 줘. 영감이 없는 세상은 나에게 아무 의미가 없어.

아들아, 딸들아. 너희는 슬프겠지만 나는 기쁘단다. 영감을 만나러 가는데 왜 슬프겠니? 태어난 날은 달라도 같은 날 같은 시에 죽기를 늘 꿈꾸어 왔지만, 그래도 영감이 잘 가실 수 있도록 해 드린 후에 내가 뒤따라가는 게 도리라고 생각했단다. 그러니 이제는 나를 보내 다오."

장남이 고맙다며 목례를 하고는 할머니가 탄 휠체어를 밀고 진료실을 나갔다. 차남과 첫째 며느리와 둘째 며느리도 눈가의 눈물을 훔치면서 그들을 따라 나갔다. 그들이 나간 후 텅 빈 소파에 할아버지와 할머니가 손을 잡고 다정하게 앉아있는 환상이 보였다.

아름다운 사랑이다. 죽음이 아름다워야 삶이 아름답고, 죽음을 통해 삶은 완성된다. 오늘, 할머니를 통해 사랑과 죽음이 무엇인지 한 수 배운다.

# 바다를 잃은 노인

평생을 바다에서 보내고 오래전에 은퇴한 70대 선장님이 계신다. 그는 20대 중반에 배를 타기 시작하여 60대 초반에 은퇴할 때까지 오대양 바다 위에서 삶의 대부분을 보냈다. 그의 삶은 한마디로 파란만장하고 흥미진진하고 역동적이었다. 그는 십여 년 전에 갑자기 아내를 병으로 잃은 후 심한 우울과 불면증에 시달리다가 나를 찾아왔다. 그러고 보니 그를 만난 지도 벌써 10년의 세월이 흘렀다.

그는 올 때마다 짧게 지난 시절을 회상하면서 이야기하곤 했다. 나는 특히 그가 30대에 칠레의 발파라이소, 독일의 함부르크, 일본의 요코하마에서 만났다는 여성들과의 로맨스에 관심이 많았다.

그의 사랑 이야기는 무궁무진하여 때로는 어디까지가 사실이고 어디부터가 상상인지 구분이 되지 않았다. 지난 사랑 이야기를 할 때 그는 너무나 활기차고 열정적이어서 정말로 이 사람이 우울증을 앓고 있는지 의심될 정도였다.

"그래서요? 그 다음에는 어떻게 되었어요?

내가 그 다음 상황이 궁금해서 재촉이라도 하면 그는 언제나 미소를 띠며 이렇게 말했다.

"교수님도 참, 서두르지 마세요. 사랑은 서두르는 것이 아닙니다. 사랑은 익어야 합니다. 남자는 여자가 아무리 마음에 들어도 절대로 서두르면 안 됩니다. 여자 스스로 마음을 열 때까지 계속 주위를 맴돌아야 하지요."

"왜요? 왜 그래야 하지요?"

"여자의 마음을 얻어야 1년이고 2년 후라도 다시 찾으면 그 여자가 나를 반기지요. 마음을 열지 않은 여자는 나를 오래 기억하지 못해요. 오랜 경험에서 그 사실을 터득했지요."

그는 여자에 대해서는 마치 모든 것을 다 안다는 듯이 흐뭇한 미소를 짓곤 했다. 그가 한 말은 모두 정신분석적으로 맞는 말이었다. 욕망은 충족되는 순간 사라지고 그렇기에 욕망 충족의 끝없는 지연만이 욕망을 지속시키는 원동력이 되기 때문이다.

얼마 전에 그가 빛바랜 사진 몇 장을 들고 왔다. 내 옆에 와서 사진을 보여 주는데 모두 젊은 외국 여자들이었다. 그는 사진 한 장 한 장에 대해 설명했다.

"이 여자는 제가 이전에 말했던 마리아이고, 이 여자는 미야꼬이고, 이 여자는 쥴리에타이고……."

여자 이름을 말할 때 그의 목소리가 떨리는 것 같아 그를 보니 눈가에 눈물이 고여 있었다. 그는 갑자기 말을 멈추고 소파에 털썩 주저앉아 앙상한 두 손으로 얼굴을 가리고 울기 시작했다. 곧 그는 울음을 그치고 나를 보았는데 깊은 주름살이 패인 그의 얼굴에는 눈물 자국이 선명했다.

"교수님, 교수님께 제 연애 이야기를 할 날도 얼마 남지 않았나 봅니다. 언제나 제 말을 흥미진진하게 들어줘서 고맙습니다. 이 진료실에 올 때는 마치 제가 배를 몰고 항해를 나가는 기분이었습니다. 그렇지만, 솔직히……."

그는 잠시 말을 멈추고 진료실 천장을 바라보았다. 그리고 다시 말을 이어 나갔다.

"산다는 것은, 참 쓸쓸하고 외로운 일입니다. 추억만 가지고 살기에는 너무 외롭고 쓸쓸합니다. 안녕히 계십시오."

그리고 오늘 40대 중반으로 보이는 그의 아들이 나를 찾아왔다. 10년을 진료하는 동안 아들은 처음 보았다. 서울에 사느라고 그랬다며 미안해했다. 경찰에 제출할 서류를 발급받기 위해 왔다고 했다.

며칠 전부터 아버지와 연락이 되지 않아 집을 찾아갔더니 방안이 말끔하게 청소가 되어 있었고 아버지는 보이지 않더란다. 불길한 생각이 들어 경찰에 실종 신고를 냈는데 어제 고향 바닷가 언덕 아래에서 아버지 시신을 발견했다고 한다. 외부 상처가 없는 것으로 보아 경찰은 자살이 아니면 실족사로 본다고 했다.

"혹시 교수님, 아버지께서 마지막으로 하신 말씀이라도 있습니까?" 아들이 물었다.

"예. 마도로스로 산 인생이 정말로 자랑스럽다고 늘 말씀하셨지요. 아버님은 진정으로 바다에서의 삶을 사랑하신 분이었습니다."

"아마 그러실 겁니다. 그런데 아버지 양복 안 주머니에 어머니 사진과 함께 오래된 여자 사진들이 몇 장 있어서요. 그게 뭔지 아무리 생각해도 알 수 없어 교수님께 여쭤본 겁니다. 모두 외국 여자들이라서요. 아버지께서 젊을 때 사진 찍기를 좋아하셨기에 아마도 아버지 마음에 들었던 여자분들 사진이 아닌가 생각됩니다만……."

아들이 말끝을 흐리며 나를 보았다. 혹시 알고 있는 게 있는지 물어보는 눈치였다.

"글쎄요? 저도 그 점에 대해서는 들은 바가 없어서……."

"알겠습니다, 교수님. 그동안 고마웠습니다."


아들이 나가고 나는 그의 진료 기록지에 이렇게 적었다.

〈바다, 삶, 사랑. 배는 바다에 있을 때만 힘을 발휘한다. 항구에서는 오직 휴식과 추억만 있을 뿐이다. 바다를 잃은 노인에게 육지에서의 삶은 참 쓸쓸하고 외로운 것이다.〉

너무 감상적인 것 같아 지우고 다시 적었다. 〈아들 방문. 수일 전 환자 시신 발견. 경찰서 제출용 진단서와 진료 기록지 발급함.〉

# 밀양 할머니는 왜 나에게
# 돈 50만 원을 주었나?


"의사 양반, 혹시 내가 와야 하는 날에 못 오면 죽은 줄 아소. 요즘은 한 치 앞을 보기 어려워서 그래."

밀양에 사는 86세 할머니는 외래를 방문할 때마다 늘 똑같은 말을 한다. 오늘도 그 말부터 꺼낸다. 듣기에도 불편할 정도로 숨 가쁜 음성이다. 심장 질환이 있어 걷기도 말하기도 불편해 한다.

"별말씀을 다 하십니다. 제 생각에는 여기 먼 곳까지 오시지 말고 가까운 곳에서 치료 받으시는 것이 더 좋겠습니다."

"여기서 치료 받은 지도 오래되고, 한 10년 되나? 또 심장 때문에도 와야 하고."

"10년은 아니고요, 한 5년 정도 됩니다. 모친 편하신 대로 하십시오."


할머니가 말하는 내용은 언제나 비슷하다. 심장이 불편해 눕기도 쉽지 않다. 자식이 2남 3녀인데 모두 결혼해서 떨어져 산다. 20여 년 전에 할아버지가 돌아가셔서 혼자 지낸다. 자식들이 착한데 다들 먹고 살기 바빠서 자주 못 본다. 매일 밤 자식들이 8시경에 전화를 하는데 그때 못 받으면 집에 오기로 했다. 등등.

"그래도 내가 질질 끌지 않고 심장 때문에 딱 죽을 가능성이 크다 하니 그게 다행이지. 자식들에게 부담 주기도 싫고."

"자다가 그대로 죽으면 제일 좋지. 그게 내 마음대로 되지 않아서 그렇지."

"얼마 전에는 아침에 눈을 떴는데 앞이 부옇고 이상하더라고. 아이고, 이제 죽었는갑다 생각했는데 가만히 있으니 장롱이 희미하게 보이는 게 죽은 게 아니더라고. 백내장이 와서 잘 안 보이는 거였어. 이 나이에 수술받는 게 쓸데없다는 생각이 들지만 앞이 보여야 내가 선생님께 약이라도 받으러 올 거 아니야? 그래서 수술받았지. 자식 볼 염치가 없어. 일찍 돌아가신 영감이 그저 부럽기만 하더구먼."

"의사 양반, 오늘은 아무 소리 말고 먹으면 자면서 딱 죽는 그런 약 좀 처방해 주게. 내가 부탁함세."

한 달에 한 번 늘 예약된 날짜에 와서 이런저런 이야기를 하시던 할머니였다.


며칠 전 외래 진료 명단에 할머니 성함이 보여 오늘도 비슷한 이야기를 하시겠구나 하고 기다렸는데 할머니 대신 50대 중반으로 보이는 한 남자가 문을 열고 들어왔다. 갑자기 불길한 예감이 들었다. 그 남자가 말했다.

"저는 장남 됩니다. 어머니가 얼마 전에 돌아가셔서 교수님께 그 소식을 알리러 왔습니다."

그러면서 윗옷 상의에서 봉투 하나를 꺼내 건네준다. 내가 사양을 하자 아들은 어머니의 뜻이라고 잘라 말한다.

"어머니는 보름 전에 갑자기 돌아가셨습니다. 저녁 8시경에 전화를 드렸는데 받지 않으셔서 즉시 집에 가 보니 이미 돌아가신 후였습니다. 자리에 누워 계셨는데 얼굴이 편안해 보이는 것이 고통스럽게 돌아가시지는 않은 것 같았습니다.

어머니가 저희 보라고 편지를 적어 놓았는데 끝부분에 〈은행에 가서 깨끗한 돈으로 바꿔 봉투에 넣어 두었으니 정신과 교수님을 찾아 대신 고맙다는 인사를 하라〉는 내용이 있었습니다. 어머니 장례 치르느라 경황이 없어 지금에야 찾아왔습니다. 교수님, 그동안 고마웠습니다. 어머니는 늘 전화로 교수님이 한 달에 한 번 만나 자기 이야기를 들어주는 애인이라고 하셨습니다. 안녕히 계십시오."

아들이 나가자 잠시 머리가 멍해졌다. 아들에게 무슨 말이라도 해야 할 것 같은데 그는 벌써 나가고 없었다. 대신 다음에 진료를 볼 환자가 문을 열고 들어온다. 외래 진료를 마치고 연구실에 돌아와 봉투를 열어 보니 50만 원이 들어있었다. 그러자 오래전에 할머니가 했던 말이 갑자기 생각났다.

"내가 여기 한 번 올 때마다 돈 만 원씩을 모으고 있어. 줄 사람이 있거든. 얼마 전에 50만 원이 되었는데 이제는 더 모을 생각이 없어. 이 정도면 내 마음을 전할 수 있을 것 같아서야."

"누구에게 주시게요? 손자?"

"애인이야. 내가 좋아하는 애인."

할머니가 미소를 지으며 나를 바라본다.

"할아버지가 섭섭해하시겠는데요. 애인이 있다는 말 들으면."

"영감도 이해할 거야." 할머니는 뭐가 좋은지 미소를 지은 채 계속 나를 바라보았다.

"한번 애인 되는 분과 같이 오시죠. 저도 보고 싶네요."

"언젠가는 그런 날이 올 거야." 할머니가 고개를 끄덕인다.

그런데 밀양 할머니는 왜 나에게 돈 50만 원을 주었나? 밀양 할머니는 자신이 죽은 후에 왜 나에게 이 돈을 전해 주라고 했는가? 의문점은 두 가지였다. 하나는 왜 나인가? 다른 하나는 왜 50만 원인가?

첫 번째 의문에 대한 대답은 어렵지 않았다. 그동안 자신을 치료해 주고 말벗이 되어 주었으니 고맙다는 인사로 받아들일 수 있다. 정신분석적 용어로 말하면 긍정적 전이의 한 형태이다. 할머니가 나를 자신의 남편 자리에 앉아 있는 이상적인 사람으로 받아들였을 가능성도 있다. 그 대답이 어떠하든 첫 번째 질문에 대해서는 그럴듯한 설명을 할 수가 있었다.

문제는 두 번째 의문이었다. 왜 50만 원인가? 10만 원도 아니고 100만 원도 아닌 왜 50만 원인가? 이 질문에 대답할 수 있어야 할머니의 마음을 이해할 수 있을 것 같았다. 실마리는 결국 할머니가 나에게 했던 말에서 찾을 수밖에 없었다. 이전에 할머니는 외래에 한 번 올 때마다 만원 씩을 모으고 있고, 얼마 전에 50만 원이 되었기 때문에 이제는 돈을 더 모을 생각이 없다고 하셨다.

〈한 번 외래에 올 때마다 돈 만 원씩을 모은다.〉〈얼마 전에 50만 원이 되었는데 이제는 더 모을 생각이 없다.〉나는 이 두 문장을 계속 머릿속으로 떠올리며 읊조렸다. 그러자 할머니가 처음 나를 찾아왔을 때 나눈 대화가 갑자기 떠올랐다.

"의사 양반, 내가 얼마나 오래 살 수 있을 것 같소?"

"글쎄요, 요즘은 의학 기술이 좋아서 심장 수술을 받았다고 해도 최소 10년은 충분히 사실 것 같은데요."

"말만 들어도 고맙소. 솔직히 나는 딱 5년만 더 살았으면 좋겠어."

"왜요? 왜 5년인가요?"

"큰 손자 결혼하는 거 보고 죽고 싶거든. 지금 스물다섯인데 서른 이전에는 가지 않을까 해서."

"그 정도는 충분히 가능합니다. 걱정하지 않으셔도 될 것 같습니다."

그 순간 의문이 풀렸다. 5년과 50만 원. 5라는 숫자의 반복에 실마리가 있었다. 할머니는 50만 원 모으는 것과 5년 더 사는 것을 같은 의미로 받아들인 것이다. 할머니에게 50만 원은 5년 더 사는 것의 상징이었다. 마치 오 헨리O. Henry의 『마지막 잎새』에서 주인공이 마지막 잎새가 나무에 붙어 있는 한 죽지 않는다는 믿음을 가졌듯이, 할머니는 50만 원을 모으는 동안에는 자신이 죽지 않을 것이라는 마술적 사고magical thinking를 가졌던 것이다.

50만 원은 나에 대한 감정이 아니라 할머니 자신의 살고 싶다는 욕망의 상징이었다. 나는 단지 마지막 잎새가 붙어 있는 나무의 역할을 했을 뿐이다. 그러니까 할머니가 "얼마 전에 50만 원이 되었는데 이제는 더 모을 생각 없다"라는 말도 자연스럽게 해석이 되었다. 〈이제 내가 원했던 5년을 더 살았으니 여한이 없다〉라는 의미였다. 그동안 큰손자가 장가 간 것도 당연히 할머니의 욕망을 충족시켰음이 틀림없었다.

물론 나의 해석이 틀렸을 수도 있다. 그리고 할머니가 고맙다는 뜻으로 돈을 준 것을 욕망의 상징이니 어쩌고저쩌고하는 것이 오히려 할머니의 순수한 뜻을 왜곡하는 것일 수도 있다. 그렇지만 내가 말하고 싶은 요지는 내가 예뻐서, 내가 잘해서 내게 돈을 주셨다기보다는 할머니 자신의 무의식적 이유 때문에 그랬을 가능성이 더 크다는 것이다.

어젯밤에 누워 머릿속으로 소설을 썼다. 제목은 「밀양 할머니는 왜 나에게 돈 50만 원을 주었나?」이다. 소설의 스토리는 단순하다. 밀양에서 동아대학교 병원을 오고 가는 버스와 택시 안에서 매달 1만 원씩 돈을 모을 때마다 할머니의 삶의 욕망과 죽음의 욕동이 어떻게 변해 가는지를 적어가는 것이다.

돈의 액수가 50만 원을 향해 나아 갈수록 삶의 욕망은 줄어들고 죽음의 욕동은 증가할 것인지, 아니면 그 반대인지, 그것도 아니면 삶의 욕망과 죽음의 욕동은 별도로 움직이는지를 적고 싶었다. 프로이트가 〈쾌락은 죽음에 종사한다〉 〈쾌락은 죽음을 향해 나아간다〉라고 말했듯이, 죽음을 앞둔 노인의 입장에서 죽음을 향해 가는 여정이 왜 쾌락이 될 수 있는지를 보여 주고 싶었다. 삶과 죽음, 욕망과 욕동의 운명, 쾌락과 죽음, 이런 것들을 말하고 싶었다. 밤새 머릿속에서 쓰고 지우기를 반복했다.

그러다가 새벽녘에 꿈에서 밀양 할머니를 만났다. 꿈속에서 나는 할머니에게 열심히 소설에 대해 말해주고 있었다. 꿈을 깨고 나자 내가 나 아닌 듯한 느낌이 들었다. 밀양 할머니가 실제로 존재했던 사람인지 아니면 꿈속의 사람인지 그 경계도 희미해졌다. 문득 산다는 것이 허무하다는 생각이 밀려왔다.

# 가슴에 박힌 가시

"왜 이렇게 가슴이 아프지요?"

50대 부인이 나에게 묻는다.

"어떻게 아픕니까?"

내가 되묻는다.

"숨을 쉴 때마다 무언가가 가슴을 찌르는 것 같아요."

그녀가 대답한다.

"당연히 가슴이 아플 겁니다. 가슴에 가시가 박혀 있으니까요."

"제 눈에는 안 보이는데 선생님 눈에는 보이는 모양이죠?"

"부인 눈에도 보일 겁니다. 단지 보지 않으려고 눈을 감고 있을 뿐이죠."

"가시를 빼려면 어떻게 해야 하죠?" 그녀가 묻는다.

"가시를 뺄 수는 없습니다. 그 상태로 시름시름 앓는 도리밖에 없습니다." 내가 말했다.

"어떻게 그런 말을 합니까? 선생님이 도와줄 방법은 없습니까?" 그녀가 다시 묻는다.

"없습니다. 저는 가슴에 박힌 가시를 빼는 의사가 아닙니다. 저는 단지 부인 가슴에 가시가 박혀 있다는 것을 말해 주는 의사일 뿐입니다. 자식이 먼저 죽으면 어미는 그 가시가 박힌 채로 살아갈 수 밖에 없습니다. 억지로 뺀다고 빠지지도 않을뿐더러 오히려 가슴의 통증만 더 심해집니다. 가슴이 아프면 '아! 가시 때문에 아프구나' 하고 받아들여야 합니다. 너무 아파 견디기 어려울 때는 큰소리로 울부짖고 흐느끼십시오. 그러면 한결 편안해질 겁니다. 죄송합니다. 가시를 빼 주지 못해서."

# 환자에게 고맙다고 말하는 순간

내가 환자에게 고맙다고 말하는 순간이 있다. 끊임없이 자살을 생각하고 또 실제로 자살 시도를 하여 입원한 환자가 퇴원 후 처음 외래를 방문했을 때, 그때 나는 말한다.

"자살 시도를 하지 않고 저를 찾아 주어 고맙습니다."

그 환자가 처음에는 일주일마다 나중에는 한 달에 한 번씩 나를 찾을 때 나는 늘 대화의 끝을 이렇게 맺는다.

"밖에서 생활하면서 자살하고 싶은 충동이 많이 들었을텐데 자살을 시도하지 않고 저를 찾아 주어 고맙습니다. 진심입니다." 그러면 대부분의 환자가 눈물을 흘린다.

한 20대 여자가 있다. 어릴 때부터 아버지와 오빠로부터 지속적으로 성폭행을 당해 이미 정신이 황폐해진 상태다. 대학에 들어가 선배에게 또다시 성폭행을 당한 후에 외래로 찾아왔다. 최근의 성폭행이 어린 시절 당한 성폭행의 악몽까지 일깨운 것이다. 오랜 세월 억눌러 닫아 놓았던 그 고통스럽고 캄캄한 어둠의 댐을 활짝 열어젖히게 만든 것이다. 그녀는 이렇게 말한다.

"남자만 보면 불안해서 견딜 수가 없어요. 누운 채 선배로부터 성폭행을 당할 때 눈앞에 나뭇가지가 흔들렸어요. 그때부터 흔들리는 나뭇가지만 보아도 가슴이 터질 듯이 뛰어요. 제가 반항하니까 선배가 핸드폰으로 제 머리를 때렸어요. 그때부터 핸드폰만 보아도 불안해서 미칠 것 같아요."

내가 해바라기 센터 방문을 권유해 보았지만 그녀는 너무 불안해서 갈 수 없다고 했다. 전화로 해바라기 센터와 연결해 주었지만 겁이 나서 갈 수 없다고 고개를 가로저었다. 내가 아버지와 오빠와 선배를 법적으로 처벌해야 한다고 설득했지만 그것도 결국 실패했다. 그녀는 말한다.

"저는 더러운 년이에요. 그래서 밥 먹고 토해 내요. 음식이 저의 더러운 몸 안에 들어갔기 때문이에요. 저는 미친 듯이 음식을 먹어 살을 찌워야 해요. 날씬하고 예쁜 몸을 가지고 있으면 또 성폭행을 당할 거예요. 돼지같이 뚱뚱하고 더러우면 어떤 남자도 저를 성폭행하지 않을 거예요. 저는 자살할 거예요. 저는 죽을 거예요. 그렇지만 겁이 나서 죽지는 못하고 이렇게 손목만 긋는 거예요. 그렇지만 저는 죽고 싶어요. 정말이지 죽고 싶어요."

저번 주에 그 애에게 처음으로 이렇게 말했다.

"지난 한 주 동안 자해하지 않고 나를 다시 찾아 주어 너무 고마워. 진심으로 고마워."

그러자 그 애가 소리 내어 운다. 울고 또 운다. 그 애의 눈물이 그치기를 기다렸다가 왜 그렇게 울었는지 물었다. 그 애가 대답한다.

"고마워서요. 자해를 하지 않아서 고맙다고 말한 선생님이 고마워서요. 그렇게 말해 준 사람은 처음이거든요."

그 애가 어느 정도 마음이 안정되면 나는 이렇게 말해 주고 싶다.

"얘야, 너를 괴롭히는 그 고통이 너를 죽이지만 않는다면 너는 더욱 강해질 거다. 네가 그 고통에 굴복하여 자살만 하지 않는다면 너는 더욱 강해질 거다. 네가 그 고통에 못 이겨 자해만 하지 않는다면 너는 결국 이겨낼 거다. 삶은 본래 그런 거다. 버티고 버티기만 하면 결국은 네가 그것을 극복하게 된다. 시간은 너의 편이다. 그러니 죽고 싶다는 충동에 결코 굴복하지 마라."

나 역시 삶에 대한 허무와 구토 때문에 때때로 죽고 싶다는 충동이 들지만 그것을 이겨내도록 도와주는 사람은 언제나 내 왼쪽 심장 안에 있는 니체다. 니체의 목소리가 들린다.

'삶은 본래 그런 거야. 삶에 순종하지 마. 삶은 계단이고 너는 그 계단을 끝까지 올라가야 해. 중력을 거슬러 끝까지.'

니체에게 많은 빚을 지고 산다.

# 사례 토론

전공의 K선생이 심한 죄책감과 우울 증상을 보이는 58세 여자 환자 사례를 발표한다. 눈을 감고 K선생의 발표를 듣는다. 태어나서 지금까지 살아온 한 여자의 삶이 파노라마처럼 펼쳐진다.

부모를 잘 만나야 하는데, 아쉽네. 부모와의 인연이 박하네. 아! 행복했던 시절도 있었네. 공장에 다니면서도 밤에 공부를 하던 저 때가 저 여인의 화양연화였네. 기구한 삶이네. 남자를 보는 눈이 없다는 것이 저 여자의 문제네. 남자를 너무 쉽게 믿어버리고 너무 쉽게 사랑을 주네. (심수봉의 노래 〈사랑밖에 난 몰라〉가 환청으로 들린다.) 남자가 무능력하여도 사랑만 있으면 극복할수 있다고 믿는 게 문제네. 무능한 아버지의 자리에 무능한 남편을 앉히네. 무능하고 알코올 중독이라는 점에서 아버지와 남편이 판박이네. 아버지로부터 사랑받고 싶다는 자신의 문제를 알지 못하네. 괜찮은 남자만 만났더라면 참 행복한 삶을 살 것인데, 거기까지가 이 여자의 복이네. 40대에 요리사 자격증을 따서 취직하기가 쉽지 않은데 그래도 용기가 있네. 알코올 중독 남편에

두 아들에, 그래도 지금까지 참 열심히 살아왔네. 이 여자는 힘이 있네. 그냥 술주정뱅이 남편을 버리고 지금이라도 새 출발을 하면 괜찮지 않을까? 얼마나 남편을 죽이고 싶었으면, 얼마나 그런 상상을 했으면 저렇게 죄책감을 느낄까? 차라리 남편에게 죽어 버리라고 말하는 게 좋지 않을까?

내가 환자가 되어 환자가 앉아 있는 자리에 앉아 생각해 본다. 환자와 나 사이를 왔다 갔다 하면서 내 속에서 떠오르는 연상들을 바라본다.

"그래서 이 환자의 병명은 심한 우울증이고 약물치료를 통해 많이 호전되었습니다."

K선생의 마지막 말에 환자와 나 사이의 여행은 끝이 났다.

발표한 K선생에게 물었다.

"그래서, 그 환자의 병력을 파악해서 무엇을 알았는가?"

"병명을 알았습니다."

"병명이 뭔가?"

"Major depressive disorder, recurrent episode, in partial remission, with melancholic feature, and without psychotic feature."

K선생의 대답이 우습다. 병명이야 환자가 자기 입으로 말한다. 어디가 불편하냐고 물었을 때 환자가 〈불안합니다〉라고 하면 불안증이고, 〈우울합니다〉라고 하면 우울증이 아닌가?

"병명이 무척 기네. 나는 숨이 차서 다 말하기도 힘드네. 그 밖에 알아낸 것이 무엇인가?"

"성격을 알았습니다."

"어떤 성격을 알았는가?"

"이 환자는 의존형 성격입니다." (내가 보기엔 〈사랑밖에 난 몰라 성격〉인데 라고 속으로 중얼거려 본다.)

"또 무엇을 알았는가?"

"A약이 효과가 있었고 B약은 부작용이 있다는 것을 알았습니다."

"또 무엇을 알았는가?"

이번에는 K선생이 대답을 못하고 나를 바라본다.

"정답이 있어서가 아니고 그냥 그 환자에 대해 발표하면서 마음속에 떠오른 것이 있는지 그게 궁금해서."

"이런 말을 해도 될 지 모르겠습니다만, 저는 이 환자가 불쌍했습니다."

"그래? 앞의 대답보다는 훨씬 흥미롭군. 그리고 또?"

"환자 남편이 정말 무능력하고 못된 놈이라고 생각했습니다."

"점점 더 흥미로워지는군."

"솔직히 환자에게 남편과 자식 다 버리고 새 출발하라고 말해 주고 싶었습니다."

"이야! 정말 대단한 말이네. 또 떠오른 것이 있으면 더 말해 보게."

"남자를 믿지 말라고 말해 주고 싶었습니다. 남자에게 좋은 여자라는 걸 인정받으려고 하지 말라고 말해 주고 싶었습니다."

"이야! 이제는 감동까지 주네. 더 하고 싶은 말은?"

"그뿐입니다. 이런 말을 해도 될지 몰라 말하지 못했지만 저의 솔직한 심정은 그랬습니다."

"그럼 내가 한마디 할게. 지금까지 K선생이 발표한 내용은 모두 사실에 기반을 둔 말이야. 그 말은 모두 너는 환자, 나는 정신과 의사라는 마음으로 환자의 말을 듣고 정리한 것이지. 그건 환자의 입에서 나온 현실적인 정보라서 진실의 측면에서는 죽어 있는 말이야. 박제된 말이라고나 할까?

그런데 내가 마음속에 떠오른 것을 말해 보라고 했을 때 K선생이 주저하면서 말한 것 있잖아? 그것은 진실에 가까운 말이야. 그런 말은 앉아 있는 자기 자리에서 일어나 환자의 마음속으로 들어갔을 때 나오는 말이야. 그런 말이 환자의 마음을 흔들어 놓지. 환자에게 그런 말을 한번 해 봐. 그러면 환자는 강한 반응을 보일 거야. 수용하거나 아니면 거부하거나, 어느 쪽이든 환자에게 도움이 돼.

그런 진실의 말을 찾으려고 하는 태도는 의사에게 많은 도움이 돼. 환자와의 동일시를 통해 환자의 내면을 들여다 볼 수 있는 힘을 길러 주거든. 내 말이 무슨 말인지 이해가 되나?"

"예, 교수님."

"환자를 잘 치료하려면 그 환자가 왜 현재의 남편을 선택하였는지, 왜 그렇게 죄책감을 느끼는지 알아보는 것이 중요해. 그렇지만 더 중요한 것은 환자를 사랑해야 해. 내 식으로 표현하면 동일시를 통해 환자의 심장 속으로 들어가야 해. 그러면 나는 의사, 너는 환자라는 고정된 틀을 깰 수 있어. 사실보다는 진실을 더 잘 볼 수 있어."

"예, 교수님."


"오늘 사례 발표는 무척 감동적이었어. 만약 K선생이 내 물음에 아무 대답도 하지 않았더라면 나는 슬펐을 거야. 그리고 이렇게 생각했을 거야. 환자의 역사를 들으면서 한갓 병명만 추출해 내는 우리는 얼마나 초라한가! 진실에 눈먼 채 사실 수집에만 열중하는 우리는 얼마나 가벼운가!"

# 삶의 비극은 짧을수록 좋다

비극의 강도가 강해도 그 기간이 짧으면 나름대로 버틸 수 있다. 망각이라는 보물이 있기 때문이다. 그러나 비극의 강도는 약해도 그것이 언제 끝날지 기약이 없을 때는 그 기약 없음이 또 다른 비극이 된다.

외래에서, 교통사고든 질병이든 아니면 산업재해든 남편이 뇌를 다쳐 간병하는 아내들을 자주 본다. 내가 〈기질성 정신장애 아내들〉이라 명명한 사람들이다. 처음에 그들은 나에게 간청한다. "사람 구실 못해도 좋으니 제발 행동만 조절되게 해 주세요." 난폭한 행동, 충동적인 행동, 무기력한 행동이 어느 정도 조절된 후에 그들은 다시 나에게 묻는다. "언제쯤 남편이 사람 구실을 할 수 있을까요?"

인간이 뇌를 다치면 두 가지 증상을 흔히 보인다. 발기부전과 의처증이다. 발기부전 때문에 의처증은 더 악화된다. 사람 구실에는 이 문제도 포함되어 있다. 몇 년이 지나면 그들은 또 나에게 묻는다. "이 고통의 끝이 있을까요?" 그리고 또 몇 년이 지나면 그들은 더 이상 나에게 묻지 않는다. 그들의 얼굴은 남편의 얼굴만큼 굳어져 아무 표정이 없다.

"사는 게 힘들지요?" 무심하게 내가 이런 말을 던지는 이유는 일부러 그 여인들을 울리기 위해서다. 운다고 달라질 것이 있겠냐마는 그래도 한 번씩 울게 해 주어야 그들의 타는 가슴을 조금이나마 적실 수 있다.

"빨리 죽기라도 하면 오히려 홀가분할 텐데, 사람 목숨이 하늘에 달린 거라 참 힘들겠습니다." 자신이 하고 싶은 말을 내가 대신해 주면 그녀들은 더 서럽게 운다. 드물지만 어느 날부터 얼굴 표정이 다시 살아나는 여인도 있다. 애인이 생겼다는 증거다. 그것을 알지만 나는 묻지 않는다. 애인이라도 있어야 버티지 않겠는가?


오늘 50대 중반 단아해 보이는 여자가 남편과 함께 외래를 방문했다. 남편은 몇 개월 전에 본원 신경외과에서 뇌출혈로 수술을 받았다고 한다. 신경외과에서 적은 자문 의뢰지에는 다양한 행동 증상이 적혀 있었다. 진료를 보고 여자가 자리에서 일어나면서 묻는다.

"교수님, 얼마쯤 치료하면 좋아질까요? 6개월? 1년?"

"글쎄요. 지금은 잘 모르겠습니다. 조금 더 지켜 봅시다."

내가 말해 주지 않아도 여자는 스스로 알게 될 것이다. 어쩌면 이미 알고 있을지도 모르겠다. 고통이 언제 끝날지 모르는 그 기약 없음이 사람을 더 고통스럽게 만든다.

# 한 가지 제안

3년 전에 오토바이를 몰다가 사고를 당해 평생 휠체어에 의지해서 살아야 하는 한 20대 청년이 있다. 오늘도 그는 내 앞에서 어떻게 하면 죽을 것인지 그 생각뿐이라고 말한다. 모든 치료를 다 받았지만 남은 것은 절망뿐이라고 한다.

"며칠 전에도 애가 목을 매달겠다고 휠체어에서 일어나다가 앞으로 고꾸라졌습니다." 휠체어 뒤에 서 있는 그의 어머니는 참았던 울음을 터뜨린다.

나를 만난 지 1년 가까이 되지만 그는 변한 것이 하나도 없다. 그가 사용하는 단어는 언제나 정해져 있다. 〈죽겠다, 저주스럽다, 원망스럽다, 절망뿐이다, 병신 새끼, 살아서 무엇 하냐?〉 나는 한 번도 싫은 내색을 하지 않고 매달 그가 던지는 그 오물의 말을 말없이 들었다. 그리고 기다렸다. 그가 더 이상 떨어질 수 없는 심연에 도달할 때까지, 완전히 몰락할 때까지 나는 묵묵히 기다렸다.

"너 정말 죽고 싶나?" 오늘 내가 그에게 물었다.

"지금까지 제 이야기를 뭐로 들었어요? 죽고 싶다고, 죽어 달라고 하잖아요." 그가 악을 쓴다.

"걱정하지 말거라. 네가 그렇게 죽으려고 하지 않아도 너는 죽는다. 다만 시기가 문제지. 내가 오늘은 너에게 한 가지 제안을 하고 싶은데 들어 볼래?" 내가 말하자 그가 긴장하는 눈빛으로 나를 바라본다.

"너도 알다시피, 현대 의학으로는 너는 걸을 수가 없다. 평생 휠체어를 타고 살아야 한다. 휠체어가 너의 발이다. 너는 그것이, 너의 표현대로 말하면 저주스럽고, 원망스럽고, 절망스러워 죽겠다고 말한다. 병신이라고, 살 가치가 없다고 말한다.

솔직히 나는 너의 마음이 얼마나 괴로운지 잘 모른다. 상상은 할 수 있지만 그건 내 상상일 뿐이다. 상상은 현실과 다르다. 이전에는 오토바이를 타고 바람처럼 달렸는데 지금은 하루 종일 휠체어에 앉아 있거나 아니면 방구석에 갇혀 있으니 너는 정말로 괴롭고 고통스러울 거다. 내가 생각해도 괴로울 것 같다. 그 점은 나도 인정한다.

그렇지만 나는 너의 말을 들으면서 이런 의문이 들었다. 너는 두 다리를 잃었는데 인간은 두 다리만으로 이루어진 존재는 아니다. 머리도 있고 가슴도 있고 두 팔도 있다. 너의 머리는 살아 있어서 생각할 수 있고, 너의 가슴도 살아 있어서 감동을 느낄 수 있고, 너의 두 팔도 살아 있어서 스스로 휠체어를 밀 수도 있다. 너는 두 눈이 있어 볼 수가 있고, 입이 있어 말할 수가 있고, 두 손이 있어 글도 쓸 수 있다. 너의 모든 신체 기관에서 두 다리만 없는데 너는 마치 신체의 모든 것이 없는 것처럼 말하고 행동

한다. 나는 그것이 이해가 안 된다.

　　그래서 너에게 한 가지 제안을 하고 싶다. 네가 두 다리를 잃었기 때문에 할 수 없는 것 100가지를 적어 봐라. 그러면 나는 네가 두 다리를 잃었지만 〈그럼에도 불구하고〉 네가 할 수 있는 것 1000가지를 적어 볼게. 그건 내가 장담한다. 내 생각에, 네가 할 수 있는 것은 네가 할 수 없는 것의 최소한 10배는 된다. 네가 할 수 있는 것보다 할 수 없는 것이 더 많으면, 그걸 나에게 증명해 보이면 내가 감옥에 가는 한이 있더라도 너를 죽여줄게. 그러니 죽는 것은 걱정하지 마라.

　　두 다리를 잃었지만 〈그럼에도 불구하고〉 너는 살아야 한다. 살기 위해서는 할 수 없는 것보다는 할 수 있는 것에 정신을 집중해야 한다. 잃으면 얻는 것이 있다. 내가 존경하는 스님 중에 〈혜가〉라는 스님이 계시다. 달마의 제자다. 스님은 달마로부터 불법을 배우기 위해 스스로 자신의 팔을 잘랐다. 그리고 위대한 인물이 되었다. 마찬가지로 너는 두 다리를 잃음으로써 오히려 두 다리가 있을 때보다 더 위대한 삶을 살 수도 있다.

　　내가 하고 싶은 말은 모두 다 했다. 그러니 정말로 죽고 싶다면 내가 말한 대로 네가 두 다리를 잃었기 때문에 할 수 없는 것을 적어보고, 두 다리를 잃었지만 〈그럼에도 불구하고〉 네가 할 수 있는 것을 적어 봐라. 네가 할 수 있는 것보다 할 수 없는 것이 더 많으면 그때는 내가 너를 죽여줄게. 약속하마."

그는 고개를 숙인 채 아무 말도 하지 않았다. 외래 간호사가 환자가 많이 기다린다며 노크를 했다. 그와 그의 어머니는 나갔고 나는 다음에 들어온 환자에게 많이 기다리게 해서 미안하다고 사과했다.

# 이렇게 봄날은 가는가 보다

때때로 사고로 자식을 잃은 부모가 외래를 방문한다. 더 정확히 말하면 자식을 잃은 어머니다. 자식을 잃은 부모의 경우 아버지보다 어머니가 더 많이 정신과를 찾는다. 그렇다고 어머니가 아버지보다 더 슬퍼한다는 말은 아니다. 아버지들은 혼자서 그 슬픔을 삭이는 경향이 있기 때문에 나중에는 더 큰 후유증에 시달린다. 자식을 잃은 후 자살하는 경우도 어머니보다는 아버지가 더 많다. 감당하기 어려운 고통스런 사건을 당할 때 극복하고 다시 일어서는 능력은 확실히 남자보다는 여자가 더 강한 것 같다. 여하튼 사고로 갑자기 자식을 잃었을 때 부모가 받는 충격은 말로 표현하기가 어렵다. 이럴 때 나는 말의 한계를 느낀다.

50대 중반의 한 여자가 내 앞에서 울고 있다. 그 옆에 앉은 남편의 눈에도 눈물이 맺혀 있지만 그는 고개를 들어 무심히 창밖만 바라본다. 한 달 전, 서울의 명문 대학에 다니던 아들이 밤늦게 귀가하다가 교통사고를 당했다고 한다.

죽은 아들의 나이 22살, 꽃이야 피었다가 지더라도 내년이면 다시 볼 수 있으니 아쉬울 따름이지만, 사랑하는 아들의 죽음은 다시는 그를 안을 수 없기에 고통과 허무감만 남겨줄 것이다. 불치병에 걸린 환자처럼 그 죽음이 무겁고 느리다면 그것을 담을 마음의 공간이라도 준비할 수 있겠지만, 바람에 흩날리는 꽃잎처럼 죽음이 너무나 가볍고 갑작스럽게 덮쳐 오면 슬픔보다는 억울함과 원통함이 온몸을 채울 것이다.

"실감이 나지 않아요. 아무 생각이 나지 않아요. 이게 꿈인가 싶어 그 꿈에서 깨어나기 위해 하루에도 수십 번씩 제 머리를 흔들지요. 분해서 어떻게 살아요? 억울해서 어떻게 살아요?"

어머니가 다시 오열한다. 어색하다. 무슨 말이든 해야 되겠는데 말이 입 밖으로 나오지 않는다. 대신 머릿속으로 엉뚱한 장면이 떠오른다.


드넓은 초원에 얼룩말 무리가 뛰어다닌다. 사자들이 얼룩말 무리를 습격한다. 새끼 얼룩말 한 마리가 무리에서 떨어져 고립된다. 사자들이 새끼 얼룩말을 에워싼다. 그때 멀리 도망간 무리에서 어미로 보이는 얼룩말 한 마리가 무리를 벗어나 새끼 얼룩말 쪽으로 뛰어온다. 그리고 곧 멈춰 서서 사자들에게 잡아먹히는 새끼 얼룩말을 바라본다. 꼼짝도 하지 않고 사자들이 새끼 얼룩말을 모두 먹어 치울 때까지 그냥 바라만 본다. 그리고 다시 얼룩말 무리로 발길을 돌린다.

나는 죽어가는 새끼를 바라보는 어미 얼룩말과 동일시되어 그 아픔을 느껴보려고 노력한다. 어미 얼룩말의 눈으로 그 광경을 보면서 어미의 심정을 느끼려고 한다. 아프다, 괴롭다, 찢어질 듯이 괴롭다, 사지가 갈기갈기 찢기는 듯이 아프다, 아니, 너무 아파서 그 아픔을 느낄 수조차 없다, 숨을 쉴 수가 없다, 솔직히 어떻게 표현해야 할지 모르겠다.

그래, 자식을 잃은 부모의 심정이 그럴 것이다. 그래도 내가 그 고통과 슬픔을 알겠다고 한다면 그것은 머릿속으로 생각하는 이해에 지나지 않을 것이다. 그래서 나는 아무 말도 할 수가 없다. 울고 있는 그녀 곁에서 가만히 지켜볼 뿐이다. 내가 할 수 있는 일은 그것이 전부다.

5월 어느 봄날 오후, 진료실에 한 여자가 울고 있고 두 남자는 가만히 있다. 남편은 창밖으로 무심히 시선을 던지고 있고 나는 컴퓨터 모니터 뒤에 숨어 고개를 숙이고 있다.

창을 통해 스며든 한낮의 햇살이 진료실에 천천히 퍼지면서 여자의 얼굴을 비춘다. 시간이 정지된 것 같다. 침묵을 깨고 여자가 말한다.

"미안합니다. 이런 모습을 보여서. 눈물이 마른 줄 알았는데 또 나오네요."

티슈를 여자에게 건네주며 내가 말했다.

"죄송합니다만 제가 도와드릴 것이 별로 없어 보입니다. 시간이 해결해 주기를 기다려야 할 것 같습니다."

"알고 있어요. 저도 그렇게 생각해요. 남편이 하도 가자고 해서요." 여자가 힘없이 대꾸한다. 그리고 자리에서 일어나 밖으로 나간다. 남편은 아무 말 없이 그녀를 뒤따른다. 그들이 나가자 나는 수화기를 들어 외래 간호사에게 말한다.

"방금 그분 외래 접수 취소해 주세요. 한마디도 적은 게 없기 때문에 그대로 취소하면 됩니다."

"알겠습니다. 교수님, 다음 분 들여보내도록 하겠습니다."

수화기 너머 간호사의 쾌활한 목소리가 들려온다.

늦은 봄날의 따가운 햇살 때문인지 갑자기 눈이 부시고 주위가 온통 하얗게 보인다. 이렇게 봄날은 가는가 보다.

# 제가 끝까지 듣겠습니다

　한 남자가 해쓱한 얼굴로 외래에 들어온다. 마스크로 얼굴을 가렸지만 잠을 못 잤는지 눈이 충혈되어 있다. 어떻게 왔는지 묻자 그는 대답 대신 내 쪽으로 고개를 돌린다. 그러나 나를 보는 것이 아니라 초점 없는 눈으로 내가 앉아 있는 의자 뒤쪽 벽면을 멍하니 본다. 어떻게 왔는지 재차 묻자 비로소 그가 나를 바라본다. 그리고는 소리 없이 눈물을 흘린다.

　"죄송합니다." 그가 어깨를 들썩이며 오열한다. 나는 말없이 티슈를 몇 장 뽑아 그에게 건네준다. 그는 곧 울음을 그치고 호주머니에서 종이를 꺼낸다.

　"제가 제 심정을 어떻게 말해야 할지 몰라 미리 적어 왔습니다. 보면서 읽겠습니다. 바쁘실 것 같아서 빨리 읽겠습니다. 끝까지 들어주시면 고맙겠습니다." 그리고는 내가 뭐라 말할 틈도 주지 않고 빠른 속도로 읽어 내려가기 시작한다.

　"저는 40세이고 제 아내는 38세입니다. 결혼한 지 10년 됩니다. 초등학교에 다니는 딸이 한 명 있습니다. 저는 회사에 다니

77

고 있고 아내는 전업주부입니다. 저희는 6개월 전만 해도 행복했습니다. 그런데 6개월 전에 아내가 갑자기 췌장암 진단을 받았습니다. 처음에는 그게 무슨 병인지도 잘 몰랐습니다. 의사가 몇 개월 살기 어렵다고 했을 때 저와 아내는 그 말을 믿지 않았습니다. 그런데 수개월이 지난 지금 뼈밖에 남지 않은 아내 모습을 보니 그 병이 어떤 병인지를 알겠습니다. 병원에서는 더 이상 해 줄 것이 없다고 하고 아내는 죽어도 집에서 죽겠다고 해서 현재 집에 있습니다.

몇 달 전만 해도 아내는 건강했습니다. 그때를 생각하면 너무 화가 나고 미칠 것 같습니다. 숨이 막혀 죽을 것 같습니다. 아내를 안고 아파트에서 뛰어내려 죽을까 하는 생각도 듭니다. 특히 저녁과 밤에 그런 생각이 많이 듭니다. 그러나 딸을 생각하면 그렇게 할 수가 없습니다. 딸만 보면 가슴이 찢어질 듯이 아픕니다. 아무도 만나고 싶지 않습니다. 회사에 나가면 오히려 견딜 수 있을 것 같습니다. 그러나 아픈 아내를 혼자 남겨 두고 회사에 간다는 것이 죄책감이 들어 그렇게 하지 못하고 있습니다.

시간이 지날수록 현실을 인정하기가 어렵습니다. 아무 희망도 없고 우리 가족의 행복은 끝났다는 생각이 듭니다. 거실 TV 옆에 있는 가족사진을 보면 자꾸 눈물이 납니다. 사진에서 저와 아내 그리고 딸은 모두 다 웃고 있습니다. 그래서 가족사진을 치워 버렸습니다. 딸이 학교에서 돌아오면 가능한 한 병에 걸린 아내 모습을 보여주지 않으려고 노력합니다. 일부러 여러 학원에 보냅니다. 아내는 그런 제 마음도 모르고 자꾸 딸만 찾습니다.

저도 모르게 운전이 난폭해집니다. 얼마 전에는 끼어든 차 때문에 다른 운전자와 대판 싸웠습니다. 그때 나도 모르게 그놈을 죽이고 나도 죽고 싶다는 충동이 들었습니다. 저 자신이 무서워집니다. 이유 없이 심장이 마구 뜁니다. 자다가 수시로 깨고 그냥 눈물이 나옵니다. 머리가 아프고 밥맛도 없고 체중이 줄어듭니다. 뼈만 남은 아내 모습을 보면 제가 밥을 먹는 게 죄책감이 듭니다.

오래전에 끊었던 담배를 다시 피웁니다. 술은 너무 마시고 싶지만 언제 무슨 일이 일어날지 몰라 자제합니다. 그러나 아내 곁을 지킬 사람이 있을 때는 정신을 잃을 정도로 폭음을 합니다. 자꾸만 깜빡깜빡하고 며칠 전의 일도 기억이 나지 않습니다. 죄송합니다. 제 이야기를 끝까지 들어주어 고맙습니다."

남자가 읽기를 그치고 나를 바라본다. 나는 약을 처방하고 그에게 이렇게 말했다.

"매주 한 번씩 외래로 오십시오. 이제는 종이에 적지 말고 그냥 오십시오. 그리고 생각나는 대로 말씀하십시오. 제가 끝까지 듣겠습니다."

그 남자가 나가고 나는 잠시 생각에 잠긴다. 이 남자는 우울증이 심하다. 그러나 이런 상황이라면 그 누구라도 이 남자와 비슷한 반응을 보이지 않겠는가? 이 사람에게 '당신은 우울증입니다'라고 말한다는 것은 그 얼마나 무의미한가? 그냥 '당신은 말하고 나는 듣겠다'는 말 외에 다른 무슨 말을 더 할 수 있겠는가?

# 눈물이 앞을 가려
# 밖으로 나가지 못하겠어요

한 50대 여자가 짙은 선글라스를 끼고 들어온다. 진료실에 선글라스를 끼고 들어오는 데에는 여러 가지 이유가 있을 것이다. 눈 수술을 했을 수도 있고 아니면 맞은 상처를 숨기기 위해서일 수도 있다. 정신과에서는 매 맞는 아내일 가능성이 더 크다. 여자가 자리에 앉자 내가 조심스럽게 물었다.

"어디가 불편해서 왔습니까?" 여자는 대답을 하지 않았다. 곧 선글라스 밖으로 눈물이 흐르기 시작했다. 나는 말없이 티슈를 건네주었다. 여자는 선글라스를 벗고 눈물을 닦았다. 눈 주위로 상처는 보이지 않았다.

"어떻게 오셨습니까?" 내가 재차 물었지만 이번에도 여자는 대답 대신 눈물만 주르륵 흘렸다. 보기에도 눈물의 양이 많았다. 내가 티슈를 여러 장 집어 다시 건네주었다. 여자는 티슈로 연신 눈물을 닦으며 울먹거리며 말했다.

"미안합니다, 선생님. 눈물이 앞을 가려 밖으로 나가지 못하겠어요."

"그러시군요. 언제부터 그랬습니까?"

"그게…… 일주일 전부터요. 갑자기 그래요." 그녀가 입을 열기 시작했다.

20대 아들이 수개월 전에 자신과 다툰 후에 갑자기 자살해 버렸다. 사소한 말다툼이었는데 아들이 화를 참지 못해 목을 매단 것이다. 그 후 어떻게 경찰에 연락했고 어떻게 장례를 치렀는지는 기억이 나지 않는다. 지금도 아들이 죽었다는 사실은 알지만 실감은 전혀 나지 않는다. 아들이 죽은 후 그녀는 주위 친척이나 이웃들에게 그 사실을 알리지 않았고 아들이 살아 있는 것처럼 평소와 똑같이 행동했다. 친구들과 여행도 다녀오고 오히려 더 명랑하게 생활해 왔다. 그런데 수일 전부터 갑자기 주체하기 어려울 정도로 눈물이 나기 시작했다. 눈물이 계속 흘러 밖으로 나가기 어려울 정도였다.

"선생님, 눈물이 앞을 가려 볼 수가 없어요. 계속 눈물이 나와요. 왜 이렇지요?" 그녀가 눈을 감은 채 나에게 묻는다. 얼굴 위로 계속 눈물이 흐른다. 아들의 죽음을 부정하고 싶어 눈을 감아 보지만 눈은 눈물로써 그것에 저항한다. 자식을 잃은 어미의 슬픔. 자식을 죽였다는 어미의 죄책감. 눈물이 앞을 가려 볼 수 없는 것이 아니라 보고 싶지 않은 것이다. 어차피 겪어야 할 애도 과정이다. 온몸의 수분이 다 빠져나갈 때까지 눈물이 그치기는 어려울 것이다. 가슴속 슬픔이 모두 눈물로 빠져나갈 때까지 기다려야 할 것이다. 눈물이 마르거나 아니면 죽어 아들과 만나거나 둘 중 하나일 것이다. 내가 할 수 있는 유일한 일은 아무 말 없이 그냥 티슈를 건네주는 것이다.

# 사랑은 만지는 것이다

85세 영감님이 신경과에서 자문 의뢰되어 왔다. 자꾸 엉뚱한 소리를 해서 자식들이 걱정되어 아버지를 모시고 신경과를 방문했다가 그쪽에서 치매는 아닌 것 같고 정신과 질환이 의심되니 정신과로 가보라고 해서 왔다고 한다. 장남과 차남 두 아들 내외와 함께 진료실에 들어왔는데, 진료실 안에 앉는 자리가 세 곳 밖에 없어 차남 부부는 서서 우리들의 대화를 지켜보았다. 신체적으로 영감님은 비교적 건강해 보였다. 의식도 명료했고 내 질문도 정확하게 파악하였고 대답도 적절했다.

장남에게 아버님이 어떤 엉뚱한 말을 하는지 물었다. 장남 말로는 금년 1월 초에 어머니가 돌아가셨고 -그 후로는 아버지 혼자 사시는데- 최근 들어 아버지가 거의 매일 새벽에 자기에게 전화를 걸어 어머니를 만났다고 하신다 했다. 아들은 아버지 꿈에 어머니가 나타났구나 생각하고 대수롭지 않게 여겼다고 했다. 그래도 걱정이 되어 아버지를 찾아가 함께 살자고 했지만 아버지는 평생을 지낸 집이라며 거절했다고 한다. 아내가 매일 아버지 집을 방문해 식사를 챙겨드리는데 낮 동안에는 그런 이야기를 하지 않는다고 했다.

"어르신. 자주 할머니를 보십니까?" 내가 물었다.
"보는 게 아니라 만나지."
"얼마나 자주 만나십니까?"
"거의 매일 만나지."
"그렇군요. 꿈에서 만나십니까?"
"꿈은 아니야. 왜냐하면 내가 임자를 만지고 쓰다듬어 주거든."
"그렇군요. 만나니까 기분이 어떠셨나요?"
"좋으면서도 슬퍼. 내가 손을 잡아 주면 임자가 울어. 내가 얼굴을 쓰다듬어 주면 임자가 눈물을 흘려. 곧 어디론가 가버려. 그게 슬퍼."
"그렇군요, 어르신."

영감님과 대화를 나눈 후 장남과 차남 부부에게 부친의 상태를 설명해 주었다. '아버님은 멜랑콜리 상태다. 사랑하는 대상을 상실했을 때는 환각으로라도 사랑하는 대상을 만난다. 아버님은 그런 상태다. 그것이 얼마나 오래 갈지는 모르겠다. 치료는 할 수 있지만 연세도 있고 꿈에서 할머니를 보는 게 위험하지도 않으니 굳이 약을 먹을 필요는 없을 것 같다.' 대강 그런 식으로 말해 주었다.

"그래도 약을 복용하시는 게 좋지 않을까요?" 차남이 나에게 물었다.

"약을 원하시면 처방은 해 드릴 수 있습니다. 그런데 정신병 치료제라서 어르신이 조금 힘들어 하실 수도 있습니다."

"그렇군요. 형님 생각은 어떻습니까?" 차남이 옆에 있는 장남을 본다.

"글쎄, 나도 판단을 잘 못하겠어, 어떤 게 좋을지. 교수님 의견을 따르는 게 좋지 않을까?"

"저의 의견보다는 부친 의견을 따르는 게 좋을 듯 합니다. 밖에서 의논한 후에 간호사에게 말해 주십시오."

그들은 알겠다고 하고 진료실을 나갔다. 다른 환자를 보고 있는데 간호사가 들어와 영감님이 약을 처방받지 않겠다고 전한다. 그리고 그들은 돌아갔다.

약을 처방하느냐 안 하느냐, 둘 중에서 어느 것이 더 좋을지 나도 모르겠다. 단지 연세가 많고 매일 할머니를 만나서 만지고 쓰다듬어 주는 할아버지의 그 기쁨을 빼앗고 싶지 않다는 마음이 들었다.

밤마다 꿈에서 돌아가신 할머니를 만나는 할아버지, 할머니를 만나 만지고 쓰다듬어 준다는 할아버지, 그 할아버지를 만난 날, 나는 〈만지다〉에 대해 생각해 보았다.

만지는 것, 그것은 살아있다는 증거다. 살아 있는 것과 죽은 것의 차이는 만질 수 있느냐 만지지 못하느냐에 달려 있다. 상대를 만진다는 것은 지금 그 사람이 내 곁에 있다는 것이다. 사람이 죽어도 사진이 있으니 볼 수 있고, 비디오가 있으니 만날 수 있고,

유품이 있어 체취를 느낄 수도 있지만 오직 할 수 없는 것은 만지는 것이다.

물론 이 시대는 보는 게 만지는 것이라고 생각해서 우리 대부분은 하루 종일 만지지 않고 지낸다. 그냥 바라봄으로써 모든 것을 이해하고 받아들인다. 그러나 보는 것만으로는 채워지지 않는 그 무엇이 있다.

그냥 한번 안아 보는 것, 따뜻한 체온을 느껴 보는 것, 얼굴과 손을 만져 보고 쓰다듬는 것, 엄마가 아이에게 하듯이 아이가 엄마에게 하듯이 연인들이 서로에게 하듯이 그냥 만져보고 쓰다듬는 것, 그것이 살아 있음을 느끼게 하는 행동이다.

보는 것만으로는 결코 충분하지 않다. 사랑한다면, 아니 상대방이 자신을 사랑하는지 확인하려면 자신의 눈이나 귀를 믿기보다는 피부를 믿어야 한다. 자신의 살갗을 믿어야 한다. 상대방의 손을 만져 보고 포옹해 보아야 한다. 영화 〈사랑과 영혼〉에서 남자 주인공인 패트릭 스웨이지가 영매인 우피 골드버그의 몸을 빌려서라도 사랑하는 연인 데미 무어를 필사적으로 만지려는 이유도 바로 이 때문일 것이다.

사랑은 만지는 것이다. 아무것도 바라지 않고 그냥 만짐으로써 함께 아파하는 것이다. 만짐으로써 상처에 손을 얹는 것이다. 만질 수 없는 사랑은 사랑이 아니라 사랑 같은 것이다.

# 치료를 거부할 권리

    말기 암을 앓고 있는 54세 여자 환자가 내과에서 의뢰되어 남편과 함께 정신과 외래를 찾아왔다. 빵모자를 쓴 여자의 모습이 기품 있어 보였지만 얼굴에는 병색이 완연했다. 어떻게 오셨는지 묻자 여자는 내과 담당 교수가 정신과로 가보라고 해서 왔다고 대답했다. 의뢰지를 보니 〈치료를 거부하여 우울증이 심하니 의뢰함〉이라고 간략하게 적혀 있었다.

    여자가 말했다. "항암 치료를 받는 것이, 방사선 치료를 받는 것이 너무 큰 고통입니다. 지난 3년 동안 그 고통을 이겨냈는데 이제는 우아하게 제 삶을 정리하고 싶습니다. 자식들도 다 컸고 남편도 이해해 주고, 그래서 저를 비참하게 만드는 치료를 더 이상 받지 않고 하루라도 제가 원하는 삶을 살고 싶습니다. 치료를 받는다고 호전될 가능성도 별로 없고 이제는 연명하고 싶지 않습니다. 담당의사가 처방하는 약을 주워 먹는 그런 삶을 살고 싶지 않습니다. 그래서 저의 심정을 이야기했더니 담당 교수는 "우울증이 심하군요"라고 하더군요. 그러나 단언하건대 저는 우울하지 않습니다. 단지 단 하루라도 품위 있고 우아하게 살고 싶을 뿐입니다. 교수님은 어떻게 생각하세요?"

내가 말했다. "저 개인적으로는, 환자 분은 치료를 받을 권리도 있지만 동시에 치료를 거부할 권리도 있다고 생각합니다. 저는 부인이 자신의 삶에 대해 그런 결정을 내렸다면 그 결정은 존중받아야 한다고 생각합니다. 부인은 우울증이 아니라 실존적인 딜레마에서 그런 결정을 내린 거라고 생각합니다."

"놀랍군요. 교수님은 제 마음을 이해하시는군요. 똑같은 의사인데 왜 담당의사는 제 말을 이해하지 못하는 걸까요?" 여자가 묻는다.

"의사마다 중요하게 여기는 부분이 다르기 때문일 겁니다. 부인의 암을 치료하는 의사는 부인의 감정보다 암 치료에 더 많은 신경을 쓸 것입니다. 반면 저로서는 부인의 슬픔과 고통, 바람과 소망을 더 많이 생각하기 때문입니다."

"고맙습니다, 교수님. 저에게 치료를 거부할 권리가 있다는 말씀을 해 주셔서 감사합니다." 여자가 말했다.

"아닙니다. 남은 시간 동안 하시고 싶은 일 많이 하십시오." 내가 말했다.


여자와 남편은 돌아갔고 나는 자문 의뢰지에 이렇게 적었다. 〈환자는 우울증이 아니라고 판단됨. 우울증은 욕망이 소멸된 상태인데 이 환자는 얼마 남지 않은 생이지만 가능한 우아하게 보내고 싶어하는 욕망으로 가득 차 있음. 치료를 거부하는 것도 그런 욕망의 한 표현이라고 생각됨.〉

# 이렇게 행복해도 되나요?

기질성 정신장애라는 병이 있다. 어떤 이유에서든 뇌를 다쳐 정신과적 증상을 보이는 경우를 말한다. 교통사고든 산업재해든 원인에 관계없이 뇌에 심각한 손상을 입으면 그때부터 다양한 정신과적 증상이 나타난다. 대표적인 증상이 어린아이같이 퇴행된 행동을 보이고, 지적 기능이 떨어져 제대로 된 판단을 못하고, 자신의 욕구나 충동을 조절하지 못해 난폭한 행동을 보이며, 감정기복이 심해 예측하기 어려운 행동을 보인다.

기질성 정신장애를 앓고 있는 환자들은 대부분 남자인데 혼자서 병원에 못 오기에 꼭 아내와 함께 온다. 환자는 대부분 말없이 앉아만 있다. 그들을 만나면 환자 본인보다는 아내의 하소연을 듣는 경우가 더 많다. 긴 병에 효자 없다는 말이 있듯이 1년 365일 24시간 환자의 손발이 된다는 것은 경험해 보지 않은 사람은 상상조차 하기 힘든 고통이다. 배우자의 말을 듣고 있으면 지옥이 따로 없다. 매 순간순간이 지옥인 것처럼 여겨진다. 게다가 현재의 고통보다 앞으로 회복될 가능성이 거의 없다는 사실이 환자의 배우자를 더 절망하게 만든다.

기질성 정신장애 환자의 부인들은 처음에는 주저하지만 1년 후에는 담담하게 그리고 수년이 지나면 피를 토하듯이 누구에게도 쏟아 내지 못한 자신의 속내를 가감 없이 드러낸다.

"교수님 외에는 제 솔직한 심정을 말할 사람이 아무도 없어요. 자식에게 말하겠어요? 형제에게 말하겠어요?"

그들 대부분은 이런 식으로 가슴 속에 담아 둔 말을 꺼낸다.

"교수님, 저는 밤마다 기도합니다. 내일 눈 뜨면 남편이 죽어 있기를요. 정말 제가 못된 인간이죠."

"교수님, 교수님은 10년 넘게 부부 관계를 하지 않으면 기분이 어떻겠어요? 부도덕하다고 하더라도 바람 피우고 싶습니다."

"교수님, 이제 제 나이 45살입니다. 앞으로 평생 남편의 손발 노릇을 해야 한다니, 생각만 해도 너무 괴롭습니다."

"하루라도 좋으니 남편과 떨어져 지내고 싶습니다. 사는 게 지옥입니다."

진료 기록지에 적기에 그들의 호소는 너무 적나라하다. 그냥 묵묵히 듣고 있을 수밖에 없다. 어떤 배우자는 이야기하다가 감정이 폭발하는 듯 목놓아 울기도 한다. 때로는 나에게 선물을 주기도 한다. 나를 만나 우는 날이 가장 속시원하다며 그날만 기다린다고 한다. 얼마나 울었는지 눈 주위 화장이 시커멓게 얼룩진 얼굴로 이런 저런 선물을 놓고 가기도 한다. "교수님은 저에게 가장 소중한 분이에요. 제 마음속 모든 이야기를 털어놓을 수 있는 유일한 분이에요. 그러니 항상 건강하셔야 해요"라고 말한다.

환자들 역시 할 말이 있다며 부인을 진료실 밖으로 내보내고 나에게 자신의 심정을 털어놓는다. 자신을 이해해 줄 거라는 믿음으로 숨겨 놓았던 마음을 보여 준다.

"교수님, 차라리 죽여 주십시오. 제가 저 자신을 통제하지 못하겠습니다. 화가 나면 참을 수가 없고. 어떨 때는 저도 모르게 애들을 때리고. 그런 저 자신이 정말 혐오스럽습니다."

"교수님, 집사람이 화장하고 예쁜 옷을 입고 밖으로 나가면 '아, 이제 나를 버리고 가는구나' 하는 생각이 듭니다. 어떻게 해야 할까요? 내버려둬야 하나요 아니면 매달려야 하나요?"

"교수님, 기억이 깜빡깜빡합니다. 어제 일도 기억이 나지 않고 돌아서면 까먹어버리고 어린 시절 기억밖에 나지 않습니다. 사람 구실 못하는 제가 원망스럽습니다. 저는 산송장입니다." 기질성 정신장애 환자와 그 보호자를 만나면 아무것도 해 줄 수 없는 나 자신이 무능하게 생각될 뿐이다.

그런데 기질성 정신장애 환자를 남편으로 둔 어느 52세 여인을 통해 나는 놀라운 경험을 하게 되었다. 그녀는 처음 볼 때부터 환자인 남편에게 경어체를 사용해서 인상이 참 좋았다. 환자인 남편은 뇌를 다친 후 정말로 많이 변했다. 입에 담지도 못할 욕설을 하고 사리 판단과 분별력도 없고 시간만 나면 짐승처럼 먹으려고 하고 분노와 충동이 조절되지 않는 상태였다. 그런 남편인데도 늘 높임말을 쓰는 것이 놀랍기도 하고 존경스럽기까지 했다.

그녀는 한 달 전부터 집 앞에서 바이올린을 배운다고 했다. 주어진 시간은 40분. 30분 동안 연습하고 10분 이내에 총알같이 집에 와야 하기 때문이다. 얼마 전에 1시간 동안 집을 비웠더니 남

편이 냉장고에서 생고등어를 꺼내 그대로 먹고 있더란다. 그 사
건 이후로 그녀는 연습 시간으로 30분을 넘기지 않는다고 했다.

오늘 외래를 방문하면서 그녀는 나에게 이렇게 말했다.
"교수님, 이제 조금 숨을 쉴 수 있을 것 같습니다. 하루에 40분
은 온전히 제 시간이거든요. 제가 이렇게 행복해도 되나요?"
그 말을 듣는 순간 가벼운 충격을 느꼈다. 그토록 절망스러운
상황인데도 매일 40분의 자기 시간이 주어졌다며 소녀처럼 행복
해하는 그녀를 보면서, 행복은 상황이 아닌 자신의 마음속에 있
다는 것을 새삼 깨달았다. 분노에 차 있는 마음 상태가 지옥이고,
고마워하는 마음 상태가 천국이라는 사실도 깨달았다. 오늘 나
는 그 여인을 통해 삶의 중요한 교훈을 배운다.

# 노란 옷 여인

어제도 나와 동갑내기인 그 여자가 전화를 했다.

"아무래도 목을 매달아야 할 것 같아요."

"다음 주 외래에서 제 얼굴 한번 보고 목을 매달아도 매다는 게 어떨는지요?"

"그렇게 하겠어요."

통화 내용이 듣기가 거북하지만 실제 사실이다. 요즘 그 여자는 자주 나에게 전화를 건다. 아마 나에게 가장 자주 전화를 거는 사람일 거다. 자살 위험성이 높아서 자살 충동이 들 때면 언제든지 전화하라고 했더니 요즘은 자주 전화를 한다. 처음에는 전화를 걸어 자신의 고통을 이야기하더니 요즘은 아예 대놓고 죽겠다는 말부터 한다.

"아무래도 죽어야겠어요"라고 하더니 얼마 전부터는 목을 매달겠다고 하거나 칼로 가슴을 찌르겠다는 등 구체적인 방법까지 제시한다. 처음에는 너무 놀라 그렇게 하지 말라고 설득하거나 달래기도 했지만 별 효과가 없었다.

그래서 나도 전략을 바꾸어 일단 외래에서 내 얼굴 한번 보고 죽든지 말든지 결정하라는 식으로 응답하기 시작했다. 본래는 이 세상에서 남편을 가장 좋아했는데 요즘은 그 대상이 나로 바뀌었다고 하여, 죽기 전에 좋아하는 사람을 한 번 더 보고 죽는 게 어떻겠느냐는 식의 전략을 채택한 것이다. 그런데 이 방법이 유치하기는 해도 꽤 효과가 있어 벌써 몇 번째나 자살 위기를 넘겼다.

이 여자의 별명은 노란 옷 여인이다. 내가 붙여준 이름인데 그녀도 좋아한다. 외래에 올 때 노란 원피스에 노란 모자에 노란 신발을 신고 오기 때문이다. 왜 노란색을 택했는지 물어보니 노란색을 보면 우울한 기분이 조금이라도 밝아지는 느낌이 들어서라고 한다. 원피스에 모자는 동색이어도 괜찮은데 신발까지 같은 색이면 너무 튄다고 하자 다음에는 빨간색 구두를 신고 왔다. 노란색 옷에 빨간색 구두가 어울리지는 않았지만 피 색깔이 빨간색이니까 그만큼 살고 싶다는 욕망을 표현한 것 같다면서, 잘 어울린다고 말해 주었다.

그녀는 늘 자살 충동에 시달린다. 아버지가 어머니를 칼로 찔러 죽이고 아버지 자신은 목을 매달아 자살한 장면을 직접 본 후로 자살한 부모의 환영이 계속 떠오르기 때문이다. 목을 매단 아버지의 모습과 칼에 찔려 피를 흘리는 어머니의 모습이 강박적으로 떠오르는 것이다. 서울에 있는 대학병원에서 치료받다가 나를 찾아 온 환자인데 KTX를 타고 한 달에 한 번씩 외래로 온다.

"죽으면 부모님을 만날 수 있을까요?"

"글쎄요. 아직 죽어 보지 않아서 잘 모르겠는데요."

"그러면 교수님과 함께 죽어 볼까요?"

"어차피 죽을 건데 뭐 그렇게 서두를 필요가 있을까요? 저는 운명의 신에게 제 목숨을 맡길 겁니다."

"저도 그렇게 하고 싶은데 자꾸 부모님이 보고 싶어서."

"그런 논리라면…… 어머니가 자살하면 애들도 어머니가 보고 싶다며 따라 자살하겠네요."

"그건 원치 않아요."


대화가 늘 이런 식이다. 항상 죽겠다고 하는 그녀에게 특별히 해 주는 것은 없다. 그냥 이야기 들어주고 토닥거려 주고 그것뿐이다. 그 여인의 남편은 나에게 정말 고맙다며 전화로 인사한다.

"죽지 못해 삽니다. 그래도 저보다 교수님을 더 사랑한다고 하니까 저야 조금 숨통이 트이지요."

말은 그렇게 해도 매일 그런 말을 하는 아내를 보면서 살아야 하는 그 남편은 얼마나 괴로울까.

# 밤마다 악몽을 꾸어야 사는 여자


50대 중년 부인이 남편 손에 이끌려 진료실에 들어선다. 얼굴이 나무토막처럼 표정이 전혀 없다.

"어떻게 오셨는지요?" 그들이 자리에 앉자 내가 물었다. 여자는 고개를 떨군 채 아무 대답이 없고 옆에 앉은 남편이 대신 말한다.

"매일 악몽을 꾸는 것 같아 왔습니다. 자다가 갑자기 고함을 지르면서 벌떡 일어나서 제가 잠을 잘 수가 없습니다."


"남편 말이 맞습니까?"

내가 여자를 바라보며 묻자 여자가 말없이 고개를 끄덕였다.

"언제부터 그랬습니까?"

"한 달 전부터 그랬습니다." 남편이 또다시 먼저 대답한다.

"부인이 직접 말해 주십시오. 언제부터 그렇습니까?"

"한 달 전쯤 되었어요." 여자가 표정 없이 지나가는 말투로 대답했다.

"한 달 전쯤에 무슨 일이라도 있었습니까?" 여자는 아무 말을 하지 않았다.

"한 달 전쯤에……" 이번에도 남편이 먼저 말을 하려는 순간 여자가 갑자기 남편을 노려보면서 "말하지 않기로 나와 약속했 잖아요"라며 날카로운 말투로 쏘아붙였다. 그 기세에 놀라 남편 이 입을 다물어 버린다.

"말하기 싫으면 하지 않아도 됩니다. 대신 제가 몇 가지 물어 보겠습니다. 꿈을 꾸다가 놀라서 잠을 깹니까?"

"예." 여자가 희미하지만 분명하게 대답했다.

"잠에서 깨어나면 꿈의 내용이 아주 생생하게 기억이 납니까?"

"예."

"꿈을 꾸다가 잠에서 깨어나면 심장이 뛰거나 몸에서 땀이 납 니까?"

"예."

"그러면 악몽일 가능성이 아주 높습니다. 악몽의 원인은 알 수 없지만 제가 악몽을 꾸지 않도록 약을 드리겠습니다. 이 약을 드 시면 잠을 깊게 자기 때문에 악몽을 덜 꾸게 될 겁니다. 일단 일 주일 정도만 복용해 보겠습니까?"

여자는 내 질문에 '예'라는 한 단어로만 짧게 대답했다. 나는 약을 처방했고 그들은 돌아갔다.

일주일 후에 여자와 남편이 다시 외래로 방문했다. 자리에 앉 자마자 남편이 내게 하소연한다.

"교수님, 집사람이 약을 먹지 않겠다고 합니다. 그래서 제가 이유를 물어보니 글쎄, 한다는 소리가 약을 먹으면 악몽을 꾸지 않아서라고 합니다. 그게 말이 됩니까?"

"그래요? 그것 이상하군요. 제가 부인과 면담해 볼 테니 잠시

밖에서 기다려 주시겠습니까?" 남편이 나가자 내가 부인에게 물었다.

"방금 한 남편 말이 사실입니까?"

"예."

"악몽을 꾸지 않아서 약을 먹지 않겠다는 말은 무슨 뜻입니까?"

내가 물었지만 부인은 아무 말도 하지 않았다.

"저는 부인을 돕고 싶습니다. 부인이 원치 않는 일은 하지 않을 겁니다. 약을 먹지 않겠다고 하면 처방하지 않을 겁니다. 그러니 그 이유만이라도 말씀해 주시면 고맙겠습니다."

내가 진지하게 설득하자 부인이 주저하더니 입을 열었다.

"악몽을 꾸지 않으면 우리 애를 만날 수가 없어요. 악몽을 꾸어야만 애를 볼 수 있어요."

그 말을 하면서 부인이 갑자기 눈물을 흘린다. 내가 티슈를 건네주자 그녀는 눈가를 닦으며 말을 이어 나갔다.

"두 달 전에 사고로 아들을 잃었어요. 그런데 얼마 전부터 아들이 꿈에 나타나기 시작했어요. 꿈이 어찌나 끔찍하던지 깨고 나서도 몸서리쳐지지만 그래도 꿈속에서나마 아들을 볼 수 있었어요. 온 얼굴에 피를 뒤집어쓴 모습이 무섭기도 했지만 그래도 어찌나 반갑던지. 교수님이 준 약을 먹으니 아침까지 꿈 하나 꾸지 않고 잘 잤어요. 그런데 아침에 깨어나 보니 너무 공허하고 허전했어요. 곰곰이 생각해 보니 꿈에서라도 아들 얼굴을 보지 못했기 때문이라는 생각이 들었어요. 그래서 약을 먹지 않았고 그랬더니 다시 아들이 나타나는 꿈을 꾸게 되었어요. 이전보다는 드물지만 그래도……" 부인의 두 눈에서는 다시 눈물이 흐르기 시작했다.

 "알겠습니다. 부인은 병원에 오시지 않아도 됩니다. 약을 드시지 않아도 되고요. 지금은 제가 도와드릴 일이 없는 것 같습니다. 나중이라도 혹시 제 도움이 필요하면 언제라도 오십시오."
내 말에 부인은 고맙다는 인사를 하고 진료실을 나갔다. 자식을 잃은 부모 마음은 그럴 것이다. 악몽을 꿔서라도 보고 싶을 것이다. 부인의 뒷모습을 보자 나도 모르게 눈시울이 뜨거워졌다.

# 27년 만의 만남

50대 중반으로 보이는 한 여성이 진료실을 찾아왔다. 방문한 이유를 물으니 대답 대신 내 얼굴만 뚫어져라 쳐다본다. 그녀의 눈길이 부담스러워 시선을 피하자 "선생님은 저를 모르시겠습니까?"라고 대뜸 묻는다.

"글쎄요. 제가 사람 얼굴을 잘 기억하지 못하는 편이라서요. 이전에 여기를 방문한 적이 있습니까?" 내가 말끝을 흐리자 그녀는 잔잔한 미소를 지었다.

"하긴 기억이 잘 나지 않을 거예요. 27년 전의 일이니까요."

그렇게 그녀는 27년 만에 어느 날 갑자기 내 앞에 나타났다.

1987년. 내가 대학병원 정신과 교실에서 전공의 1년 차로 근무하던 어느 봄날이었다. 응급실에서 연락이 와 가보니 20대 후반의 여성이 나무토막처럼 꼼짝도 하지 않고 누워 있었다. 묻는 말에 전혀 대답하지 않았고, 팔이나 다리를 위로 들어 올렸다가 놓으면 공중에 그대로 정지해 있었다. 조현병 긴장형의 전형적인 증상을 보이고 있었다.

그녀를 정신과 병동에 입원시켰지만 문제는 그때부터 시작되었다. 식사나 투약, 심지어 대소변까지 모든 것을 거부했기 때문이다. 약을 먹지 않으니 주사를 놓았고 밥을 먹지 않으니 링거액을 달았지만, 대소변 문제는 하루에도 몇 번이고 침대 시트를 바꾸는 도리밖에 없었다.

어떻게 하면 되느냐고 선배나 교수님에게 물어보았지만 기다리는 것 외엔 특별한 치료 방법이 없다는 말만 들을 뿐이었다. 정말 답답해서 고함이라도 치고 싶은 심정이었다. 입원 사흘째 되던 날, 나는 그녀 침대 옆에 꿇어앉아 혼자서 말하기 시작했다.

"제가 많이 힘듭니다. 도와드리고 싶어도 어떻게 도와야 할지 모르겠습니다. 약은 주사로 대체할 수 있지만 밥은 먹는 것 외에는 다른 방법이 없거든요. 죽이라도 드시면 정말 고맙겠습니다. 제가 내일부터 죽을 떠먹여 드릴 테니 그것만은 거부하지 말아 주십시오." 환자는 내 말을 듣고 있는지 아닌지 아무 반응이 없었다.

입원 나흘째, 회진을 마치고 나는 그녀 옆에 앉아 이미 식어버린 죽을 떠먹이기 시작했다. 침대를 조정하여 누워 있는 그녀를 강제로 앉게 한 후 숟가락으로 죽을 그녀 입에 떠 넣기 시작했다. 그런데 신기한 것이 입이 굳게 닫혀 있다가도 내가 숟가락을 강하게 밀어 넣으면 숟가락이 입안으로 들어가는 것이었다. 물론 음식의 반은 입 밖으로 흘렀지만 반은 분명히 입으로 들어가고 있었다. 그것은 그녀가 음식을 삼키는데 협조하고 있다는 증거였다. 그녀가 거부하면 입 자체를 벌릴 수도 없거니와 식도로 넘어간다는 것은 불가능한 일이었다. 결국 시간이 걸릴 뿐이지 그녀에게 죽을 먹일 수 있는 방법을 찾은 것이다.

그때부터 한 끼에 30~40분씩 하루 2시간의 중노동이 시작되었다. 병에 대해 아는 것이 많지 않았던 나로서는 그렇게 할 수밖에 없었다. 약도 갈아서 먹이기 시작했다. 그러기를 3주 정도 지났을까? 어느 날 갑자기 정말 기적과도 같이 그녀가 벌떡 일어나 걷기 시작했다. 말도 하고 몸도 씻고 스스로 식사도 하고 화장실에 가서 대소변도 보기 시작했다. 회복된 것이다. 교과서에 적힌 대로 극적으로 회복된 것이다.

그리고 얼마 후 그녀는 퇴원했다. 퇴원 후 가끔 외래에서 교수님 진료를 기다리는 그녀를 보았지만 가볍게 목례를 하고 지나갔을 뿐 따로 대화를 나눈 적은 없었다. 그녀에 대한 기억은 그것으로 사라졌다. 그랬던 그녀가 27년이나 지난 지금 갑자기 내 앞에 나타나 그때 일을 이야기한다.

"그때 선생님이 제게 죽을 떠먹여 주셨던 것을 한 번도 잊은 적이 없어요. 그중에 가장 기억나는 것은 제 턱을 받쳐 주고 입을 닦아 주던 선생님의 그 따뜻한 손, 그 감촉이었어요. 선생님이 아니었더라면 저는 그때 죽었을지 몰라요.

저는 지금 두 아이의 엄마로 잘 살고 있어요. 늘 뵙고 싶었지만 그때 일이 부끄럽기도 하고. 하지만 늙어가는 마당에 한 번은 꼭 뵈어야지 싶어 용기를 내어 왔어요." 그녀가 수줍은 얼굴로 말한다.

그녀를 보내고 잠시 혼자만의 시간을 가져본다. 꿈 많고 궁금중 많았던 전공의 시절, 고통스러워하는 환자에게 도움을 주지 못해 늘 마음이 아팠지만 지나고 보니 달콤했던 시절이라는 생각이 들었다. 내가 했던 그 조그마한 일이 다른 사람의 가슴에 그토록 긴 시간 동안 기억될 수 있다는 사실이 놀라웠다. 세월과 기억과 상처와 기쁨. 그녀를 통해 삶의 또 다른 교훈을 배운다.

# 눈을 열면 아들 목이 보이는 여자

30대로 보이는 젊은 여자가 나이 들어 보이는 남자와 함께 진료실에 들어온다. 남자에게 두 사람 관계를 물으니 남편이라고 한다. 어떻게 왔는지 물으니 아내가 우울증이 심해서 왔다고 남편이 대답한다. 이번에는 그 여자에게 물었다.

"어디가 불편하십니까?"

"눈을 열 수가 없어요."

"문을 열 수 없다니요? 문을 여는 게 두렵습니까?"

"교수님, 문이 아니고 눈입니다." 옆에 앉아 있던 남편이 손가락으로 자기 눈을 가리킨다.

"아, 제가 잘 못 들었군요. 뭘 열 수가 없다고 해서 문인 줄 알았습니다."

"아내는 외국인입니다. 눈을 뜰 수 없다는 말을 눈을 열 수 없다고 말합니다. 제가 몇 번 말해도인데도 잘 고쳐지지가 않습니다."

"아, 그렇군요. 눈을 뜨다가 영어로는 open eyes라서 그런가봅니다. 그렇다면 부인이 한국말은 잘 합니까?"

"한국에 온 지 오래돼서 말하는 데는 문제없습니다." 이번에도 남편이 대답했다.

"알겠습니다. 그렇다면 왜 눈을 열 수가 없습니까?" 내가 그녀를 보면서 물었다.

"눈을 열면 막내아들 목이 보여요."

"조금 더 자세히 말씀해 주시겠습니까?"

"눈을 열면 막내아들 목이 보이고 내가 막내아들 목을 졸라 죽일 것 같아요."

"언제부터 그렇습니까?"

"얼마 전에 큰아들과 둘째 아들이 싸웠는데 둘째 아들이 큰아들 목을 조르는 것을 보았습니다. 그때부터 그렇습니다."

"교수님, 끼어들어 죄송한데 큰아들과 둘째 아들은 제 자식이 아닙니다. 저와 집 사람 모두 재혼입니다. 큰아들과 둘째 아들은 집 사람이 한국에 오기 전에 그쪽에서 낳은 자식이고요."

"그럼 막내아들은요?"

"저희 사이에 난 자식입니다. 이제 겨우 5살입니다." 남편이 말했다.

"그렇군요. 그런데 싸움은 큰아들과 둘째 아들이 했는데 왜 막내아들 목을 졸라 죽일 것 같습니까?" 내가 여자에게 물었다.

"그게…… 저도 모르겠어요. 그래서 많이 불안해요. 눈을 열 수가 없어요" 여자가 말했다.

"알겠습니다. 오늘은 여기까지 이야기합시다. 일단 불안하지 않도록 약을 처방해 드릴 테니 약을 먹고 일주일 후에 다시 봅시다." 나는 불안 치료제 한 알과 우울 치료제 한 알을 처방했다. 그녀와의 첫 만남은 그러했다.

일주일 후 그녀는 다시 남편과 함께 왔다. 그녀는 약을 먹고 불안이 조금 줄어들었지만 눈을 열면 막내아들 목을 조를 것 같은 두려움은 여전하다고 했다. 약물치료 효과가 나타나려면 2주 정도 기다려야 한다며 그녀를 안심시켰다. 나는 증상의 발병 시점에 대해 몇 가지 물어보았는데 그녀는 자꾸 옆에 앉은 남편 눈치를 보는 것 같았다. 그래서 부인과 단 둘이서 면담이 필요할 것 같다며 남편을 내보냈다. 남편이 나가자 그녀는 증상이 발병했던 그 날에 일어난 사건을 말하기 시작했다. 몇 번에 걸쳐 그녀로부터 들었던 이야기를 요약하면 다음과 같다.

그녀의 현재 나이는 35세이고 18세 때 결혼했다. 결혼 후 두 아들을 낳았고 28세 때 이혼했다. 이혼 사유는 남편의 폭력성 때문이었다. 전남편은 화가 나면 환자를 때렸는데 특히 환자 목을 자주 졸랐다.

큰아들은 15살이고 둘째 아들은 13살이다. 큰아들은 온순하지만 둘째 아들은 전남편을 닮아 난폭하다. 이혼 후 국제결혼을 통해 한국에 왔다. 올 때 자기를 닮은 큰아들만 데리고 왔고 재혼 후 둘째 아들도 데리고 왔다. 현남편과 아들을 한 명 더 낳았는데 그 애가 지금 5살이다.

현재 50세인 남편은 노동일을 하는데 일하는 날보다는 집에서 쉬는 날이 더 많고 환자가 식당에서 일해 생계를 꾸려 나간다. 1년 365일 쉬는 날 없이 일하다 보니 세 아이는 주로 집에서 남편과 함께 지낸다. 남편은 일하러 가지 않을 때는 주로 집에서 술을 마시는데 술에 취하면 자주 둘째 아들과 충돌한다. 큰아들은 유순해서 남편과 부딪치는 일이 별로 없지만 둘째는 남편에게 대들고 그러다 보니 남편에게 자주 맞는다.

그 날도 일을 마치고 집에 와 늦은 시간에 저녁을 준비하고 있는데 둘째 아들이 술 취한 남편에게 대들다가 맞았고 화가 난 둘째가 아무 이유 없이 큰아들 목을 졸랐다. 그것을 옆에서 지켜보는 동안 환자는 온 몸이 떨려 주체할 수 없었다.

그 순간 한국에 오기 전에 전남편으로부터 맞고 목 졸리던 기억들이 한꺼번에 밀려왔다. 너무 무서워 두 눈을 닫았고 다시 두 눈을 열자 (환자의 표현대로) 자신이 막내아들 목을 조르는 장면이 환영처럼 떠올랐다. 다시 두 눈을 닫고 열기를 반복했지만 그 환영은 쉽게 없어지지 않았다. 그녀는 공포에 질려 두 눈을 닫은 채 그 자리를 벗어났다.


2개월간의 약물치료로 그녀 증상은 많이 호전되었다. 이제는 더 이상 그런 환영이 나타나지 않았다. 오늘 그녀는 진료실에 들어오자 나에게 이야기하지 않은 것이 있다며 말문을 열었다.

"교수님. 제가 말하지 않은 것이 한 가지 있어요. 이번에 갑자기 기억난 것인데 이걸 말해야 되나 말아야 되나 고민했는데 아무래도 말하는 게 좋을 것 같아서요.

저는 전남편이 제 목을 졸랐던 것만 기억하고 있었는데 어릴 때 제 아버지가 엄마를 자주 때렸던 일이 생각났어요. 아버지도 화가 나면 엄마 목을 졸랐어요. 제가 10살 때 엄마는 자살했어요. 목을 매달았어요. 아버지가 엄마 목을 조르던 순간이 눈에 생생하게 기억이 나요. 그런데 이상하게 지금까지 한 번도 그 생각이 나지 않았는데 이번에 지난 일들이 다 생각났어요."

"그렇군요. 본래 아주 고통스러웠던 기억은 생각이 잘 나지 않습니다. 잊어버려야 살아갈 수 있으니까요. 아마 '목'이 어릴 때의 아픈 기억을 떠올리게 한 것 같습니다."

"제가 생각해도 그런 것 같습니다."

"그동안 부인으로부터 많은 이야기를 들었습니다. 그런데 저에게 의문은 왜 둘째 아들이 큰아들의 목을 졸랐는데 그걸 보는 순간 막내아들 목이 보이면서 막내아들 목을 졸라 죽일 것 같다는 생각이 드는지입니다. 그게 이해가 되지 않습니다. 그래서 하나 물어보겠습니다. 부인은 막내아들, 그러니까 현 남편과의 사이에 난 막내아들이 밉습니까?"

"아니에요. 밉지 않아요."

"그러면 남편은 어떻습니까?"

"남편은……." 그녀는 말하려다가 말을 멈추고는 더 이상 말하지 않았다.

"남편과 결혼한 것을 후회합니까?"

"그때는 선택의 여지가 없었어요. 한국에 오는 게 제일 중요했으니까요."

"남편이 밉습니까?" 내가 다시 물었다. 그녀는 이번에도 대답을 하지 않았다.

"남편 목을 졸라 죽이고 싶을 정도로 밉습니까?" 내가 직접적으로 물어보자 그녀는 대답 대신 조용히 눈물을 흘리기 시작했다. 나는 티슈를 한 장 꺼내 그녀에게 건네주었다. 그녀는 티슈로 눈물을 닦으면서 말했다.

"밉다기보다는…… 제 운명이지요. 제 삶은 왜 이렇게 꼬이는지…… 사는 게 너무 힘들어 때로는 죽고 싶지만……."

"죽고 싶을 만큼 참 힘든 삶을 살아왔군요."

그리고 그녀는 더 이상 외래로 오지 않았다. 아마도 먹고 살기가 힘들고 치료비가 부담되어서가 아닐까 추측되었다. 나는 그녀에게 왜 막내아들 목을 졸라 죽일 것 같다는 환영과 생각이 드는지 그 이유에 대해 말하지 않았다. 이미 증상은 없어졌고 그녀도 그것에 대해 궁금해 하지 않았고 내가 추측한 이유가 맞다는 확신도 없었기 때문이었다.

내가 추론한 이유는 남편에 대한 분노였다. 남편 목을 조르고 싶은데 그게 안 되니 대신 막내아들 목을 조르는 것이라고 생각했다. 막내아들이 현재의 남편에 대한 대체 인물인 셈이다. 증상은 언제나 꿈과 같은 기전으로 발생하기에 꿈속에서 어떤 인물이 다른 인물로 이동displacement되듯이 그녀가 보인 증상에서도 그런 이동 작업이 작용했다고 생각했다.

또 그녀가 자기 운명이 기구하다고 말할 때 나는 프로이트가 말한 〈운명 신경증〉을 떠올렸지만 그것에 대해서도 말하지 않았다. 하루하루 먹고 살기 벅찬 사람에게 그런 심리적인 설명은 도움이 되지 않기 때문이다.

정신분석 사전에는 운명 신경증에 대해 이렇게 적혀있다.

〈운명 신경증fate neurosis은 동일한 형태의 불행한 사건이 주기적으로 반복되어 나타나는 것을 특징으로 한다. 주체는 그 사건을 마치 외적인 숙명처럼 따르게 되는데, 정신분석에 따르면 그것의 동기는 무의식 특히 반복 강박에서 찾을 수 있다.〉

프로이트는 운명 신경증(운명 강박)에 대해 이렇게 말한다.

"경험은 불쾌한 특성에도 불구하고 반복된다. 그것은 불변의 시나리오에 따라 전개되고 장기간에 걸쳐 진행된다. 그것은 스스로 어찌해 볼 수 없는 외부적 운명에 의해 좌우되는 것처럼 보이고 주체는 자신을 희생자라고 느낀다. 가장 대표적인 예가 세번 결혼해서 세 번 다 결혼 직후에 남편이 병에 걸려 각각의 남편이 죽을 때까지 매번 간병한 여자 경우다."

# 술을 마셔야 살 수 있는 남자

한 50대 남자가 술 냄새를 풍기며 20대 딸과 함께 진료실에 들어왔다. 술 냄새 때문에 일어나 창문을 열면서 내가 말했다.

"어떤 연유로 술을 마셨는지는 모르지만 술을 마신 상태에서는 진료를 할 수 없습니다. 그러니 술이 깬 다음에 다시 오시든지 아니면 응급실로 가시든지 둘 중에 하나를 선택하십시오."

"교수님, 시키는 대로 하겠으니 오늘 한 번만 진료해 주십시오. 아빠를 설득해 여기 온다고 너무 힘들었습니다." 옆에 있는 딸이 간절한 눈빛으로 애원한다. 그녀의 눈빛이 너무 간절해서 거절하기가 힘들었다.

"알겠습니다. 오늘은 진료하겠지만 다음에는 음주 상태에서 진료는 어렵습니다."

"고맙습니다, 교수님. 정말 고맙습니다." 딸이 고맙다며 연신 고개를 숙인다.

"그건 그렇고 오늘 어떻게 오셨는가요?" 내가 남자를 쳐다보았다. 남자는 술에 취한 듯 벌건 얼굴로 내 시선을 피하면서 아무 말도 하지 않았다. 옆에 앉아 있던 딸이 대신 말한다.

"그동안 알코올 중독 전문병원에 3개월간 입원해 있었어요. 어제 퇴원했는데 퇴원하자마자 다시 술을 마시기 시작해서 걱정이 되어 이번에는 대학병원에 온 겁니다."

"술을 마신지는 오래 되는가요?"

"아니에요. 아빠는 본래 술을 못해요. 그런데…… 그런데……." 딸이 갑자기 말을 멈춘다. 눈가에 눈물이 맺힌다. 딸은 한 번 숨을 크게 들이쉬고 내쉬더니 다시 말을 이어 나갔다.

"6개월 전에 오빠가 갑자기 교통사고로 죽었어요. 아빠가 몹시 자랑스러워하던 오빠였어요. 그때부터 계속 술만 드시더니……." 딸은 결국 눈물을 참지 못하고 울음을 터뜨린다. 옆에 앉아 있는 남자는 무심한 표정으로 우리의 대화를 듣고 있었다.

"그렇군요. 그런 사정이 있었군요. 그럼 제가 부친에게 하나 물어보겠습니다. 왜 술을 마십니까?"

당연히 괴로워서 마실 거고 슬퍼서 마시겠지만, 대답이 뻔 한 그런 질문을 한 이유는 그 대답으로부터 다음 대화를 이어나가기 위해서였다. 남자는 나를 바라보더니 느릿한 어조로 말했다.

"술을 마시지 않으면 살 수가 없습니다. 눈만 뜨면 매일 죽고 싶습니다. 술을 마셔야 취해서 잠들 수 있습니다."

"아빠는 집에서도 계속 그 말만 하세요." 딸이 안타까운 눈길로 아버지를 바라본다.

"그렇군요. 취해서 잠들려고 술을 마시는군요."

"교수님, 어떻게 해야 되죠? 어떻게 하면 아빠가 술을 못 마시게 할 수 있죠?" 딸이 다시 나를 바라본다.

"제 생각은, 제 말을 오해하지 말고 잘 들어야 합니다, 제가 보기엔 술이 아버지를 살리고 있는 것 같습니다. 부친 스스로도 술을 마시지 않으면 살 수가 없다고 하고, 눈만 뜨면 매일 죽고 싶고, 술을 마셔야만 취해서 잠들 수 있다고 합니다.

어쩌면 부친이 술을 마시지 않으면 자살할지도 모르겠습니다. 술 문제야 나중에 고치면 되지만 죽고 나면 아무것도 할 수가 없습니다. 죽는 것보다는 지금처럼 술 마시고 취해서 자는 게 백배 천배 낫습니다. 그래서 제가 술이 부친을 살리고 있다고 말하는 겁니다."

내 말에 딸은 두 눈을 동그랗게 뜨고 나를 쳐다본다. 옆의 남자도 내 말에 귀를 기울이는지 고개를 끄덕인다.

"지난 3개월 동안 알코올 중독 전문병원에 입원했지만 아무 효과가 없었다고 했지요? 제가 보기에 지금 부친을 다시 입원시켜도 마찬가지일 겁니다. 어쩌면 술이 부친의 가슴에 난 그 큰 구멍을 조금이나마 메우고 있는지도 모릅니다. 일단 제가 잠을 잘 잘 수 있도록 약을 드릴테니 술은 조금 드시고 약을 먹어 보십시오. 그리고 다시 상황이 어려우면 그때 찾아오십시오."

진료실을 나설 때 남자는 비틀거리며 나에게 목례를 하고 나갔다. 나도 목례로 응답했다. 그들이 나가고 나는 진료 기록지에 〈애도. 극복하는 데는 시간이 필요함. 아들에게 향하던 리비도 libido가 다른 대상으로 옮겨 가려면 시간이 더 필요함. 기다려야 함〉이라고 간단하게 적었다.

# 뗏목 만들기

어머니가 운전하던 차를 타고 가던 20대 딸이 소변이 급하다며 다리 위에서 차를 멈추게 하더니 차에서 내려 갑자기 다리 밑바다로 몸을 던져 자살해 버렸다. 너무 순식간에 벌어진 일이라 어머니는 몸이 얼어붙어 꼼짝도 할 수 없었다. 겨우 정신을 차려 차에서 내려 다리 아래를 내려다보았지만 아무것도 보이지 않았다. 그때부터 어떻게 경찰이 왔고 어떻게 자신이 집에 왔는지 어머니는 전혀 기억하지 못했다.

"무슨 일이 있었는데 그게 기억이 안 납니다. 뭔가 있기는 있었는데 뭔지 모르겠어요."

외래에서 어머니는 몸을 사시나무 떨듯이 떨면서 말했다. 의식은 기억을 억압하고 있었지만 몸은 당시 충격이 얼마나 큰지 말하고 있었다. 입원 후 그녀는 곧 기억을 되찾았고 그때부터 지옥문이 열렸다. 그녀는 밤마다 악몽에 시달렸고 사소한 자극에도 분노를 표출했으며 끊임없이 자신을 질책했다. "제가 미쳤지요. 어쩌자고 그 높은 다리 위에서 차를 세울 생각을 했는지……." "아무리 그 애가 소변이 급하다고 해도 제가 무시했어야 했지요." "평소 방 청소도 잘 하지 않던 애가 깔끔하게 자기 방을 청소하고 버릴 물건을 산더미같이 내놓았을 때, 그때 눈치를 챘어야 했는데……." "자기 나체 사진이 인터넷에 돌아다닌다며 죽고 싶다고 계속 말했지만 진짜 죽을 줄은 몰랐지요. 제가 죽인 거나 다름없어요." "지금 생각해 보니 엄마가 돼서 해 준 게 하나도 없네요. 불쌍한 것……."

그녀는 죄의식의 거센 풍랑 속에서 나뭇잎처럼 흔들리고 있었다.

자식을 잃은 부모가 부닥치는 가장 핵심적인 문제가 바로 죄의식이다. 죄의식 때문에 사고 당시를 떠올리며 자신이 무엇을 잘못했는지 끊임없이 되새김질한다. 그리고 무력한 가정법에 기대어 "그때 이렇게 했더라면……" 혹은 "그때 그렇게 하지 않았더라면……" 하면서 자신을 질책한다. 가족 중 누군가가 자살하면 나머지 가족 구성원은 각자 가해자의 자리에 앉아 자기 잘못을 찾는다. 죄의식이 전염병처럼 가족 전체로 퍼져 나간다. 이러한 죄의식의 전염은 마치 잔잔한 연못에 돌 한 개를 던지면 파문이 동심원적으로 일면서 퍼져 나가는 식으로 진행된다.

이때 치료자가 해야 할 가장 중요한 과제는 바로 뗏목을 만드는 것이다. 죄의식의 거센 풍랑 위에서도 뒤집히지 않는 크고 튼튼한 뗏목을 만드는 일이다. 그래야 죄의식의 풍랑을 건더 내어 잔잔한 망각의 바다로 흘러갈 수 있다.

환자가 퇴원한 후에 가족 모두를 외래로 오게 해서 내가 말했다.

"지금부터 제가 하는 이야기를 잘 들어야 합니다. 매일 부인과 남편, 그리고 아들이 해야 할 한 가지 일이 있습니다. 그것은 매일 서로에게 고맙다고 말하는 것입니다. '내 곁에 있어 줘서 고맙다'라는 말을 시간 날 때마다 자주 해야 합니다. 하루라도 빠뜨려서는 안 됩니다. 밥은 굶어도 그 말은 꼭 해야 합니다. 그것이 제가 말하는 〈뗏목 만들기〉입니다.

아무리 큰 나무라고 하더라도 한 그루만으로는 거센 풍랑을 견디지 못합니다. 그러나 작은 나무라도 여러 개를 묶어 뗏목으로 만들면 풍랑이 아무리 거세도 견딜 수 있습니다. 가족이 세 명이니까 서로 몸을 묶어 뗏목을 만들어봅시다. 아! 3명이 아니고 4명이네요. 저도 뗏목에 몸을 묶겠습니다. 그에 대한 약속으로 제 핸드폰 번호를 드리겠습니다. 뗏목이 흔들릴 때마다 연락하십시오. 제가 뗏목이 뒤집히지 않도록 돕겠습니다."

내가 이렇게 자식 잃은 부모에게 신경쓰는 이유는 그들이 나에게는 가장 중요한, VIP 환자이기 때문이다. 내게는 원죄가 있다. 오래전에 내가 정신과 의사로서 경험이 별로 없었을 때, 아들을 잃은 한 어머니가 찾아와 너무나 슬퍼하면서 자신도 죽고 싶다고 말했을 때 나는 그 말을 그러려니 하면서 듣고 그냥 우울증 약만 처방해 보냈다. 얼마 후 죽은 아들의 아버지가 찾아와 아내가 자살했다고 했다. 그러면서 자신도 살 이유가 없다고 했다. 그때 난 깨달았다. 아! 죄의식은 전염 되는구나. 그것을 막기 위해서는 가족 전체를 묶어 뗏목을 만들어야겠구나.

때때로 뗏목 만들기가 필요한 가족이 외래를 찾아온다. 그러면 나는 합심하여 뗏목을 만든다. 얼마 전에도 아들을 잃은 한 부모가 찾아왔다. 그 부모와의 면담 시간을 확보하기 위해 나는 면담하다가 다른 환자들이 많이 밀리면 잠시 밖에서 그 부모를 기다리게 하고 다른 환자들을 본 후에 다시 면담하는 식으로, 그러기를 4~5회 반복해서 한 시간 이상 이야기를 나누었다. 그 부모가 외래를 떠날 때 눈물을 흘리며 말했다.

"정말로 고맙습니다. 이 은혜 어떻게 갚아야 할지 모르겠습니다." 내가 핸드폰 번호가 적힌 명함을 건네주며 말했다.

"저도 딸이 두 명 있습니다. 부모 심정은 다 마찬가지일 겁니다. 제가 힘이 된다고 하니 오히려 고맙습니다. 함께 이겨 나가 봅시다. 이런 비극에도 뭔가 의미는 있을 겁니다. 그 의미를 함께 찾아봅시다."

# 강아지 세 마리를 키우는 여자

50대 중반의 여자가 극심한 우울 증상을 보여 외래를 방문했다. 지난 일주일 동안 아무것도 먹지 못하고, 잠도 못 자고, 숨쉬기도 힘들 정도로 가슴이 답답하고, 간간이 가슴의 통증이 엄청나게 밀려와 죽을 것만 같고, 너무 울어 이제는 눈물도 말라 버렸다고 한다. 무슨 일이 있었는지 묻자 일주일 전에 아기가 죽었다고 한다. 환자의 나이로 보아 아기라는 말이 낯설게 들려 죽은 아기가 몇 살인지 물었더니 10살이라고 대답한다. "늦게 출산했는가 봐요?"라고 묻자 그녀는 10년 전에 유기견 센터에서 입양 했다고 말한다. "아하, 개를 말하는군요. 저는 사람 아기인 줄 알았습니다." 사람 아기라는 말이 내 귀에도 어색하게 들렸지만 딱히 다른 적절한 단어가 생각나지 않았다. 내 말에 그녀가 나를 슬쩍 흘겨본다. 못마땅하다는 눈치다.

"제가 들어보니 우울증이 심해 보입니다. 입원해서 치료하는 게 좋을 듯합니다." 진료 받기 전에 검사한 간이 우울 검사 결과를 보면서 내가 말했다. 그녀가 고개를 가로저었다.

"집에 아기가 두 명 더 있어 입원은 힘들어요. 외래에서 치료 받고 싶어요."

"집에 개 두 마리가 더 있다는 말이죠?"

"아기라니까요." 그녀가 버럭 화를 낸다.

"알겠습니다. 그건 그렇고, 제가 보기에 우울 증상이 심해서 외래에서 치료하려면 시간이 많이 걸립니다. 어쩌면 치료에 실패할 수도 있습니다."

"괜찮아요. 어차피 아기가 죽은 마당에 살아도 산목숨이 아닌데요." 그녀가 대수롭지 않다는 듯이 말했다. 약을 처방하기 위해 컴퓨터 화면을 보다 보니 그녀의 이름과 주소 옆에 의료급여 1종이라는 글귀가 떠 있었다. 본인이 입원하겠다고 해도 행정상 입원이 까다로울 수 있어서 오히려 잘 되었다는 생각이 들었다. 일주일마다 외래에서 치료하기로 하고 그녀를 돌려보냈다.


예상했던 대로 한 달이 지나가도 그녀의 증상은 호전될 기미를 보이지 않았다. 그녀는 여전히 심한 슬픔에 사로잡혀 있었다. 그녀는 사랑의 대상을 상실한 후에 나타나는 전형적인 애도 과정을 보이고 있었는데 그 정도가 이미 병적으로 진행된 상태였다. 하루 두 번씩 강아지에게 사료를 줄 때는 죽은 강아지가 사용하던 음식 접시에도 음식을 담아주고, 죽은 강아지가 입었던 옷을 한 번씩 가슴에 품기도 하고, 죽은 강아지 사진을 보고 울기도 했다. 죽은 강아지에 대한 기억 속에서 그녀는 하루하루 생활해 나가고 있었다. 내가 자살 가능성에 대해 묻자 그녀는 "내가이 애 두 명이 아니면 벌써 죽었을 거예요. 아기 두 명을 놔두고 떠날 수는 없지요. 그건 엄마로서 못 할 짓이지요"라고 대답했다.

그녀의 말대로 실제로 그녀의 삶을 지탱해 주는 것은 집에서 기르는 다른 유기견 두 마리였다. 그녀는 아기 두 명을 위해 하루하루를 겨우 버텨 나가고 있었다. 유기견은 그녀의 표현대로 그녀가 돌봐 주어야 할 아기였고 그녀는 유기견의 엄마였다.

매주 혹은 2주에 한 번씩 그녀를 만나면서 나는 그녀의 상처를 자연스럽게 듣게 되었다. 결혼 후 자녀 셋을 낳았지만 남편이 마마보이고 시어머니가 너무 거센 바람에 10년 만에 이혼하고 홀로 살아온 삶이었다. 먹고 살려고 닥치는 대로 일을 해도 상황은 나아지지 않았고 그 과정에서 두 명의 남자들과 동거를 했지만 다 끝이 좋지 못했다. 결국 그녀는 생활보호 대상자가 되어 나라에서 주는 돈으로 하루하루 연명하는 처지가 되었다. 몇 번이고 자살을 생각해 보았지만 겁이 나서 시도조차 못하고 그냥 생각에만 머물러 있었다.

그러던 어느 날, 지금으로부터 6년 전에 우연히 유기견에 관한 기사를 보게 되어 근처 유기견 센터를 방문하게 되었다. 철창속에 갇혀 입양과 죽음의 갈림길에 처해 있는 수많은 개를 보자 자신도 모르게 눈물이 흘러나왔다. 자신의 처지가 유기견과 다를 바 없다는 생각에 흐르는 눈물을 주체할 수 없었다. 겨우 안정을 취한 후에 가장 불쌍해 보이는 강아지 한 마리를 입양했는데 그 강아지가 바로 이번에 죽은 '피트'(영화배우 브래드 피트)라는 이름의 수컷 강아지이다. 그리고 그녀는 이후에도 다른 유기견센터를 방문하여 두 마리를 더 입양했고 각각 리차드(영화배우 리차드 기어)와 톰(영화배우 톰 크루즈)이라는 이름을 붙여 주었다.

"이혼할 때 남편에게 두고 온 애들이 아들인 모양이죠?" 내가 묻자 늘 어둡던 그녀의 얼굴이 순간 밝아진다.

"맞아요. 어떻게 아셨어요?"

"그거야 강아지 이름이 모두 남자 배우 이름에서 딴 거니까 그렇죠. 아들들이 잘생긴 모양이죠? 모두 미남 배우들 이름을 따온 것을 보니."

"그렇지는 않아요. 단지……." 그녀의 얼굴이 다시 어두워진다.

그녀는 이중의 상처를 안고 있었다. 1차적 상처는 이혼하면서 아들 3명을 남편에게 두고 온 것이고 2차적 상처는 아들을 대체하는 '피트'라는 이름의 강아지의 죽음으로 인해 또다시 겪게 된 상실의 아픔이다. 이중의 상처로 그녀는 가슴에서 피를 흘리고 있었다. 그녀에게 세 마리의 강아지는 남편에게 두고 온 자신의 아들들이었고 그들의 분신이었다. 그래서 그녀는 그 어려운 형편에도 강아지를 가장 우선시하는 행동 패턴을 보였다. 매달 나라에서 받는 얼마 되지 않는 돈으로 자신은 굶어도 세 마리의 강아지에게는 늘 좋은 사료와 간식을 먹이는 것이다. 그건 어미로서 자식을 버렸다는 죄책감을 희석시키는 보상 행동이기도 했다.

"엄마 자격도 없는 내가 살려고 먹는 것이 스스로 너무 역겹다고 생각될 때가 많아요. 그래서 늘 죽고 싶지만 그래도 리차드와 톰 때문에 살지요." 그녀는 희미한 미소를 지으며 말했다.

몇 개월 지나가자 그녀는 처음 진료실을 방문했을 때보다는 좋아졌지만 그래도 여전히 우울 증상을 보이고 있었다. 밤에 자다가 일어나 흐느껴 울기도 하고, 식사를 잘하지 못하고, 때로는

'피트'와 자주 산책 가던 길을 혼자 걸으면서 생각에 잠기기도 하고, 벽에 붙여놓은 '피트'의 사진을 어루만지기도 했다. 애도의 극복에는 시간이 필요해서 나는 묵묵히 기다렸다. 그녀가 진료실에서 강아지와 연관된 이야기하는 것을 좋아해서, 나는 우리 집 삽살개 '순돌이'가 얼마나 사람을 무서워하는지 말해 주었고 (택배 기사가 오면 겁이 나서 몸을 숨기고 얼굴만 삐쭉 내미는 이야기), 그 앞에 길렀던 삽살개 '곰탱이'가 얼마나 자유를 사랑했는지도 (먹는 것보다는 산책 가는 걸 더 좋아하고 혹시라도 산책을 빼먹으면 집을 나가 밤새도록 산을 뛰어다니다가 새벽녘에 돌아온 이야기) 말해주었다.

그리던 어느 날, 그녀가 환한 미소를 띠며 진료실에 들어왔다. 2주 전과는 너무나도 다른 모습에 내가 잠시 어리둥절했다.

"교수님, 저 이제 다 나았어요." 그녀가 활기찬 음성으로 말했다. 순간 어떤 생각이 뻔쩍 머리를 스쳐 갔다.

"강아지 새로 입양한 모양이죠?" 내가 물었다.

"어떻게 아셨어요?" 그녀가 눈을 휘둥그레 뜬다.

"명색이 제가 정신과 교수가 아닙니까? 언제 입양했어요?"

"일주일 되었어요. 유기견 센터에 가서 다시 입양했어요. 이번에는 교수님이 그 아가에게 이름을 하나 지어 주세요. 교수님이 좋아하는 잘생긴 배우가 없나요?"

"잘생긴 사람이 한 명 있기는 한데 그렇다고 내 이름을 강아지에게 붙이기는 그렇고." 그녀가 웃는다.

"마이클이 어때요? 내가 좋아하는 알 파치노라는 배우가 대부에서 맡은 역이 마이클이거든요. 부르기도 편하고."

"좋아요. 마이클이라는 이름이 좋네요."

"그럼 이제 마이클도 새로 집에 왔으니 더이상 여기는 오지 않아도 될 것 같습니다. 새로운 사랑의 대상이 생겼으니까요." 내 말에 그녀가 고개를 끄덕인다.

사랑의 상실로 인한 아픔은 또 다른 사랑으로 치유될 수 있음을, 오늘 나는 다시 깨닫는다.

# 울기 위해 노래방을 찾은 남자

한 50대 남자가 아내와 함께 외래를 방문했다. 어떻게 왔는지 물어도 그는 아무 말을 하지 않았다. 내가 그 옆의 부인을 보자 그녀가 대신 말한다. 그녀 이야기는 이러했다.

얼마 전에 아들을 사고로 잃었다. 남편이 무척 자랑스러워하는 아들이었다. 많은 사람이 남편을 걱정했지만 의외로 남편은 담담했다. 아들 장례식을 치르고 사십구재를 올릴 때까지도 남편은 무난하게 그 슬픔을 이겨냈다. 오히려 아내 자신이 감당하지 못해 쓰러져 내과에 며칠 동안 입원해 링거액을 맞기까지 했다.

남편은 직장도 나가고 집에서도 평소와 다름없이 행동했다. 이상한 점은 전혀 발견할 수 없었다. 그런데 며칠 전 밤에 파출소에서 전화가 왔다. 남편이 파출소에 있으니 데려가라는 전화였다. 놀라서 파출소에 가보니 남편이 노래방에서 노래 반주만 넣고 계속 울고 있어서 노래방 주인이 영업 방해된다며 파출소에 연락했다고 한다. 노래방 돈도 지불했고 집기를 부순 것도 아니라서 그냥 집으로 모셔 가면 된다고 경찰관이 말했다. 집에 와서 남편에게 여러 가지를 물어보았지만 아무 말도 하지 않았다. 아침에 일어나 평소와 같이 직장에 나가려는 걸 겨우 말려 외래에 왔다.

"아무런 조치를 하지 않아도 될까요?" 부인이 나를 바라본다.

"어떤 게 가장 걱정됩니까?" 내가 물었다.

"혹시라도 나쁜 생각을 할까 봐 그게 가장 걱정됩니다."

"그렇군요. 저도 그게 가장 걱정이 됩니다. 그렇지만 그 문제는 당사자만 알 수 있습니다. 부인도 저도 알 수가 없습니다. 그러니 남편에게 직접 물어봅시다. 앞으로 아들을 따라 자살할 생각이 있습니까?" 내가 그를 보면서 물었다. 그는 대답 대신 고개를 가로저었다.

"어떻게 죽을지 구체적으로 계획을 세운 게 있습니까?" 이번에도 그는 고개를 가로저었다.

"혹시 제가 약을 처방한다면 약을 복용할 의향이 있습니까?" 역시 그는 고개를 가로저었다.

"그렇다면 제가 입원을 하셔야 한다고 하면 어떻게 하겠습니까?" 이번에는 그가 대답 대신 나를 바라보았다. 그리고 쉰 목소리로 말했다.

"저는 죽지 않을 겁니다. 다만 너무 슬퍼 견딜 수가 없습니다. 울고 싶어도 울 수 있는 장소가 아무 데도 없습니다. 아들이 죽었는데도 마음대로 울지도 못하는 것이 너무 억울합니다."

"집에서 울면 안 됩니까?" 내가 물었다.

"제 아내는 약한 사람입니다. 아내가 쓰러져 병원에 입원했을 때 저라도 집을 지켜야겠다고 결심했습니다. 제가 무너지면 아내도 무너질 것입니다. 저라도 버티고 있어야 합니다." 그의 말에 아내가 눈물을 흘린다. 내가 말했다.

"알겠습니다. 그러면 제가 처방을 내겠습니다. 집에서 두 분이 부둥켜안고 소리 내어 우십시오. 매일 우십시오. 식사는 하지 않더라도 우는 것은 매일 하십시오. 온몸의 물이 말라버릴 때까지 우십시오. 함께 운다면 아들을 잃은 슬픔이 두 분의 눈물에 씻겨 나갈 겁니다."

# 적이 쳐들어온다

한 70대 노인이 아들과 며느리와 함께 외래를 방문했다. 함께 사는 아들 내외로부터 이야기를 들어보니 환자가 집도 못 찾고 사람도 혼동하고 날짜는 더더욱 기억하지 못한다는 것이다. 오래전부터 그런 낌새는 있었지만 최근 들어 그런 증상이 심해져서 방문했다고 한다.

언뜻 들어 보아도 치매 가능성이 높았다. 그래서 치매 센터로 연계해 주고 그곳에서 진단과 치료를 받는 게 환자 본인에게 도움이 될 것이라고 말했다. 치매 센터로 의뢰하려고 하니 아들 부부가 환자의 기억력 감소보다는 행동상의 문제가 더 힘들다고 하소연했다. 어떤 행동을 보이는지 물으니 집 안의 구멍이란 구멍은 모두 메워 버리는 바람에 미칠 지경이라고 했다.

예를 들면 전기 콘센트의 동그란 구멍, 문손잡이 구멍, 세면대 물 내려가는 구멍, 주전자 입구 구멍, 구멍이란 구멍은 모두 테이프를 붙여 막아버리고, 집 안의 불은 모두 끄고, 적이 쳐들어오니 지하 도시로 대피해야 한다고 한다. 그래서 아들 내외를 진료실 밖에서 기다리게 하고 환자와 단둘이서 면담을 했다.

"어르신, 구멍은 왜 모두 막으려고 합니까?"

"그래야 니가 살아. 안 그러면 죽어."

"구멍을 안 막으면 왜 죽습니까?"

"그냥 죽어. 순식간이야."

"무슨 말인지 잘 모르겠습니다, 어르신."

"내가 말해도 니는 몰라. 그냥 순식간에 죽어."

"알겠습니다, 어르신. 그러면 집안의 불은 왜 끕니까?"

"위치가 노출되면 죽어. 밝으면 죽어."

"적이 쳐들어온다고 하시는데 적은 누구입니까?"

"나도 모르지. 그걸 내가 어찌 아나?"

"어르신, 지하 도시는 어디입니까?"

"나도 모르지. 그걸 내가 어찌 아나?"

"알겠습니다, 어르신. 혹시 젊을 때 군대 갔다 오셨나요?"

"군대는 무슨 군대. 그런 적 없어."

"알겠습니다."


다시 아들 내외를 들어오라고 한 후에 항정신병 약을 처방하면서 경과를 지켜보자고 말했다. 아들이 조심스럽게 묻는다.

"아버지가 왜 그런 이상한 행동을 보이는지 무슨 이유라도 있는지요?"

"저도 몇 가지 질문을 해 보았는데 잘 모르겠습니다. 그렇지만 이유를 몰라도 약물치료는 할 수 있으니 약을 복용하면서 경과를 조금 더 지켜봅시다. 치매 상태가 되면 보통 과거로 퇴행하는데 이때 살아오면서 가장 힘들었던 시기로 퇴행하는 경우가 많습니다. 아버님이 보이는 이상 행동은 생전 가장 힘들었던 순간의 기억과 연관이 있을 가능성이 높습니다. 그것이 무엇인지는 저도 잘 모르겠습니다."

"알겠습니다." 아들 내외가 인사를 하고 환자를 모시고 외래 문을 열고 나갔다. 문이 닫히는 듯 하더니 다시 열리면서 아들이 들어와 묻는다.

"교수님, 혹시 아버지가 젊을 때 베트남에 파병 가셨다는 이야기는 하시던가요?"

"아니요. 군대는 간 적이 없다고 하시던데요."

"저희도 잘 모릅니다만, 아버지가 평생 그런 이야기를 하시지 않아서요. 단지 돌아가신 어머니께서 그런 이야기를 하신 적이 있습니다."

"그렇군요. 그렇다면 이해가 되네요. 다음에 아버님이 오시면 제가 물어보겠습니다."


그들은 가고 나는 잠시 생각에 잠긴다. 구멍이란 아마도 총구의 구멍일 것이다. 살고자 하는 본능, 억압된 과거의 상처는 사라지지 않는다. 모든 뇌 기능이 부서져도 그 상처는 살아남아 증상으로 모습을 드러낸다.

아들에게 다음에 부친에게 물어보겠다고 했지만 나는 물어볼 생각이 없다. 뇌 기능을 상실한 사람에게는 그런 질문 자체가 어리석을 뿐이다.

# 멀리 갈 거예요

70대 중반으로 보이는 할머니가 휠체어를 밀면서 진료실에 들어온다. 휠체어에는 병색이 완연한 할아버지가 어깨에 담요를 두른 채 앉아 있다. 할아버지는 앉아 있는 것조차 힘겨운지 연신 가쁜 숨을 몰아쉬고 있었다.

두 사람의 관계를 물으니 부부라고 한다. 어떻게 왔는지 물으려고 하자 간호사가 문을 열고 들어와 "병동에 입원해 있는 동안 전공의 선생님이 진료를 보았는데 환자분이 꼭 교수님을 만나고 싶어 해서 내려오시라고 하였습니다"라고 한다.

컴퓨터 속의 자문 의뢰지에는 〈말기 암환자인데 불면과 우울 불안을 호소하여 고진 선처 부탁합니다〉라는 의례적인 문구가 적혀 있었다.

"어디가 불편하신지요?"

내가 할머니에게 물었다. 그래도 생생하게 보이는 할머니가 말한다면 면담 시간을 줄일 수 있을 거라는 나름대로의 얄팍한 계산이 깔려 있었다.

"그것보다는, 내가, 혼자서, 교수님과, 이야기, 나누고 싶어, 이렇게 왔습니다."

할아버지가 힘겹게 말했다. 내가 할머니를 보았다. 서로 눈이 마주치자 할머니는 조용히 진료실을 나갔다.

"교수님이, 바쁘신 줄, 알기에, 내, 단도직입적으로, 말하리다. 나는, 얼마 못 살고, 죽을, 겁니다. 담당 교수가, 뭐라고, 말해도, 내 몸 상태는, 내가, 압니다. 이런 상황에서, 내가, 잠을 못 자고, 우울하고, 불안한 게, 그게 뭐 문제, 겠습니까? 내가, 고민하는, 문제는, 단 한가지입니다. 그것을, 교수님이, 해결해, 줄 수 있는 지, 그걸 부탁, 드리려, 내려, 왔습니다. 제 방을, 찾아온, 정신과 선생님은, 너무 어려서, 믿음이, 가지, 않았습니다."

할아버지는 말하기도 숨이 찬지 한마디 한마디 끊어서 말했다.

"무슨 부탁인지요? 제가 할 수 있는 것이라면 하겠습니다." 할아버지의 표정과 말이 너무 절박해 보여 나도 모르게 약속을 해 버렸다. 죽음을 앞둔 노인이라는 생각이 내 마음을 움직였나 보다.


"고맙소, 교수님, 다른 게, 아니고, 나는, 죽으면, 화장해서, 내 선산에, 묻힐 거요. 그런데, 내가, 죽고 난 후에, 내 집사람도, 내 옆에, 묻히길 원하오. 나는, 진심으로, 집사람을 사랑하오. 그래 서, 얼마 전에, 집사람에게, 넌지시 '임자도, 퍼뜩, 정리하고, 따라와, 내 옆에, 있길 바라오'라고, 말했는데, 집사람이, 아무 말도, 하지 않는 거요. 집사람이, 아무 말도, 하지 않아서, 다시 한번, '임자도, 죽으면, 화장해서, 우리 선산에, 같이 있길 바라오'라고,

직접적으로 말했소. 이번에도, 집사람은, 고개를 숙이고, 아무 말을, 하지 않았소, 왜, 아무 말을, 하지 않는지, 한 가지, 짚이는 점이 있는데, 그것 때문인지, 교수님이, 한번, 알아봐, 주었으면, 고맙겠소. 그게, 내, 부탁이요."

할아버지는 힘겹게 말을 이어 나갔다.

"제가 어떻게 하면 됩니까? 그러니까 제가 할머니와 따로 이야기해서 왜 아무 말을 하지 않는지 그걸 알아봐 드리면 됩니까?"

"맞소. 그렇게, 해 주면, 내, 죽어서도, 교수님, 은혜를, 잊지 않겠소."

"알겠습니다. 지금 몇 호실에 입원해 계십니까?"

"○○○○호실이요."

"지금은 외래 환자도 많고 해서 할머니와 이야기를 나누기 어렵고 제가 오늘 외래 마친 후에 병실로 찾아뵙겠습니다."

"고맙소. 정말, 고맙소." 할아버지는 연신 고개를 숙이며 인사했다.


외래를 마치고 할아버지가 입원해 있는 내과 병실을 찾았다. 할아버지 옆에 앉아 있던 할머니에게 인사를 한 후 잠시 따로 이야기를 나누고 싶다고 했다. 내과 병동 간호사에게 면담실로 사용할 만한 방을 소개받은 후 할머니와 함께 그 방에 들어가 앉았다.

그리고 내가 찾아온 이유를 솔직하게 말했다. 그렇지만 할아버지가 한 가지 짚이는 점이 있다고 했다는 말은 하지 않았다. 할머니는 고개를 숙인 채 가만히 있다가 나를 바라보았다. 눈가에 눈물이 고여 있었다. 나는 아무 말도 하지 않고 가만히 있었다.

잠시 후 할머니가 말하기 시작했다. 슬픈 이야기였다.

할머니는 중학교를 졸업한 후에 집안 일을 돕다가 19살 때부터 조그만 회사에 나가 일하기 시작했다. 거기서 지금의 남편을 만났다. 남편 역시 그 회사에서 일하고 있었다. 할머니는 같이 일하는 다른 남자 동료를 마음에 두고 있었다. 남편 역시 그 사실을 알고 있었다.

그러던 어느 날, 남편이 할머니를 강제로 성폭행했다. 순식간에 일어난 일이라 할머니는 정신을 차릴 수가 없었다. 무엇보다 겁부터 났다. 집에 와서 할머니는 한없이 울었다. 미친 개에게 물렸다고 생각하기로 했다.

그러나 운명인지 그 사건으로 덜컥 임신이 되어 버렸다. 임신이라는 사실을 안 순간 할머니는 절대로 아기를 낳을 수 없다고 생각했다. 그렇다고 낙태 수술을 받으러 갈 용기도 없었다. 우물쭈물하는 사이에 시간은 흘러갔고 배가 점점 불러왔다. 할머니의 집안에서 난리가 났다. 애 아비가 누구냐는 추궁이 이어졌고 결국 할머니는 사실을 실토했다. 여기서 사실이란 성폭행 당했다는 것이 아니라 애 아비가 누구인지를 말한 것이다.

우여곡절 끝에 할머니는 자신을 성폭행한 현재의 남편과 결혼했다. 결혼 생활은 무난했다. 남편은 진심으로 할머니를 아끼고 사랑해 주었다. 마치 자기가 지은 죄에 대해 속죄라도 하듯이 한눈팔지 않고 밤낮으로 열심히 일해 집도 사고 저축도 했다.

할머니는 할아버지와 부부 관계를 하는 것이 죽기보다 싫었지만 내색은 하지 않았다. 부부 관계를 할 때마다 마음속으로 '몸은 주지만 결코 마음은 주지 않는다'라는 다짐만 했다.

55년 동안의 결혼 생활 동안 2남 1녀를 낳았고 자식 모두 결혼하여 여러 명의 손자 손녀를 보았다. 결혼 생활이 이어질수록 '몸은 주지만 결코 마음은 주지 않는다'라는 다짐은 점차 희미해졌다.

5년 전 자신의 칠순 잔치 때 할머니는 할아버지에게 이미 마음도 주고 있다는 사실을 깨달았다. 할아버지를 용서하는데 무려 50년의 세월이 흐른 것이다. 그날 할머니는 혼자서 눈물을 많이 흘렸다.

용서하고 나니 남편의 좋은 점이 많이 보이기 시작했다. 곰곰이 생각해 보니 오랜 결혼 생활 동안 한 번도 속을 썩이지 않던 남편이었다. 고맙다는 생각도 들었다.

그리고 얼마 전에 남편이 병상에서 자신이 죽고 나면 선산에 묻히고 싶다고 말했다. 그것은 아무 문제가 없었다. 그다음에 할아버지는 할머니가 죽은 후에 선산에서 함께 있고 싶다고 말했다. 그것 역시 별문제가 없었다. 오랜 세월 함께해 온 부부로서는 지극히 당연한 말이었다.

그런데 그 순간, 이유는 알 수 없지만 할머니의 머리에 '영혼'이라는 단어가 불쑥 떠올랐다. '몸과 마음을 주었지만 어찌 영혼까지 줄 수 있겠느냐'라는 생각이 전광석화처럼 스치고 지나갔다. 그 생각이 떠오르자 할머니는 그렇게 하겠다고 대답할 수가 없었다.

"교수님은 영혼이 있다고 믿어요?"

할머니가 나를 바라보며 물었다.

"글쎄요. 영혼에 대해 사람마다 생각이 달라서……."

내가 할머니의 시선을 피하며 말끝을 흐렸다.

"이유는 모르겠는데 그냥 멀리 가고 싶어요. 죽으면 멀리 갈 거예요. 할아버지와 함께 있지 않고 멀리멀리 갈 거예요."

"어디 특별히 가고 싶은 데라도 있습니까?"

"그냥 멀리 머얼리 가고 싶어요."

"그건 저와 비슷하군요. 저는 죽으면 바람이 되어 휘어이 휘어이 날아다닐 겁니다. 그물에 걸리지 않는 바람처럼 자유롭게 날아다닐 겁니다. 어쩜 할머니를 뵐 수 있을지도 모르겠습니다."

"아, 교수님도 그래요?"

할머니가 두 눈을 크게 뜬다.

"그런데 할아버지에게는 그런 말을 못 하겠어요. 그렇게 말하면 상처받을 것 같아서요. 더구나 큰 병에 걸려 죽어가는 사람에게 그렇게 말하는 것은……."

할머니가 말을 끝내지 못하고 고개를 숙였다.

"그렇군요. 그런데 할머니, 죽은 사람의 장례를 어떻게 치르는가는 전적으로 살아 있는 사람의 몫입니다. 할머니가 원하시는 바를 자식에게 말해 주면 자식은 시키는 대로 할 겁니다.

그러니 할아버지에게는 할아버지가 원하는 대로 하겠다고 하고 할아버지가 돌아가신 후에는 자식들을 모아놓고 이렇게 말하십시오.

〈나는 너희 아버지를 정말로 사랑했다. 한 번도 너희 아버지 곁을 떠난 적이 없다. 그렇지만 죽어서는 남편 곁을 떠나 자유롭게 다니고 싶다. 산과 바다와 호수와 강을 넘나들면서 훨훨 날아다니고 싶다. 그러니 나를 화장하거든 그 뼈를 한때의 인연이라고 생각해 너희 아버지 묘지에 한 움큼 뿌려주고 나머지는 내가

원하는 곳에 뿌려 주었으면 좋겠다.〉

그렇게 말한다면 어느 자식이 그 말을 따르지 않겠습니까? 할아버지에게는 그냥 당신이 원하는 대로 하겠다고 하시고 나중에 할머니는 할머니 원하시는 대로 하면 되지 않겠습니까?"

"그러면 되겠네요." 내 말을 듣고 할머니의 표정이 환하게 밝아진다.


일주일 후 할아버지가 다시 외래를 방문했다. 그는 나를 보자마자 환하게 웃었다.

"교수님, 고맙습니다." 그가 말했다.

"고맙기는요. 제가 한 게 아무 것도 없는데요. 그리고 할머니와 이야기를 나눠 보니 할머니가 어르신 말에 대답하기를 주저한 것은 어르신이 생각하고 있는, 짚이는 점이 무엇인지는 잘 모르지만 그런 것 때문은 아닌 것 같습니다.

할머니는 정말로 할아버지를 사랑하고 있습니다. 단지 대답을 즉각적으로 하지 못한 것은 자신도 죽고 난 후에 자식들이 과연 그 묘지를 관리해 줄 수 있을지 그런 현실적인 걱정 때문이었습니다."

"그렇군요. 안 그래도, 집사람이, 내가, 하자는 대로, 하겠다더군요. 나에게는, 그런 이유를, 말하지, 않았지만. 교수님, 고맙소. 내, 죽은 후에, 혹시, 만날 날, 있으면, 내, 한잔, 사리다. 술, 좋아하시오?" 할아버지가 농담 섞인 어투로 묻는다.

"좋아하다마다요. 제 호가 주책입니다. 술 주酒, 책 책册. 술과 책을 너무나 좋아해서 아예 호도 그렇게 지었습니다."

"주책이라! 참, 멋진, 호입니다. 교수님, 고맙습니다."

할아버지가 휠체어에 앉은 채 정중하게 인사한다. 나도 자리에서 일어나 공손하게 인사했다. 아마도 이게 이승에서의 마지막 만남일 거다.

# 시한부 인생


말기 암 상태인 한 40대 여자 환자가 불면과 우울 증상으로 정신과에 자문 의뢰되어 왔다. 장기간의 항암 치료와 방사선 치료로 여자 얼굴은 한눈에도 병자임을 알 수 있을 정도로 핼쑥하였고 몸은 겨울 나뭇가지처럼 앙상했다. 머리카락이 모두 빠졌다며 빨간 빵모자를 쓰고 있었는데 그 모자의 색깔만이 그녀가 아직 살아 있다는 생동감을 주었다.


"얼마 살지 못한다고 하네요. 담당 교수님이…… 시한부 인생이죠." 여자가 나를 바라보며 느릿느릿하게 말했다. 초점을 잃은 멍한 눈이었다. 나는 뭐라고 말해야 할지 몰라 가만히 있었다. 잠시 진료실에 어색한 침묵이 흘렀다.

"잠을 자기 힘들다고 말했더니 교수님이 가 보라고 해서…… 곧 죽을 목숨인데 잠자기 힘들다는 게 문제가 되다니. 아픈 것도 아니고……." 여자가 혼잣말하듯 말했다. 억양 없는 말투였다. 나는 또 가만히 있었다. 무슨 말을 해야 할지 판단이 서질 않아서였다.

곧 죽을 목숨이라는 사람에게 불면증이 얼마나 고통스러운지 말하기도 그렇고, 그렇다고 그 여자의 말에 동조해서 시한부 인생인데 그깟 불면증이 뭐 대수냐고 하기도 그렇고, 그 여자의 말을 듣고 있을 수밖에 없다는 생각이 들었다. 내가 아무 말도 하지 않고 가만히 있자 여자가 나를 바라보았다. 시선이 마주치자 내가 말했다.

"잠을 못 자고 우울한 증상에 대해 약을 처방하는 것 외에 솔직히 제가 어떻게 해야 할지 잘 모르겠습니다."

"제가 교수님으로부터 위로받기를 원하는 것은 아니에요. 위로는 너무 받아서 그건 마치 거품 같아 부질없다는 생각이 들곤 해요."

"그렇게 말씀하시니 제 마음이 한결 가볍습니다. 저는 부인같이 힘든 분들을 가끔씩 봅니다. 그럴 때마다 말의 한계를 느낍니다. 무슨 말을 해야 할지 잘 모르겠습니다. 그래서 그냥 가만히 듣고 있을 수밖에 없습니다. 저에게 질문을 하면 그때는 대답합니다. 혹시 제게 묻고 싶은 말이라도 있습니까? 제가 아는 한도 내에서 대답해 드리겠습니다."

"말의 한계라? 정직한 말이네요. 의사로부터 듣기 힘든 말이네요. 그렇다면 교수님께 여쭙겠습니다. 얼마 남지 않은 삶이지만 그때까지 제가 무엇을 하면 좋겠습니까? 저 같은 환자들을 만나 본 경험이 있다고 하니 묻는 것입니다."


"제 생각으로는 삶을 정리하는 것이 가장 중요합니다. 지금까지 살아 온 삶을 가능한 한 깔끔하게 정리하는 것이지요. 머릿속으로 이런 이미지를 떠올려 보십시오. 부인이 언제나 자고 생활하는 방이 있는데 그 방에 온갖 것들이 지저분하게 널려 있다고 상상해 보십시오. 부인이 지내는 방에 옷이며 책이며 온갖 잡동사니가 구석구석 어지럽게 널려 있고 오랫동안 청소를 하지 않아 먼지투성이라고 생각해 보십시오. 그러면 누구나 자기가 사는 방을 깨끗이 정리하고 싶을 것입니다. 삶도 마찬가지입니다. 떠나기 전에 자신의 삶을 할 수 있는 한 깔끔하게 정리해야 합니다."

"교수님의 말씀이 무슨 뜻인지는 알겠지만 삶을 어떻게 정리해야 하는지는 잘 모르겠습니다."

"그렇다면 제가 몇 가지 조언을 드리겠습니다. 제일 먼저 해야 할 일은 가슴에 맺힌 원한이나 분노가 있으면 그것부터 풀어야 합니다. 그러니 지금까지 살아오면서 용서를 빌고 싶은 사람이 있다면 그 명단부터 적어 보십시오. 그리고 그 사람들 한 명 한 명에게 전화를 걸어 부인의 마음을 전하십시오. '살날이 얼마 남지 않아서 연락을 드립니다. 그때 제가 한 말과 행동을 용서해 주시기를 진심으로 부탁드립니다. 잠시라도 시간을 내 주시면 제가 죽기 전에 용서를 빌고 싶습니다.' 이런 식으로 연락하면 모두 다 부인의 마음을 받아줄 것입니다.

두 번째 해야 할 일은 사랑하는 가족에게 하고 싶은 말을 남기는 것입니다. 녹음해도 좋고 글로 적어도 좋습니다. 가능한 한 많이 남기면 좋습니다.

세 번째는 그동안 살아오면서 신세를 졌던 사람들에게 고마움을 전하는 것입니다. 원한이나 분노가 있는 사람에게 하듯이 똑같이 그동안 저에게 기쁨과 도움을 주어 고맙다는 말을 전화나 글이나 아니면 직접 만나서 하는 것입니다.

네 번째는 자신의 소유물을 정리하는 것입니다. 선물로 줄 것은 주고 불태울 것은 태우고 모든 걸 정리하는 것입니다.

그리고 마지막은 죽는 순간까지 그냥 쓰고 싶은 것을 쓰는 겁니다. 자신이 살아온 나날 중에서 기억나는 걸 적어도 되고 떠오르는 생각을 적어도 되고. 꼭 기억하십시오. 말은 날아가도 글은 남는다는 것을.

제가 권유한 대로 하는 데도 시간이 많이 걸릴 겁니다. 당장 내일부터 실천해 보십시오. 그런 점에서 보면 삶을 정리할 겨를도 없이 갑작스럽게 사고로 죽는 것이 가장 안타까운 죽음입니다."

"교수님, 구체적으로 말씀해 주시니 참 고맙습니다. 저 같은 시한부 인생을 사는 사람에게 따뜻하게 말씀해 주시니 교수님은 부처님 공덕을 받으실 겁니다." 여자가 말하면서 합장하고는 진료실을 나갔다. 나는 이 말도 할까 하다가 그냥 마음속에 담아 두었다.

"우리 모두는 시한부 인생을 살고 있습니다. 단지 그것을 아는 사람과 모르는 사람이 있을 뿐이지요."

# 상처받은 기억은 없어지지 않는다

수년 전 겨울, 개인 사업을 하는 한 40대 남자가 외래를 방문했다. 어느 토요일 오후, 그는 오랜만에 시간을 내어 아내와 함께 백화점을 찾았다. 주말 오후라서 그런지 백화점은 사람들로 무척 혼잡했고 그는 쇼핑하는 아내를 따라 걷다가 갑자기 호흡 곤란을 느꼈다. 숨을 쉬기가 어려웠고 심장은 터질 듯이 뛰고 바로 서 있기 어려울 정도로 어지러웠다.

그는 매장 구석에 있는 의자에 앉아 안정을 취하려 했지만 감당할 수 없는 불안이 밀물처럼 밀려왔다. 순간, 이러다 죽을지도 모른다는 공포가 엄습해 왔다. 그는 아내의 부축을 받아 거의 기다시피 해서 백화점을 빠져나와 인근 대학병원 응급실로 향했다. 응급실에서 주사를 맞고 잠이 들었고 곧 호흡 곤란과 불안은 썰물처럼 사라졌다. 다음 날 순환기 내과와 호흡기 내과를 방문하여 정밀 검사를 받았지만 아무 이상이 없었다. 죽을지도 모르겠다는 공포를 느낄 정도로 심한 불안이 밀물처럼 엄습했다가 갑자기 썰물처럼 사라진 양상으로 보아 그가 경험한 증상은 전형적인 공황 발작이었다.

"왜 그런 증상이 나타났는지 모르겠습니다. 원인은 무엇입니까?" 그가 진지한 얼굴로 물었다.

"대부분은 원인을 알기 어렵습니다." 내가 대답했다.

"그래도 제 생각에는 무슨 원인이 있을 것 같습니다. 제가 그 원인을 찾을 수 있도록 교수님께서 도와주시면 안될까요?"

"당연히 도와드리죠. 같이 찾아봅시다."

그 후 그는 규칙적으로 외래에 왔다. 약을 복용한 후 이전에 보였던 증상은 더 이상 나타나지 않았다. 그러나 여전히 공황 발작이 왜 나타났는지 그 이유를 궁금해 했다. 나는 그를 만날 때마다 제일 처음 공황 발작이 일어난 그 상황을 떠올리게 하고 자유 연상을 통해 어떤 이미지가 마음속에 떠오르는지를 물었다. 그러기를 6개월, 어느 날 그가 나를 찾아와 흥분된 목소리로 말하기 시작했다.

"교수님, 드디어 그 원인을 알아냈습니다. 제가 찾아냈습니다. 그 원인을 제가 찾아내었다고요!" 그의 목소리와 몸은 흥분으로 떨리고 있었다.

"축하드립니다. 무슨 원인인지 한번 들어 봅시다." 내가 그를 진정시키며 자리에 앉혔다.

때는 지금으로부터 30여 년 전인 1984년 12월 어느 겨울날, 당시 초등학교 2학년이던 그는 그날따라 반 친구들과 놀다가 오후 늦게 귀가했다. 집이 가까워지자 그의 가슴은 언제나처럼 뛰기 시작했다.

"너만 아니면 엄마는 벌써 집을 나갔다. 너 하나 보고 산다."

알코올 중독자이던 아버지의 술주정을 견디기 힘들 때마다 어머니는 그를 안고 이렇게 속삭이곤 했다.

"버티기가 정말 어렵구나. 나를 용서하지 마라. 혹시 네가 학교 마치고 집에 왔을 때 내가 없거든 할머니에게 가거라. 아마 너를 돌봐 주실 거다."

어느 날 어머니는 그를 꼭 껴안은 채 울면서 말했다. 그 말이 비수가 되어 그의 가슴을 파고들었다.


그날 이후로 그는 학교 수업을 마치면 언제나 쏜살같이 뛰어서 집에 왔다. 집에 오는 내내 그의 가슴은 쿵쿵거렸다. 엄마가 집에 있다는 것을 확인한 후에야 그의 가슴은 차분해졌다.

그런데 조금 늦게 귀가한 바로 그날, 집에 도착해 보니 엄마가 보이지 않았다. 온 집안을 샅샅이 뒤져 보았지만 엄마는 없었다. 옷장을 열어보니 엄마 옷이 보이지 않았다. 그는 반사적으로 집을 뛰쳐나와 기차역으로 뛰기 시작했다. 뛰는 동안 앞을 보지 못할 정도로 눈물이 흘렀다.

연말이라 기차역은 많은 사람으로 혼잡했다. 그는 정신 나간 사람처럼 사람들 사이를 헤집고 엄마를 찾기 시작했다. 그러나 엄마는 보이지 않았다. 그때 어디선가 가수 이선희의 〈J에게〉라는 노래가 들려왔다. 그는 몸을 돌려 이번에는 시외버스 터미널로 뛰기 시작했다. 그의 온몸은 땀으로 범벅되었고 너무 오래 뛰어서인지 두 다리는 감각이 없었다. 시외버스 터미널 역시 엄청난 인파로 가득 차 있었다.

그는 두 눈을 부라리며 엄마를 찾았지만 끝내 엄마를 발견할 수 없었다. 엄마! 하고 고함을 질렀지만 입 밖으로 아무 소리도 나오지 않았다. 이번에도 이선희의 〈J에게〉라는 노래가 들려왔다. 그는 갑자기 숨을 쉬기 어려웠고 어지러웠다. 그리고 쓰러지듯이 털썩 길바닥에 주저앉았다.

"그런데 말이죠, 교수님. 이번에 백화점에서 바로 그 노래를 들었던 것 같습니다. 〈J에게〉라는 노래 말이죠." 그의 얼굴은 눈물로 뒤범벅이 되어 있었다.

"온통 사람들로 꽉 찬 백화점에서 바로 그 노래를 들었습니다. 저는 몰랐죠. 왜 갑자기 가슴이 그렇게 뛰고 숨이 가빠오고 어지러웠는지. 이제는 알 것 같습니다." 그는 외래 진료실 소파에 얼굴을 묻고 흐느껴 울기 시작했다.

"어머니를 용서할 수가 없습니다. 어떤 일이 있더라도. 죽는 날까지." 그가 혼잣말하듯 중얼거렸다.

사람은 누구나 자신의 상처를 안고 살아간다. 이 세상에 상처가 없는 사람은 아무도 없다. 단지 상처가 없는 척하거나 기억을 못 할 뿐이다. 그 상처의 넓이와 깊이만 다를 뿐이다.

오늘도 나는 정신과 외래에서 사람들의 상처가 말하는 수많은 소리를 듣는다. 몸속 깊숙이, 의식 저 너머 깊숙이 숨어 버린 상처가 생각으로 감정으로 행동으로 교묘하게 그 모습을 드러내는 것을 본다. 상처받은 기억은 결코 망각되지 않는다. 단지 모습을 위장할 뿐이다. 그 상처의 뿌리가 얼마나 깊은지 그리고 인간의 마음이 얼마나 섬세하고 신비로운지 환자들을 통해 새삼 깨닫는다.

# 단 하나를 놓친 K선생

정신과 전공의 K선생에게 수 개월 동안 치료 받고 있던 한 50대 여자 환자가 나에게 치료 받겠다며 진료실에 들어온다. 지난 진료 기록을 들춰보니 K선생은 이 환자를 아주 열심히 진료하고 있었다. 매번 20분 이상 면담하였고 대화 내용 역시 꼼꼼하게 기록되어 있었다. 환자의 주요 문제는 위통이었고 소화기 내과에 입원해 있는 동안 위내시경 검사에서 특별한 이상 소견이 발견되지 않아 정신과에 자문 의뢰되었고 K선생이 내과 병동을 방문하여 그 환자를 치료한 인연으로 환자가 퇴원한 후에 정신과 외래 진료를 받게 되었다.

K선생은 그 환자를 볼 때마다 위의 통증을 자세히 평가하여 기록해 놓았다. 제일 처음 그 환자를 보았을 때 K선생은 환자가 호소하는 위통에 대해 이런 식으로 평가했다.

통증 부위: 위장, 통증 강도: 0~10점 중에서 7점, 통증 양상: 칼로 찌르는 듯이 쑤신다, 통증 빈도: 하루에 1~2회, 간헐적, 통증 지속시간: 10분 이내, 동반 증상: 짜증, 우울.

그리고 항우울제와 항불안제를 처방한 후에는 통증의 변화가 어떤지를 매번 진료 기록지에 꼼꼼하게 적어 놓았다.

통증에 대한 평가 뿐만 아니라 그러한 통증을 일으킨 것으로 추정되는 요인에 대해서도 기록해 놓았는데, 구체적으로 남편의 계속되는 외도와 장남에 대한 서운함 때문에 위통이 발생하는 것으로 보인다고 적혀 있었다. 또 이러한 심리적 문제가 위통을 일으키는 것으로 추정된다고 환자에게 설명했다고 적혀 있었다.


"진료 기록지를 읽어보니 지금까지 치료한 K선생이 치료를 아주 잘하고 있는 것으로 생각됩니다. 면담도 오래 하고. 그러니 계속 K선생에게 치료받는 게 좋을 것 같습니다." 내가 환자에게 말했다.

"아닙니다. 저는 교수님께 진료받고 싶습니다." 그녀가 단호하게 거절했다.

"알겠습니다. 그런데 왜 담당의사를 바꾸려고 하는지 그 이유를 말해 줄 수 있습니까? 지금까지 치료받던 K선생에게 서운한 점이라도 있었습니까?"

"아닙니다. 그 선생님은 제게 참 잘해 주셨습니다. 젊어 보이는 데도 매번 제 이야기를 잘 들어주시고 위 통증에 대해 자세히 물어봐 주시고. 그런데 진료를 받고 나면 무언가가 빠진 듯이 허전한 기분이 듭니다. 그게 뭔지 아무리 생각해도 알 수가 없어 교수님께 진료 받으려고 합니다."

"알겠습니다. 현재 먹고 있는 약 때문에 불편한 점이 있습니까?"

"없습니다."

"그렇다면 약은 그대로 복용하면서 차차 이야기해 보도록 하지요. 그런데 저는 진료해야 할 환자가 많아서 시간을 많이 못 드립니다. 길어야 10분 정도밖에 이야기를 못 합니다. 그래도 괜찮겠습니까?"

"괜찮습니다." 그리하여 그 여자 환자는 나에게 진료를 받게 되었다.

그녀를 진료할 때 나는 통증 평가를 하지 않았다. 통증에 대해 묻지도 않았다. 그냥 환자가 하는 말을 듣기만 했다. 그녀의 이야기는 K선생이 기록해 놓은 것과 똑같았다.

남편은 회사 임원으로 퇴직하였고 지난 10년 동안 바람을 피웠다. 남편이 대장암에 걸렸을 때 환자는 남편을 최우선 순위에 두고 헌신적으로 간호하여 살려 놓았다. 대장암에 좋다는 음식을 먹인다고 하루 세 끼 온 정성을 다해 식사를 준비했고 자신이 할 수 있는 것이라면 모든 것을 다 했다. 결국 남편은 완치되었다. 그런데도 남편은 그 은혜를 모르고 바람을 피웠다. 자신이 정성스레 남편의 건강을 돌보는 와중에도 남편은 다른 여자를 만났다. 그 사실을 알았을 때는 온몸이 떨렸고 뱃속 창자까지 다 떨렸다. 자식은 아들 하나 딸 하나인데 늘 신경을 쏟았던 아들은 내가 이렇게 아픈데도 지 애비를 닮아서인지 나에게 무심하다. 오히려 내가 신경도 안 쓴 딸이 유일하게 내 편이다. 남편과 아들에게 버림받은 느낌이다. 대략 이런 내용이었다.

"이야기 잘 들었습니다. K선생이 기록해 놓은 것과 비슷한 내용이군요. 소화기 내과에서는 위장에 문제가 없다고 하였으니 부인께서 느끼는 위장의 통증은 심리적 문제 때문으로 생각됩니다. 저희 정신과에서는 심리적인 원인으로 신체 증상을 보이는 사람에 대해 이렇게 생각합니다.

'이 사람은 마음의 고통이 심하다. 마음의 고통이 심하지만 그건 눈에 보이지 않기 때문에 남에게 보여줄 수가 없다. 자신도 그 정도를 느낄 수가 없다. 그런데 마음의 고통이 신체 증상으로 나타나면 남도 볼 수 있고 자신도 알 수 있다.'

"그래서 제가 부인에게 한 가지 묻겠습니다. 남편이 밉습니까?"

"예, 괘씸하지요. 지금까지 제게 한 소행으로 봐서는……."

"그런 점잖은 표현 말고 좀 더 솔직하게 말해 보십시오."

"많이 밉고 서운하지요."

"많이 밉고 서운할 정도면 위장을 칼로 찌르는 듯이 쑤시는 통증이 나타나지는 않습니다. 뱃속 창자까지 떨릴 정도로 밉다면 칼로 찔러 죽이고 싶을 정도로 미운 겁니다. "

"무슨 말씀이세요? 그 정도는 아닙니다!" 여자는 고개를 세차게 가로저었다.

"제가 다시 묻겠습니다. 남편 배를 칼로 찌르고 싶을 정도로 밉습니까?"

"어떻게 그런 심한 말을……." 여자가 시선을 피하면서 말끝을 흐렸다.

"그건 제가 한 말이 아니고 부인이 제게 한 말입니다. '남편이 옆에서 식사하고 있으면, 나는 위가 아파서 음식도 못 먹겠는데 저 인간은 아무렇지도 않게 목구멍에 밥이 넘어가네. 그냥 칼로 밥통을 콱 찔러버리고 싶다.' 저번에 제게 이렇게 말했는데 기억이 안 납니까?"

"그때는 제가 화가 많이 나서 그렇게 심하게 말한 것 같습니다." 여자가 시선을 피하며 고개를 숙였다.

"그때 뿐만 아니고 지금도 그리고 매일 매 순간, 부인은 그 정도로 남편에게 화가 나 있습니다. 단지 그것을 말로 표현하지 못할 뿐이지요. 남편은 부인 말대로 목숨을 살려 주었는데도 그 은혜를 모르네요. 짐승도 목숨을 살려 주면 은혜를 갚는다고 하는데……."

여자는 고개를 숙인 채 아무 말 없이 가만히 있었다.

"남편이 대장암에 걸렸을 때 부인이 얼마나 헌신적으로 간호했는지는 제가 들어도 감동 받을 정도입니다. 대장에 좋다는 채소는 다 구해서 먹이고, 그것도 유기농 채소만을 골라 물에 씻을 때도 혹시 독소가 묻을까 봐 수돗물이 아닌 정수기 물로 씻고. 하루 세 번을 온종일 남편 식사에만 매달린 부인이 아닙니까? 그세월이 하루 이틀도 아니고 그것도 5년 동안 그랬다는 것은 아무나 그렇게 못합니다. 그렇게 몸을 챙겨 주었으면 보답을 해도 모자랄 판에 그때도 다른 여자와 바람을 피웠다는 게 말이 됩니까? 그게 짐승이지 어디 사람입니까?"

내 말에 여자가 눈물을 흘리기 시작했다. 닭똥 같은 눈물이 여자의 얼굴 위로 흘러내렸다.

"교수님 말씀이 맞습니다. 지금도 그 생각만 하면 온몸이 떨립니다." 여자가 차분한 음성으로 말하기 시작했다. 그러나 곧 격앙된 음성으로 바뀌었다.

"남편이, 아니 그 인간이 그 놈이 제게 한 짓을 생각하면 때려죽여도 칼로 찔러 죽여도 한이 풀리지 않을 겁니다. 너무 억울하고 너무 원통하고 너무 분해서…… 내가 저런 놈하고 살았나 하는 생각이 들면 지금까지 같이 산 세월이 너무…… 지금도 그 생각만 하면……."

여자는 목이 메이는지 말을 끝내지 못했다. 그리고 곧 울기 시작했다. 처음에는 고개를 숙인 채 눈물만 뚝뚝 떨어뜨리다가 곧 격렬하게 어깨를 들썩이며 오열하기 시작했다.

"하루에도 수천 번은 그 놈을 죽여 버리고 싶은데, 그래도 자식 아비라서 어쩌지도 못하고, 나이 들어 어쩌다가 이렇게 되었는지 내 꼴이 한심하기도 하고, 사람 탈만 썼지 짐승보다 못한 놈과 같이 살려고 하니 미칠 것만 같고, 차라리 내가 죽어버리면 저 인간 안 보고 살 수 있을까 하는 생각도 들지만 사람 목숨 스스로 끊는 게 쉽지도 않고, 그때 암에 걸렸을 때 그냥 죽게 내버려뒀어야 했는데…… 이러지도 못하고 저러지도 못하고……."

여자는 그동안 가슴에 담아 두었던 분노와 한을 울음과 함께 내뱉기 시작했다. 얼마 후 여자가 울음을 그치고 티슈로 얼굴을 닦았다. 그리고 말없이 진료실을 빠져나갔다.

K선생은 여자의 위통이 남편에 대한 분노 때문이라는 것을 알았고 여자에게도 그렇게 설명했다. 하지만 거기서 더 나아가지는 않았다. K선생과 여자는 머리와 머리로 서로 대화를 나누었다. 억압된 감정은 그대로 놓아둔 채 오로지 이성적으로만 면담을 이어나갔다. 그에 반해 나는 여자의 머리가 아닌 가슴을, 이성이 아닌 감정을 파고들었다.

억압되어 있는 엄청난 분노를 가두고 있는 제방이 무너질 수 있도록 구멍을 내주었고 (여자가 하고 싶어 하는 말을 대신 말해 주었고), 그 구멍으로 여자가 분노를 터뜨릴 수 있도록 용기를 불어 넣었다. 그러자 그 구멍은 점점 커졌고 마침내 오랫동안 여자의 분노를 가두고 있던 제방을 무너뜨리게 되었다.

치료 기법으로 보면, K선생은 환기ventilation를 나는 속뚫림 abreaction을 사용한 셈이다. K선생이 놓친 단 한 가지는 남편에 대한 여자의 분노가 얼마나 큰가 하는 것이고 그것을 온몸으로 표출할 기회를 주지 않은 것이다. 여자에게 필요한 것은 차분한 말이 아니라 분노와 한이 서린 울음이었다.

그날 이후 그 여자의 위통이 어떻게 되었는지 궁금하지 않은 가? 해피 엔딩의 소설이라면 〈그날 이후로 그 여자의 위통은 씻 은 듯이 나았다〉가 되어야 하지만 현실은 그렇게 드라마틱하지 않다. 여자는 여전히 위통을 호소하고 있지만, 그 강도가 이전의 7점에서 3점으로 줄어들었고 그보다 더 중요한 변화는 위통에 더 이상 신경을 쓰지 않는다는 점이다.

가벼운 위통이 일어날 때마다 여자는 내가 가르쳐 준 대로 위 장이 있는 배를 쓰다듬으며 위장에게 혼잣말을 한다.

"너가 내 대신 고생이 많다. 너가 아파하지 않아도 이제는 내 가 남편을 얼마나 미워하는지 아니까 그만 아파하거라."

# 너 인제 모두 다 내 앞에 오는구나

백혈병으로 고등학교 2학년 딸을 잃은 한 여자가 내 앞에서 울고 있다. 그 옆에 있는 남편도 눈시울을 붉힌다. 이런 경우에는 딱히 할 말이 없다. 그냥 눈물이 그치기를 기다릴 뿐이다.

"애가 그토록 갖고 싶어 하던 아이폰을 사줬는데 그걸 사용도 못하고 가 버리다니. 너무너무 원통해요." 여자가 울음 섞인 목소리로 말한다.

"아이폰을 들고 있는 애들만 봐도 가슴이 막막하고 숨을 쉬기가 어려워요. 불쌍한 것, 불쌍한 것." 여자가 다시 통곡한다.

나도 두 딸이 있기에 부모의 심정이 어떠한지 조금은 안다. 남편은 눈물을 참으려는지 벽 쪽으로 고개를 돌려 아내를 외면한다. 나는 가만히 있는다. 이런 순간이 참 길게 느껴진다.

오래전에 내 동창이 교통사고로 아들을 잃은 후에 길에서 아들 또래 애들만 보면 "아빠" 하고 부르는 환청이 들린다며 나를 찾아온 일이 떠오른다. 서울의 유명한 대학병원 정신과에 갔더니 급성 정신병으로 약을 먹으라고 한다며 어떻게 하면 좋을지 물어 왔다. 그때 내가 잘라 말했다.

"자식을 잃은 아비 눈에 자식이 보이지 않는 게 비정상이다. 자식을 잃은 아비 귀에 자식 목소리가 들리지 않는 게 비정상이다. 약 먹을 필요 없다. 아무 걱정마라. 눈에 보이면 눈물을 흘리고 귀에 들리면 그냥 울어라. 내 말을 믿어라."

1년 후, 동창은 잘 극복했고 그때 내 조언이 정말로 큰 도움이 되었다며 전화를 걸어왔다.

문득 서정주 시인의 〈부활〉이라는 시 중에서 '순아! 순아! 순아! 너 인제 모두 다 내 앞에 오는구나' 하는 시 구절이 떠오른다.

# 강산이 세 번 바뀌면 자살해도 되나요?

　우울증으로 치료받고 있는 28세 여자 환자다. 오늘 그녀가 자리에 앉자마자 "교수님, 이제 2년 남았네요. 강산이 세 번 바뀌면 자살해도 되나요?"라고 묻는다. 그게 무슨 말인지 몰라 그녀를 바라보니 그녀가 말한다.

　"생각이 안 나시는가 봐요. 4년 전에 제가 강산이 두 번 바뀌었는데도 살아 보니 살 이유가 없어 이제 죽겠다고 하니까 교수님이 강산이 세 번 바뀌면 제 생각도 달라질 거라고 하셨잖아요. 그래서 제가 묻는 거에요."

　그녀가 말하니 그때서야 생각이 난다.

　"아, 이제 기억이 납니다. 미안합니다. 늘 이렇게 기억력이 좋지 못합니다."

　"봐야 하는 사람이 많아서겠죠."

　"그때 4년 전인가? 처음 한 말이 참 인상적이었습니다. 강산이 두 번 바뀔 동안 살아봤는데 살아야 할 이유가 없다며 이제는 죽고 싶다고 하셨죠."

　"맞아요."

"기억이 새록새록 납니다. 그때 내가 이렇게 말한 것 같습니다. 강산이 두 번 바뀌는 동안 살아왔지만 실제로 자기 뜻대로 살아온 기간은 거의 없다. 모든 인간이 그렇다. 태어나 대학을 졸업할 때까지 자기 방식대로 사는 사람은 거의 없다. 다 사회에서 정해진 틀에 맞추어 살아간다. 그러니 강산이 두 번 바뀔 동안 살아왔다고 말할 수는 없다. 자신이 주도적으로 살아온 것이 아니라 그냥 정해진 틀에 맞춰 시간을 보낸 것에 불과하다. 그러니 앞으로 강산이 한 번 더 바뀌는 동안 자신이 원하는 대로 살아보고 그래도 죽어야 한다면 그때 죽어도 늦지 않다. 내 말이 맞습니까?"

"맞아요."

"강산이 두 번 바뀔 동안 살아봤는데 살아야 할 이유가 없다는 말이 참 인상적이어서 기억하는 겁니다. 그건 그렇고 그 말을 한 후로 몇 년이 지났는데도 여전히 죽고 싶은 모양이지요?"

"죽을 이유가 더 많아졌어요. 대학 졸업하고 사회로 나가보니 정말 살 만한 곳이 못 되었어요. 알바만 하다가 중소기업에 사무직으로 들어갔는데 하는 일에 비해 월급은 쥐꼬리만하고 늙은 꼰대들은 절 꼬시려고 계속 술만 마시자고 하고, 정말 더럽고 치사했어요."

"남자친구는 있어요?"

"한두 번 사귀어 봤는데 다 찌질하고 만나면 커피값이랑 밥값이 아까울 정도지요."

"요즘은 어디서 사나요? 집에서 부모님하고?"

"부모님과 자주 충돌해서 집을 나와 혼자 원룸에서 지내요. 강아지 한 마리 기르고 있는데 유일한 친구예요."

"그렇군요. 강산이 세 번 바뀌려면 아직 2년이 남았으니 그때까지 함께 고민해 봅시다. 죽는 게 나은지 사는 게 나은지."

"일단 교수님 말씀대로 강산이 한 번 더 바뀌는 동안 제가 살고 싶은 대로 살아보고 죽을지 말지 결정하겠어요. 그때는 저를 말리지 마세요."

"알겠습니다."

그녀가 자리에서 일어나 진료실을 나갔다. 그녀는 나에게 2년이란 기간 동안 풀어야 할 숙제를 안겨준 셈이다. 그나저나 무슨 묘책이 없나? 앞으로 시간 날 때마다 그녀에게 말해 줄 만한 살아야 하는 이유를 찾아야겠다.

# 오빠의 선물

'행려 환자'라는 용어가 있다. 보호자가 없거나 있더라도 찾을 수 없는 환자를 말한다. 정신과에서 행려 환자가 된다는 것은 비극의 출발점이 된다. 일단 정신과 행려 환자가 되면 정신병원에 입원하게 되고 더 운이 나쁘면 요양소에 수용되고, 그때부터 그 환자는 아주 예외적인 경우를 제외하고는 죽을 때까지 입원하거나 수용되게 된다.

행려 환자가 되면 모든 치료 비용을 정부가 부담한다. 정신병원 입장에서는 그냥 환자를 데리고만 있어도 매달 입원 비용을 정부로부터 받기 때문에 아쉬울 것이 없다. 게다가 퇴원 시키겠다는 보호자도 없고 설혹 환자 본인이 퇴원하기를 원해도 갈 곳이 없기 때문에 퇴원시키기도 쉽지 않다.

각 시도마다 정신보건심판위원회가 있어 장기입원 환자들을 대상으로 입원 적절성 여부를 평가하지만 행려 환자 경우에는 퇴원해도 갈 곳이 없다는 이유로 심사 대상에서 제외된다. 따라서 대한민국에서 정신과 행려 환자는 구조적으로 평생을 정신병

원이나 요양소에서 보내게 되어 있다. 문제는 국내 정신과 행려
환자 중에서 가족이 있는 경우가 많고, 또 매년 이런 행려 환자의
수가 증가한다는 점이다. 가족이 환자를 돌보는 부담을 견디지
못해 환자를 외면하는 것이다.

내가 정신병원에 근무할 때의 일이다. 내가 담당하는 환자 중
에 조현병을 앓고 있는 54세 여자가 있었다. 행려 환자로 등록된
그녀는 내가 근무하는 병원에 10년째 입원하고 있었다. 이전에
입원한 정신병원까지 포함하면 최소 30년 이상 입원해 있는 셈
이 된다.

30여 년 전에 정신병원에 처음 입원한 이후로 그녀는 한 번도
병원 밖 사회로 나가본 적이 없다. 10명의 환자가 함께 지내는
병실이 그녀의 집이고 세상인 것이다.

그녀에게는 소원이 하나 있었다. 죽기 전에 가족을, 그중에서
도 어릴 때 제일 가까웠던 오빠를 만나는 것이었다. 그래서 내가
회진을 돌 때마다 졸라댄다.

"딱 한 번만 오빠를 만나게 해 주세요. 부탁이에요. 그렇게만
해 준다면 그 은혜 정말 잊지 않을게요."

그녀의 소원이 하도 간절하여 나는 그녀를 도와주기로 했다.

"일단 전화로 오빠와 이야기를 나눌 수 있도록 해 볼게요."

내가 말하자 환자는 뛸 듯이 기뻐했다.

환자가 기억하는 오빠 주소지와 연락처 등을 수소문하다가
수년 전에 오빠가 다른 도시로 이사 간 사실을 알게 되었다. 나는
동사무소 직원의 도움을 받아 오빠가 이사 간 집의 새 주소와 전
화번호를 알아내었다. (그 당시는 그게 가능했다.) 내가 전화를 걸

어 오빠 이름을 말하면서 병원이라고 하자 상대방은 아무 말 없이 그냥 전화를 끊어 버렸다. 난감했다. 환자가 오빠를 만나려면 오빠 집을 직접 찾아가는 수밖에 없었다.

그녀는 다른 사람들이 자신을 괴롭힌다는 피해망상을 보여 입원하였지만 현재는 그 증상이 많이 약화되어 흔적만 남아있었다. 보호자만 동의한다면 꼭 폐쇄 병동에 입원해 있을 필요는 없는 상태였다.

신기한 것은 외출을 시켜 주겠다는 말을 들은 순간부터 그녀는 병동 생활을 더 잘 보내고 있었다. 그녀는 기대감에 들떠 함께 있는 다른 환자들에게 오빠를 만나고 오면서 과자를 많이 사 오겠다는 약속도 했다. 결국 나는 그녀를 데리고 오빠 집을 찾아가기로 결정했다.


어느 토요일 오후, 30여 년 만에 처음으로 병원 문을 나서자 그녀는 어지러운 듯 휘청거렸다.

"눈이 너무 부셔요." 그녀가 떨리는 목소리로 말했다. 그녀는 소풍 가는 아이처럼 조잘댔다

"오빠가 어떻게 변했을까요?" "저에게 뭐라고 할까요?" "몹시 놀라겠지요?"

오빠 집에 도착했을 때는 날이 어둑해진 저녁 무렵이었다. 긴장된다는 그녀를 먼발치에 세워 두고 내가 대문 초인종을 눌렀다. 오빠로 추정되는 한 60대 남자가 나왔다. 내가 상황을 설명하자 그는 화를 내기 시작했다.

'도대체 당신이 뭔데 이러느냐?' '왜 이곳까지 찾아와 나를 괴롭히느냐?' '나도 이제는 지쳤다!'라며 고함을 쳤다. 거의 울부짖

음에 가까웠다. 그녀가 멀리서 그 광경을 보고 있었다. 내가 그녀 곁에 왔을 때 그녀는 흐느끼고 있었다.

　병원으로 돌아오는 동안 그녀는 한마디도 하지 않았다. 병원이 가까워지자 그녀는 나에게 부탁했다.

　"과자 좀 사 주실 수 있겠어요?"

　병실로 들어간 그녀는 다른 환자들에게 오빠가 사 주었다며, 오빠의 선물이라며 웃는 얼굴로 과자를 나누어 주었다. 그리고는 자기 침대에 누워 울기 시작했다. 그 일이 있은 후로 그녀는 내가 회진을 돌아도 더 이상 오빠를 만나게 해 달라고 조르지 않았다. 대신 그녀의 증상은 날이 갈수록 심해져 갔다.

# 넘지 말아야 될 선

자해 행동을 보여 외래를 찾아온 한 20대 여성과 대화를 나눈 적이 있다. 자해의 표면적인 이유야 다양하지만 핵심은 분노다. 분노의 감정이 너무 커서 상대방을 해치고 싶지만 그렇게 하지 못하니 대신 자신에게 손상을 입히는 것이다. 그때 내가 말했다.

"아무리 화가 나도 자신의 몸을 해치면 안 됩니다. 비바람에 나무가 심하게 휘어져도 부러지지만 않는다면 괜찮습니다. 나중에 비바람이 그치고 나면 다시 원상태로 돌아올 수 있으니까요. 흔들리더라도 어떤 한계를 넘으면 안 됩니다. 너무 멀리 가게 되면 나중에 돌아오고 싶어도 돌아오지 못합니다. 마찬가지로 아무리 화가 나도 자해를 하면 안 됩니다. 자해를 한다는 것은 넘지 말아야 될 선을 넘는 것입니다."

그리고 오늘, 성폭행을 당해 임신한 후 자살 시도를 한 10대 소녀를 보면서, 남편에게 폭행 당해 두개골이 함몰된 여성을 보면서 나는 그때 내가 한 말이 잘못되었음을 인정한다.

자해는 넘지 말아야 될 선을 넘는 행동이 아니다. 넘지 말아야 될 선은 단 하나, 오직 죽음뿐이다. 그 외 모든 행동은 다시 회복될 수 있다. 아무리 심한 문제라도 해결될 수 있다.

그러니 죽음 이외의 어떤 문제 행동에 대해서도 그것을 넘지 말아야 될 선이라고 규정지어서는 안 된다. 죽음 이외의 모든 문제 행동은 극복할 수 있다. 그게 삶이고 인생이다.

# 위시리스트

　40대로 보이는 한 여자가 환의 차림으로 휠체어를 탄 채 진료실로 들어온다. 계란형 얼굴에 이목구비가 뚜렷하고 단발머리를 해서 그런지 첫인상이 귀여운 소녀 같다. 함께 들어온 간호사가 소화기 내과 병동으로부터 자문 의뢰된 환자라고 말한다. 의뢰지에는 〈췌장암 말기 환자입니다. 우울증이 심하니 고진선처 바랍니다〉라고 적혀 있었다. 틀린 내용은 아니지만 무척 건조하고 기계적인 말이라는 느낌을 주었다.

　내과 진료 기록지를 열람해 보니 암이 온몸으로 전이 돼 수술은 불가능하고 항암 치료도 의미 없다는 내용이 눈에 들어왔다. 전화로 내과 담당의사를 찾아 정신과에 자문 의뢰한 이유를 물어보니 환자가 며칠째 말을 하지 않아서라고 한다. 수화기 너머로 담당의사의 난감해하는 목소리가 들려왔다.

　"내과 선생님 말로는 며칠째 말을 하지 않아서 정신과에 의뢰했다고 합니다. 저희 과는 과의 특성상 환자분이 말씀을 하지 않으면 도움을 주기가 어렵습니다. 그러니 무슨 말이라도 좋으니

해 보십시오."

밖에서 기다리고 있는 환자들이 의식되어 그녀를 재촉했다. 그녀는 고개를 숙인 채 아무 말도 하지 않았다. 몇 분이 흘렀지만 그녀는 여전히 시선을 피한 채 침묵을 지키고 있었다.

"시간이 꽤 지났네요. 여전히 아무 말씀도 하지 않으니 제가 도와드릴 수 있는 길은 없는 것 같습니다. 나중에라도 도움이 필요하면 담당 선생님에게 다시 말하면 됩니다."

나는 수화기를 들어 외래 간호사에게 면담이 끝났음을 알렸다. 간호사가 환자 휠체어를 밀고 나가려는데 그녀가 고개를 들어 나를 쳐다보았다. 시선이 마주쳤을 때 그녀의 양 눈가에 눈물이 맺혀 있는 게 보였다. 순간 나는 죄책감과 함께 가슴에 가벼운 통증을 느꼈다. 외래를 마치고 그녀가 입원해 있는 내과 병실을 찾았다. 그녀 침대 옆에 걸터앉아 나는 혼자서 말하기 시작했다.

"사람은 누구나 죽습니다. 그것은 운명입니다. 그 운명에서 벗어난 사람은 아무도 없습니다. 제가 보기엔 시간이 많지 않습니다. 그러니 자신의 삶에 대해 정리하는 시간을 갖는 것이 필요합니다. 쉽지 않겠지만 하셔야 합니다.

제가 몇 개 질문이 적힌 종이를 놓고 갈 테니 그것을 읽고 그에 대한 대답을 녹음해 보십시오. 그리고 그 녹음한 내용을 다시 들어보십시오. 두 번 세 번 들어보는 것도 좋습니다. 그러면 많은 도움이 될 것입니다."

그녀에게 전해 준 질문 문항 중 일부는 다음과 같다.
지금까지 살아오면서 가장 기억에 남는 일은 무엇입니까?

지금까지 살아오면서 가장 살아 있다는 느낌이 든 적은 언제였습니까?

살아오면서 가장 기뻤던 순간은 언제였습니까?

당신에 대해 가족이 특별히 기억해 주었으면 하는 점이 있습니까?

사랑하는 사람에게 해 주고 싶은 말은 무엇입니까?

다른 사람들에게 전해 주고 싶은, 당신이 생각하는 삶의 의미는 무엇입니까?


일주일 후 그녀는 남편과 함께 정신과 외래 진료실을 찾아왔다. 자리에 앉자 그녀가 먼저 입을 열었다.

"교수님, 고맙다는 말을 하고 싶어서 왔어요. 시간이 얼마 남지 않았다는 것은 알고 있었지만 어디서부터 무엇을 해야 할지 몰라 막막했어요. 고생만 하다가 이제 겨우 살 만한데 왜 내가 죽어야 하는지 그 이유도 모르겠고요. 교수님이 주신 질문지를 놓고 남편과 많은 이야기를 나누었어요.

정말 아무 것도 해 놓은 것이 없다고 생각했는데 이야기를 하다 보니 꼭 그런 것만은 아니었어요. 남편과 두 아들이 저를 생각해 주는 그것만으로도 제 삶의 의미가 된 것 같아요. 그래서 앞으로 어떻게 할 것인지 남편과 초등학교 다니는 아이들과 이야기했어요. 제가 가장 하고 싶은 것을 적어 보았어요. 교수님도 한번 보실래요?"

그녀가 내민 공책에는 〈내가 죽기 전에 하고 싶은 일〉이라는 제목 아래 번호 순서대로 이렇게 적혀 있었다.

1. 남편이 좋아하는 수육과 김치찌개를 주말마다 해 준다.
   남편이 소주를 마시면 나는 그 옆에 앉아서 남편 얼굴을
   바라본다.
2. 아이들이 좋아하는 컴퓨터 게임 하는 것을 옆에서
   지켜본다.
3. 백화점에 가서 남편 양복 한 벌을 산다.
4. 가족사진을 찍는다.
5. 남편과 처음 만나 데이트하던 송도 바닷가를 걸어본다.

그녀는 뼛속까지 아내였고 엄마였다.

# 울기 위해 나를 찾아온 여자

한 50대 여자 환자가 지난 토요일에 약을 먹고 자살을 시도했다. 응급실에서 하루를 보낸 후 일요일 저녁에 퇴원해 월요일 아침에 비틀거리며 외래로 나를 찾아왔다. 오랫동안 나에게 치료를 받고 있는 분이다.

진료실에 들어오자 문 입구에 놓여 있는 소파에 몸을 던지듯 털썩 주저앉아 그냥 하염없이 운다. 너무 슬프게 우는 바람에 밖에 있던 간호사가 무슨 일이 있는지 걱정되어 문을 열고 들어온다. 내가 간호사에게 손짓으로 그대로 놔두라고 신호를 보냈다.

쉽게 울음이 그칠 것 같지는 않다. 그렇지만 그렇게 통곡하는 데는 분명 이유가 있으리라. 그냥 멍하니 자리에 앉아서 그 여자가 우는 모습과 울음소리를 보고 듣는다. 그녀가 울음을 그쳤을 때 컴퓨터 진료화면에는 5분 3초라는 숫자가 뜬다. 그녀가 울음을 그치고 말한다.

"너무 억울하고 너무 힘들어 죽으려고 했는데 죽지도 못하고, 울고는 싶은데 울음은 나오지 않고, 선생님 앞에서는 눈물이 나올 것 같아서 이렇게 기어가면서라도 찾아왔습니다. 아침부터 이렇게 울어서 미안하고, 또 선생님이 바쁘실 텐데 이렇게 시간 뺏어서 미안하고, 그렇지만 너무 울고 싶은데 눈물은 나오지 않고, 그래서 찾아왔는데 오길 잘했네요. 선생님 얼굴 보자마자 눈물이 쏟아지니 정말 오길 잘했네요. 고맙고 또 고맙습니다, 선생님."

그녀가 나가고 나는 빈 소파와 비어있는 내 가슴의 구멍을 본다. 텅 빈 내 가슴을 환자들의 눈물로 채울 수는 있지만 내가 흘릴 눈물은 이제 어디에 담아야 하나.

# 칼과 얼음이 되는 말

날이 갈수록 말의 중요성과 위대함을 느낀다. 말은 그냥 말일 뿐인데 그 말이 비수가 되기도 하고 얼음이 되기도 한다. 그 말이 든든한 방패가 되기도 하고 따뜻한 옷이 되기도 한다.

"너 같은 건 차라리 죽어 버렸으면 좋겠다."

싸우다가 홧김에 나온 말이지만 어머니의 말은 조현병을 앓고 있는 20대 남자 환자의 가슴에 날카로운 칼이 되어 박혀 버렸다. 내 눈에는 그의 가슴에서 흘러나오는 피가 보인다. 선혈이 낭자하다. 그 이후로 환자는 말끝마다 〈저 같은 것이〉라는 말을 덧붙인다.

매일 1시간씩 걸으라고 하면 "저 같은 것이 걸어서 뭐 하겠어요?"라고 하고, 야식을 먹지 말라고 하면 "저 같은 것이 살찌면 뭐 어때요"라고 한다. 매사에 자기 비하를 하다 보니 생활이 엉망이 되어버렸다. 며칠 전 외래를 보다가 내가 그 애에게 말했다.

"내가 한번 안아 봐도 될까?"

"왜요, 교수님?" 그가 눈을 동그랗게 뜨고 묻는다.

"그냥 좋아서. 나는 네가 참 좋다. 내가 너를 좋아하는 것처럼 너도 너 자신을 좋아했으면 좋겠다."

그를 안았는데 그가 내 어깨에 기대어 운다.

"힘들어요, 교수님. 죽고 싶어요, 교수님. 엄마에게 잘 보이고 싶은데 어떻게 해야 할지 모르겠어요." 내가 그의 어깨를 토닥이며 말했다.

"오늘 집에 가거든 네가 먼저 엄마에게 말을 해라. 사랑한다고, 애를 먹여 미안하다고, 앞으로는 노력해 보겠다고, 그러니 나를 포기하지 말아 달라고 말해라. 네가 먼저 엄마에게 말해라. 그렇게 말하면 모든 것이 잘 될 거다."


"앞으로는 나에게 전화 같은 것은 하지 마라. 나도 먹고살기 힘들다."

재혼한 엄마가 보고 싶어 전화를 건 한 여학생이 있다. 중학생이다. 핸드폰 너머 들려오는 엄마의 차가운 목소리와 끊긴 전화 소리. 그 전화 이후 그 애는 자해와 자살 시도를 반복했고 결국 병동에 입원했다.

아침 모임 시간에 담당 전공의 선생이 입원 환자 보고를 하는데 그 아이의 주 문제는 자해와 자살 시도 외에 환청도 있다고 한다. 귀에서 〈죽어라〉 하고 외치는 엄마의 목소리가 들린다는 것이다. 그 아이의 상처가 너무 큰 것 같아서, 내 담당은 아니지만 회진을 돌 때 그 애와 짧게 이야기를 나누었다. 그 애가 눈물을 글썽이며 나에게 말한다.

"엄마가 전화 걸지 말래요. 나 같은 건 필요 없대요." 그리고

"엄마가 자꾸 저보고 죽으라고 해요"라는 말을 덧붙인다.

자신에게 더 이상 전화를 걸지 말라는 엄마의 그 말이 비수가 되어 엄마가 하지도 않은 말을 만들어 낸다.

'엄마에게 전화도 못하는 나는 쓸모없는 인간이야. 그런 인간은 살만한 가치도 없어'라는 그 애 마음속 목소리가 그대로 밖으로 나가 현실에서 엄마의 목소리로 되돌아오고 있었다. 머릿속에서 생각으로 있어야 할 말의 내용이 실제 현실이 되어 엄마의 목소리가 되어 귀에 들리는 것이다.

이런 현상이 일어나는 이유는 자기 안에서 자기를 비난하는 것은 견디기가 너무 힘들지만 밖에서 자기를 비난하는 것은 어느 정도 견딜 수 있기 때문이다.

이때도 내가 할 수 있는 일은 그냥 가만히 듣고 안아주는 것이다. 안아준다고 마음의 출혈이 멈추는 것도 아니고 상처가 아무는 것도 아니지만, 딱히 내가 할 수 있는 일이 그것밖에 없다. 비와 바람과 해와 달이 그 아픔을 치료해 줄 것이다.

# 때로는 정신의학보다 철학이 더 필요하다

한 중학생 여자아이가 입원했다. 학교 담임 선생님의 권유로 상담 선생님을 찾아갔고 상담 선생님은 위Wee 센터로 의뢰했고 위센터에서는 청소년 상담 센터로 의뢰했고 청소년 상담 센터는 자살예방 센터로 의뢰했고 자살예방 센터는 소아 정신건강의학과에 의뢰했고 그리하여 마침내 정신과 병동에 입원하게 되었다. 주 문제는 죽고 싶다는 것으로 자신이 살아야 할 아무런 이유가 없다는 것이다.

아침 모임 시간에 담당의사인 전공의 K선생이 보고하는 내용을 들어보니 사연은 이러하다. 환자의 아버지와 어머니가 20대 때 사귀다가 환자를 임신했다. 양가 집안이 결혼을 반대했지만 두 사람은 혼인 신고와 함께 동거를 시작했고 곧 환자를 출산했다.

환자의 어린 시절은 그런대로 괜찮았다. 환자의 아버지는 술을 마시면 주정을 부리지만 술을 마시지 않으면 그런대로 사회 기능을 해 나가는 알코올 남용 환자였다. 그렇지만 경제적으로는 부족하지 않아 초등학교 다닐 때까지는 큰 문제가 없었다.

환자는 영리하여 초등학교 때까지 최상위 성적을 유지하였고 리더십도 뛰어나 친구들을 이끌고 다녔다. 그런데 중학교에 들어가자 아버지의 사업이 어려워졌고 부모가 싸우는 날이 많아졌다.

처음에는 말로 싸우다가 점차 물건을 던지고 급기야 몸싸움으로까지 발전했다. 아버지는 매일 술을 마시기 시작했고 어머니도 힘들어 술을 마셨고, 아버지는 술에 취하면 어머니를 때리기 시작했다. 그때마다 어머니는 내가 죽는 수밖에 없다고 말하곤 했다.

한 달 전 부모가 다시 격렬하게 싸우기 시작하였고 환자는 자기 방문을 잠그고 귀를 막고 방구석에 웅크리고 앉아 있었다. 왠지 불길한 예감이 들었지만 (환자 말이 그날은 정말로 아무 이유 없이 불안했다고 한다) 그대로 방에 있었다. 그리고 베란다 문을 여는 소리가 들리고 아버지가 고함치는 소리가 들리더니 곧 모든 것이 잠잠해지고 아무 소리도 들리지 않았다.

어머니가 아파트에서 투신한 것 같았지만 그래도 환자는 거실로 나가지 않았다. 얼마 후 앰뷸런스 소리가 들리고 사람들이 집에 오는 소리도 들었지만 환자는 꼼짝도 않고 그대로 방구석에 웅크리고 있었다.

어머니가 자살하고 환자는 아버지와 생활하기 시작했다. 아버지는 매일 술만 마시다가 어느 날 집을 나가서는 돌아오지 않았다. 환자는 친할머니 집을 찾아갔지만, 친할머니도 먹고살기 바빠 환자 혼자서 잠 자고 밥 먹고 학교 가고 그런 생활이 반복되었다. 그러다 담임 선생님에게 죽고 싶다는 말을 했고 여러 기관을 돌고 돌아 정신과 병동에 입원하게 되었다.

내가 담당하는 환자가 아니라서 직접적인 개입이 어렵지만 주치의 K선생에게 앞으로 치료 계획이 어떠냐고 물어보았다. K선생은 환자가 자살 사고를 보이고 있고 진단명은 우울증이고 유발요인은 어머니의 자살이고 그래서 항우울제를 처방할 것이라고 했다.

또 다른 치료 계획이 있는지 물었고 K선생은 대답을 하지 못했다. 그래서 입원하게 된 중심 문제가 무엇인지 물었고 K선생은 자살 사고라고 대답했다. 내가 환자가 말한 그대로 말해 보라고 하자 K선생은 〈살아야 할 아무런 이유가 없다〉라고 대답했다.

나는 K선생에게 〈자신이 살아야 할 아무런 이유가 없다〉라는 바로 그 지점에서 치료를 시작하라고 권했다. 증상에 초점을 맞추지 말고 환자에게 왜 살아야 하는지 그 이유를 일깨워 주는데 모든 노력을 기울이라고 조언했다.

입원해 있는 동안 자신이 살아야 하는 이유를 한 가지라도 찾는다면 그 아이는 살겠지만 그렇지 않으면 결국 자살할 것이라고 말했다.

아버지에게 복수하기 위해서도 좋고 어머니에게 복수하기 위해서도 좋고 어떤 이유를 갖다 붙이든 살아야 하는 이유를 그 아이에게 심어주라고 했다. 쉽지 않은 일이지만 불가능한 일도 아니다. 그러나 증상에만 초점을 맞추는 전공의 선생의 입장에서는 무척이나 어려운 과제가 될 것이다.

내가 경험해 보니 환자가 보이는 증상은 껍데기인 경우가 거의 대부분이었다. 그 증상의 이면에 핵심적인 문제가 있고 그것을 읽을 능력이 없으면 환자에게 실질적인 도움을 주지 못한다는 사실을 알게 되었다.

내가 만약 이 환자의 주치의라면 나는 왜 살아야 하는지, 왜 죽어야 하는지를 놓고 끊임없이 소크라테스식의 대화를 나눌 것이다. 그리고 이 환자에게 퇴원하고 나서는 태권도와 같은 운동을 배우도록 권할 것이다.

정신이 약할 때는 몸을 강하게 만드는 것이 문제를 극복하는 가장 쉬운 방법이다. 자기 파괴 욕동을 승화시키는 가장 손쉬운 방책은 신체운동이다. 육체를 단련함으로써 몸을 아끼게 되고 그렇게 함으로써 자기 자신을 사랑하는 마음으로 이어지기 때문이다.

# 눈물이 펑펑 나는 약

부산에 사는 85세 할머니가 서울에 사는 큰딸과 함께 외래를 찾아와 나에게 하소연한다.

"의사 양반, 제발 약 좀 구해주소. 먹으면 원도 한도 없이 눈물이 펑펑 나는 그런 약 있으면 좀 처방해 주소. 가슴이 답답해서 견딜 수가 없네."

"약이 있기는 한데 좀 비쌉니다. 비싸도 드실랍니까?" 면담료를 생각하며 내가 물었다.

"아이고, 돈이 문제가 아니지. 그런 약 있으면 퍼뜩 먹고 한번 실컷 울어나 봤으면 소원이 없겠네. 늙어서인지 울고 싶어도 눈물이 안 나오네."

"알겠습니다. 그럼 처방해 드릴 테니 무엇 때문에 눈물이 펑펑 나는 약을 먹고 싶은지 이야기나 한번 들어 봅시다"

그리하여 할머니의 가슴 답답한 이야기가 시작되었다.

할머니는 그 당시 누구나 그랬듯이 스무 살 꽃다운 나이에 할아버지와 중매로 결혼했다. 할아버지는 성격이 급한 게 문제지 다른 면은 별로 문제될 게 없는 점잖은 사람이었다. 할아버지와 할머니 모두 천성이 부지런하고 성격이 무난하여 시장에서 장사를 해 그런대로 큰돈을 모았다.

지난 65년 동안 할아버지와 살아오면서 몇 번의 갈등이 있었지만 지금 생각해보니 그래도 큰 탈 없는 무난한 삶이었다. 젊었을 때 할아버지가 바람을 좀 피웠지만 막내아들을 낳은 후로는 말 그대로 스쳐 지나가는 바람이 되었다.

할아버지와 할머니는 슬하에 1남 4녀를 두었다. 딸만 내리 넷을 낳는 바람에 당시 할머니가 겪은 심적 고통은 이루 말로 표현하기 힘들 정도였다. 아들을 원하는 시어머니 등살에 남편이 다른 여자를 사귀기조차 했다. 그 이야기를 할 때 할머니 눈에 눈물이 고였다. 내가 그 순간을 놓치지 않고 할머니 가슴을 푹 찔렀다.

"아이고, 모친 가슴이 새까맣게 탔겠네요. 시어머니도 그렇지, 같은 여자면서 어떻게 그럴 수가 있나? 그리고 남편도 그렇지, 아들 낳겠다고 어떻게 다른 여자를 사귈 수 있나?" 연속으로 할머니 가슴을 찌르자 갑자기 지난 시절이 떠오르는지 할머니가 눈물을 흘리기 시작한다. 처음에는 소리 없이 그러다가 점점 소리 내어 오열한다.

"참, 힘들었겠네요. 누구에게 하소연할 데도 없었을 것이고, 정말 그 심정 당해 보지 않은 사람은 모를 겁니다." 내가 계속 불에 기름을 붓자 할머니는 고개를 숙인 채 더 크게 운다. 옆에 얌전히 앉아 있던 큰딸이 할머니 옆에 바짝 다가앉아 어깨를 감싸면서 나보고 입술로 말한다. 이제 그만 울리라는 말 같다. 나는 어깨를 들썩하면서 양 손바닥을 펴 보였다. 울고 싶다메? 그래서

울린 건데 그게 뭐 잘못됐노?라는 제스처였다.

여하튼 울던 할머니가 큰딸의 도움을 받아 울음을 그치고 다시 말하기 시작한다.

"의사 양반, 사실 오늘 여기 온 이유는 영감 때문이 아니고 아들 때문이라오. 아들 때문에."

그 말을 듣자 순간 내가 당황했다. 아니 또 울려야 하나. 이거 큰일이네. 시간이 많이 걸리면 안 되는데. 속으로 중얼거리면서 할머니를 재촉했다.

"아들 때문에도 마음 상한 일이 있는 모양이지요?"

그래서 할머니를 울리기 위한 본 게임이 시작되었다. 할머니 이야기를 요약하면 이러하다.

유일한 아들인 막내는 현재 서울에 살고 있다. 사업을 하고 있는데 잘 산다. 그런데 2년 전에 할아버지 할머니에게 미리 자기 몫의 재산을 달라는 요구를 했다. 아들이 요구하는 몫은 부모 재산의 절반인 50%였다.

그것을 지금 주려면 현재 살고 있는 집을 팔아야 한다. 넓은 마당이 있는 집을 팔고 자기가 부모님을 모실 테니 서울 아파트로 오라고 했다. 그 말을 듣고 할아버지가 몹시 화를 냈다. 할아버지와 아들 사이에 언쟁이 오가다가 아들은 급기야 정 그럴 거면 부모-자식 관계를 끊자고 말했다. 그리고 자기를 호적에서 파 달라는 편지도 보내왔다.

할아버지와 할머니는 그 편지를 받고 엄청난 충격을 받았다. 그동안 오직 하나뿐인 아들을 위해 모든 것을 해 준 할머니의 충격이 더 컸다. 아들을 서울에 있는 대학까지 보내고, 결혼시키고,

서울에 아파트도 한 채 사 주고, 사업 자금도 대주고, 부모가 해 줄 수 있는 것은 다 해 주었는데 그런 아들이 자신을 호적에서 파 달라고 하니 노부부는 기가 막힐 지경이었다. 사업이 안 되는 것도 아니고 돈이 부족한 것도 아닌데 도대체 아들이 왜 그러는지 이해할 수가 없었다.

"아무리 생각해도 내 생각으로는 며느리가 문제인 것 같아. 그 며느리가, 서울 여자인 그 며느리가 우리 애를 꼬드기지 않고서는 그토록 착한 우리 애가 그렇게 변할 수는 없어." 할머니가 혼자 말하듯이 중얼거린다. 그리고는 나에게 묻는다.

"의사 양반, 내가 어떻게 하면 좋겠소?"

"모친은 어떻게 하시고 싶습니까?"

"하나밖에 없는 아들이고, 내가 살아봐야 얼마나 살 거라고, 그냥 영감을 설득해서 아들이 원하는 대로 다 해 주고 싶지. 그게 솔직한 마음인데, 그 말만 꺼내면 영감이 화를 내고, 딸들도 화를 내고. 아무리 생각해도 그 아이가 문제야. 며느리가 문제야." 할머니가 다시 며느리 욕을 한다. 그리고 아들이 얼마나 착한지 구구절절 말하기 시작한다. 순간 개입해야 하나 말아야 하나 갈등이 생긴다. 그래서 먼저 할머니에게 물어보았다.

"모친요, 부모에게 호적 파 달라는 자식 때문에 여기 오는 사람들이 가끔 있습니다. 그래서 그 사람들을 통해 제가 알게 된 경험을 말해도 되겠습니까?"

"나 말고 그런 사람이 있어요?" 할머니가 놀라면서 나를 본다.

"있고 말고요. 요즘이 어떤 세상인데요." 그리고 내가 말하기 시작했다.

"할머니, 아까 아들이 얼마나 착한 애인지 말할 때는 제 이야기하는 줄 알았습니다. 세상에 그렇게 착한 애가 저 말고 또 있나 해서 깜짝 놀랐습니다." 내 말에 할머니와 큰딸이 웃는다. 내가 계속 말을 이어갔다.

"할머니, 제 생각에는 할머니가 아들이 원하는 대로 집을 팔아 돈을 주어도 아들과의 관계는 좋아지지 않을 겁니다. 더 비참해집니다. 집 팔고 두 분이 길거리에 나앉아도 아들은 눈 하나 깜빡하지 않을 겁니다. 두 분이 돌아가셔도 제사 지낼 놈이 아닙니다.

제가 보기에 아들이 정말 못된 놈입니다. 며느리는 아무 잘못이 없습니다. 부모 가슴에 대못을 박는 그런 놈은 진짜 못된 놈입니다. 말하고 보니 신경 쓰이네요. 아들 놈이 지 욕했다고 나 찾아올라. 아들 싸움 잘합니까? 덩치가 큽니까?" 내가 무섭다는 표정을 짓자 할머니가 어정쩡하게 웃는다.

"그러니 일단은 제 말대로 해 보십시오. 먼저 아들에게 이런 내용의 편지를 보내십시오.

〈아들아! 우리는 너를 사랑한다. 그래서 결정을 내렸다. 만약 네가 잘못을 깨달아 우리 앞에 와서 진심으로 사죄하면 우리 재산의 1/5을 우리가 죽은 후에 너에게 줄 것이다. 만약 네가 우리 생각을 받아들이지 않겠다면, 너에게는 한 푼도 주지 않고 재산을 1/4씩 해서 4명의 누나들에게 공평하게 줄 것이다. 이것을 우리는 유언장으로 작성하여 법적 공증을 받겠다. 네가 결정하길 바란다. 좋은 인연이 끝까지 이어지지 못해 아쉽구나.〉 뭐 이런 내용을 담아 보내는 게 좋겠습니다."

내 말에 큰딸이 반색을 한다. 자기도 나와 같은 생각이라고 한다.

"만약 아들이 아무 반응이 없으면, 아들에게는 말하지 말고 유언장에는 자식 5명 모두 1/5씩 나누어 주는 것으로 작성하십시오. 모든 자식을 다 사랑했다는 증거를 남기십시오. 그것으로 모친은 할 일을 다 하신 겁니다." 내 말에 할머니는 고개를 끄덕였다.

"더 하실 말씀 있습니까?" 내가 묻자 할머니가 딱 한 가지만 더 묻고 싶다고 한다.

"의사 양반은 그토록 착한 우리 애가 왜 그렇게 변했는지 그 이유가 뭐라고 생각해요? 비슷한 사람들을 경험해 보았다고 하니 궁금해서 물어보는 말이네."

"원인요? 아주 간단합니다. 모친 아들은 돈맛을 알았기 때문입니다. 고기도 먹어본 놈이 잘 먹는다고 돈도 있는 놈이 더 밝힙니다. 그리고 자꾸 모친이 우리 애, 착한 애 하는데, 아들은 착하지 않고 못된 놈입니다. 아주 못된 놈입니다. 지나가는 사람 잡고 물어 보이소. 그 놈이 착한 놈인지 못된 놈인지." 내가 목소리를 높이자 큰딸이 다시 웃는다. 큰딸은 내 말이 아주 마음에 드는 모양이다.

할머니와 큰딸이 외래 진료실을 나갔다. 20분 동안 할머니를 울리고 웃겼다. 그게 얼마나 도움이 되었는지는 잘 모르겠다. 그러나 외래 문을 나서기 전에 할머니와 큰딸이 정말로 깍듯이 고개 숙여 인사하는 것으로 보아 어느 정도는 흡족한 듯이 보였다.

노인들이 흔히 찾는 두 가지 약이 있다. 하나는 먹으면 자다가 고통 없이 죽는 약이고 다른 하나는 먹으면 원도 한도 없이 울게 만드는 약이다. 시간이 되면 그 두 가지 약을 개발해 봐야겠다. 큰돈을 벌 수 있을 거다. 그러나 그 두 가지 약을 개발할 때까지는 말로 버티는 수밖에 없다.

# 사흘만 볼 수 있다면

며칠 전에 우연히 헬렌 켈러의 〈사흘만 볼 수 있다면〉이라는 글을 읽었다. 무척 감동적이었다. 그래서 나에게 치료를 받고 있는 분들 중에서 몇몇 시각 장애인들에게 헬렌 켈러의 〈사흘만 볼 수 있다면〉에 대한 이야기를 해주면서 "만약 당신이 사흘만 볼 수 있다면 무엇을 보고 싶습니까?"라고 물었다. 그리고 생각나는 대로 떠오르는 대로 말해 달라고 부탁했다. 그들의 대답을 그대로 적어본다.

무지개를 보고 싶어요.
산의 색, 바다의 색, 하늘색, 자연의 모든 색을 보고 싶어요.
도서관에서 책을 읽고 싶어요. 점자가 아닌 눈으로 보고
싶어요.
거울에 비친 내 얼굴과 모습을 보고 싶어요.
내 방과 우리 집을 보고 싶어요.
내가 사용하는 밥그릇과 접시와 숟가락을 보고 싶어요.
피아노 악보가 보고 싶어요.

미술관에 가서 그림을 보고 싶어요.
서울 예술의 전당에 가서 전시회를 보고 싶어요.
가족의 얼굴과 눈을 보고 싶어요.
가족사진을 찍고 그 사진을 계속 보고 내 머릿속에 담고
싶어요.
나와 함께 하는 안내견의 눈을 보고 싶어요.
친구들의 얼굴과 눈을 보고 싶어요.
영화관에 가서 영화를 보고 싶어요.
연극을 보고 싶어요,
남포동이나 서면과 같은 번화가에 가서 사람들과 거리를
구경하고 싶어요
밤의 네온사인을 보고 싶어요.
장미꽃을 보고 싶어요.
꽃이 많은 공원에 가서 갖가지 꽃의 색과 형태와 향기를
눈에 담고 싶어요.
지하철과 버스를 타고 사람 구경하고 싶어요.
기차를 타고 바깥 풍경을 보고 싶어요.
바다가 보이는 커피숍에서 바다의 색을 보고 커피의 색도
보고 싶어요.
일출과 일몰을 보고 싶어요.
나무의 색을 보고 싶어요.
젊은이들이 많은 술집에 가서 삼겹살에 소주를 마시면서
그 장면을 머리에 담고 싶어요.
목욕탕에 가서 벗은 내 몸을 보고 싶어요.

우리가 일상으로 누리는 이 사소한 일들이 시각 장애인들에게는 평생의 소원이 된다. 그 사실만 깨달아도 우리는 잠에서 깨어날 수 있다.

# 부모가 된다는 것은 사막을 건너는 것이다

우울증으로 치료받고 있는 50대 아주머니가 오늘은 자기 이야기는 한마디도 하지 않고 아들 이야기만 하면서 눈물을 흘린다. 얼마 전에 아들이 이혼했는데 손주 둘을 자신이 돌보아야 한다는 것이다.

아들의 사업을 돕기 위해 집이랑 퇴직금 모두를 밀어넣고 결국은 빈털터리가 되어버린 노인도 나에게 온다. 아들은 외국으로 도망가고 죄 없는 딸이 늙은 아버지를 모시고 산다. 아들은 논 팔고 집 팔아 대학까지 보내면서도 딸년은 배울 필요가 없다며 초등학교밖에 보내지 않고 집안일이나 시키던 그 딸의 손을 잡고 외래에 온다.

"화가 나지만 그래도 제 아버지인걸요. 불쌍하기도 하고."

딸이 덤덤하게 말한다. 노인은 못 들은 체 일부러 외면한다. 그들 부녀를 보면 〈클레멘타인〉의 가사 중에 늙은 애비가 떠오른다.

외래에서 부모와 자식 간의 관계를 보면서 두 가지 생각을 한다. 그중 하나는 부모가 된다는 것은 사막을 건너는 것과 비슷하다는 것이다. 자식을 낳는 것은 산을 오르는 것이지만 자식을 키우는 것은 사막을 건너는 것과 같다. 자식의 앞날을 예측할 수 없기 때문이다. 잘 될 거라고 한없이 믿었던 자식이 부모를 배신하고 반대로 전혀 기대하지 않았던 자식이 효자 효녀가 된다. 세상일은 알 수가 없고 살아 보아야 그 자식이 어떤 자식인지 알 수 있다. 『리어왕』의 비극은 현재에도 여전히 진행 중이다.

또 다른 하나는 부모는 가장 어려운 자녀의 행복만큼 행복하다는 것이다. 자녀 여러 명이 아무리 행복해도 하나가 힘들면 부모는 그 힘든 하나만큼 힘들다. 행복과 불행이 합쳐져 중화되지 않는다. 그게 부모 마음이다. 부모라면 누구나 그 마음을 알 것이다.

"이제는 자식 걱정 않고 그냥 저 세상으로 훌훌 떠났으면 하는 마음뿐입니다. 헛되고 헛될 뿐입니다."
연세 든 분들의 그런 말을 들을 때마다 나는 이런 의문이 떠오른다. 부모가 자식을 떠나는 것이 정상인가? 아니면 자식이 부모를 떠나는 것이 정상인가?

# 상처 입은 사람들에게

진료실에는 상처 입은 사람들이 찾아온다. 겉으로 보면 아무 표시가 나지 않지만 내 눈에는 그들의 가슴에서 피가 흘러 나오는 것이 보인다.

어린 시절의 상처가 제대로 치료되지 않아 재발된 경우가 많다. 그런 상처가 우연한 계기로, 사실은 필연이지만, 다시 모습을 드러내면 사람들은 자신을 탓하거나(나라는 인간은 어쩔 수가 없어. 내가 생각해도 나는 무능력해), 다른 사람이나 상황을 탓하거나(그때 그 인간만 아니었으면 내가 이렇게 되지 않았을 텐데. 가난한 집에서 태어난 게 죄지), 도피하거나(제가 본래 사람 만나는 걸 싫어해요), 아니면 맹렬하게 자신을 공격한다(자해, 술 중독, 약물 중독). 모두 다 자신을 지키기 위한 방편이지만 그게 오히려 독이 된다.

문제는 지나간 상처가 지금의 자신에게 어떻게 나쁜 영향을 미치고 있는지를 모른다는 것이다. 그것을 깨닫도록 도와주기만 해도 상처는 많이 치유된다.

〈아하! 내가 그렇게 숨는 이유는 수치심 때문이구나.〉

〈내가 다시는 수치심을 느끼지 않기 위해 사람들과 거리를 두는 것이구나.〉

〈내가 수치심을 느낀다는 것을 들키지 않기 위해 그렇게 다른 사람들의 시선에 신경 쓰는 것이구나.〉

아주 깊은 무의식까지 갈 필요도 없이 기억할 수 있는 어린 시절까지만 회상하여도 그 상처가 어떤 식으로 반복되는지 그리고 어떤 식으로 상처에 상처가 더해지는지를 깨달을 수 있다. 그렇게 깨닫도록 도와주면 대부분은 스스로의 힘으로 남은 삶을 건강하게 살아간다.

한 고등학교 여학생이 내 앞에서 울고 있다. 자신이 학교에서 왕따를 당하면서 얼마나 큰 상처를 받았는지 말한다. 듣고 있다가 내가 물었다.

"학교에서 왕따를 당한 게 슬프니? 아니면 그런 상황에서 네가 믿고 기댈 수 있는 사람이 없다는 것이 슬픈 거니?"

애가 울다가 놀라 두 눈을 동그랗게 뜨고 나를 쳐다본다.

"내가 보기엔 왕따를 당했다는 그 일보다는 너의 마음을, 외롭고 쓸쓸하고 슬픈 너의 마음을 알아주는 사람이 없는 게 더 슬픈 것 같아서 말해본 거다."

"교수님, 어떻게 제 마음을 그렇게 정확하게 아세요? 지금까지 아무도 그런 말을 해 주지 않았어요. 상담 선생님도, 부모님도 모두 그 사건만 이야기하지 아무도 제 마음에 대해 물어봐 주지 않았어요."

"그랬구나. 그래서 더 힘들었겠구나."

"교수님, 앞으로 제가 교수님에게 제 마음을 털어놓고 싶은데 그래도 되겠어요?"

"글쎄, 서운하게 들릴지 모르지만 그렇게 하기는 힘들겠다. 진료 볼 때는 늘 시간에 쫓기거든. 그러니 전공의 선생을 소개해 줄게. 그러면 많은 이야기를 할 수 있을 거야."

"싫은데요. 전공의 선생님은 제 마음을 몰라요."

"그렇다면 어쩔 수가 없다. 미안하구나."

그리고 마음속으로 말했다. 사실 나도 너처럼 외롭고 쓸쓸하고 슬프단다.


나는 죽으면 벌 받을 거다. 도와줄 힘이 있는데도 도와주지 않고 외면한 죄, 그 죗값은 클 것이다. 게다가 많은 환자들은 미소를 지으며 약만 주는 나에게 오히려 고맙다고 말한다. 환자를 속이고 기망한 죗값도 클 것이다. 이런 생각이 들면 나는 늘 죽고 싶다.

# 문신

## 첫 번째 이야기

지금까지 여러 문신을 보았지만 20대인 그의 양팔과 등에 새겨진 그런 문신은 처음 보았다. 그 문신은 깨진 유리 조각이 그려진 것으로 금시라도 내 눈을 찌를 것만 같았다. 유리 조각같이 날카로운 파편 문신, 그것을 보는 순간 마음이 아팠다. 내가 그에게 말했다.

"그동안 참 많이 힘들었겠구나. 사람들이 너를 공격할까 봐 참 많이 무서웠겠구나. 사람들이 너를 무시하지 못하도록 그런 문신을 새긴 것 같구나. 내 생각이 맞는지 모르겠다."

내 말에 그는 대답 대신 눈물을 흘렸다. 중학생 때 왕따를 당한 그는 자신이 저들보다 더 악해지면 저들도 자신을 무시하지 못할 거라는 생각이 들었고 그런 이유로 깨진 유리 조각 문신을 새겼다고 한다.

중학교 때 받은 상처가 그의 몸에 남아 지금도 말하고 있다.

"나를 괴롭히지 마! 나에게 가까이 오지 마! 나에게 오면 유리 조각에 베일 거야!"

## 두 번째 이야기

반복되는 자해로 몸과 마음이 피폐해진 한 20대 여성이 있다. 외래에서 그녀를 처음 보았을 때 제일 먼저 눈에 들어온 것은 자해 상처를 숨기기 위해 양 손목에 감은 밴드가 아니라 양쪽 팔뚝에 새긴 문신이었다. 정확하게 말하면 문신들이었다. 여러 마리의 작은 물고기들이 양쪽 팔뚝에 새겨져 있었다.

"그게 뭐니?" 내가 물었다.
"물고기예요."
"이쁘구나. 그런데 왜 물고기를 새겼니?"
"흐르고 싶어서요."
"흐르고 싶다는 말이 무슨 뜻이니?"
"흘러가고 싶다는 말이에요."
"아! 자유롭게 흘러가고 싶다는 뜻인가?"
그녀는 대답 대신 고개를 끄덕였다.

그녀의 문신은 나에게 한 편의 영화와 한 편의 시가 떠오르게 했다. 영화는 마스무라 야스조 감독의 〈문신(Irezumi), 1966)〉으로 무엇보다 아름다운 영상미가 돋보이는 영화다. 이 영화는 몸에 새기는 문신이 그 당사자에게 얼마나 큰 영향을 미치는지를 실감 나게 보여준다.

영화 속의 여주인공인 '오쓰야'는 등에 새긴 거미 문신을 통해 완전히 다른 사람이 된다. 등에 문신을 새기기 전에는 남자에게 〈먹히는〉 존재였는데 문신을 새긴 후에는 반대로 남자를 〈먹는〉 주체로 바뀐다. 그녀가 남자를 먹는 것에는 남자를 살해한다는 의미도 내포되어 있다. 문신 이전에는 연인인 '신스케'에게 사랑을 갈구하는 수동적인 위치에서 문신 이후에는 남자들의 구애를 받아줄 것인지 아닌지를 자신이 결정하는 능동적인 위치에 서게 된다. 남자에게 〈먹히다〉에서 남자를 〈먹는다〉로, '수동적' 위치에서 '능동적' 위치로 반전한다.

그리고 오쓰야는 자신이 아니라 등 뒤의 거미 문신이 살인한다고 말한다. 이 말은 그녀의 의식적 자아가 하는 게 아니라 무의식적으로 동일시된 거미 문신이 살인을 한다는 의미로 해석해야 한다. 이 말을 통해 오쓰야와 거미 문신은 무의식적 차원에서 동일시를 통해 오쓰야=거미 문신이 된 것을 알 수 있다. 의식적 자아 상태에서는 오쓰야와 거미 문신이 분리되어 있지만, 무의식의 차원에서는 하나가 된 것이다.

시詩는 맹문재 시인의 〈물고기에게 배우다〉로 '길은 어디에도 없는데, 쉬지 않고 길을 내고, 낸 길은 또 미련을 두지 않고 지운다'라는, 내가 좋아해서 자주 응얼거리는 구절을 떠올리게 했다. 나는 그녀의 물고기 문신을 보고 떠오른 시라며 그 시를 프린트해서 건네주었다.

그녀가 양팔에 물고기 문신을 새기면 그녀는 물고기가 된다. 삶의 바다를 자유자재로 헤엄쳐 다니는 물고기가 된다. 어떤 장애물이 나타나도 좌절하지 않고 부드럽게 통과하는 물고기, 과거의 상처는 잊어버리고 앞으로 나아가는 물고기, 아픔의 흔적을 남기지 않으면서 계속 헤엄쳐 가는 물고기.

나는 마음속으로 물고기 아가씨의 그런 길 없는 여정을 진심으로 기원했다.

# 바닥에 대하여

한 50대 사내가 말한다.

'지금 상황은 갈 데까지 갔다. 바닥까지 내려갔다. 더 이상 내려갈 데가 없을 정도까지 갔다. 막다른 골목이다. 출구는 없다. 아무리 생각해도 벗어날 길이 없다. 그래서 자살을 생각한다. 목매 죽을 거라고 결심한다.

그런데 막상 죽으려고 하니 너무 억울하다. 남아있는 자식새끼들이 불쌍하고 도망간 마누라가 용서가 안 된다. 그래서 죽지도 못한다. 죽기는 죽어야겠는데 이놈의 세상이, 죽기도 쉽지 않다. 선생님은 나를 이해할 수 있느냐?'

사내의 눈은 충혈되어 있고 목소리는 갈라져 있다.

사내가 다시 말한다.

'목 매달아 죽으려고 밧줄도 구입하고, 부모님 산소도 찾아가고, 아들과 딸에게 짜장면도 사 주고, 백화점에 가서 옷도 사 주고, 유언장도 쓰고, 할 것은 다 했는데도 막상 죽으려니까 너무억울하다. 이렇게 개같이 죽으려고 지금까지 바둥거리며 살아왔

는가 생각하니 너무 억울하다. 그래서 죽지도 못한다. 선생님은 내 심정을 이해할 수 있느냐?'

누군가 정신과 외래를 찾아와 자신이 바닥까지 내려갔다며 이제는 죽을 수밖에 없다고 말할 때 정신과 의사인 내가 해줄 수 있는 말은 아무것도 없다. 그래서 그냥 듣는다. 사내는 나에게 말하고 있지만 사실은 자기 자신에게 말하고 있다. 사내가 나에게 말하고 싶은 것은 말의 내용이 아니라 분노이기 때문이다. 이런 상황에서 바닥에 떨어져야 상승할 수 있다고, 바닥이 디딤돌이 되어 다시 일어날 수 있다고 말하는 것은 분노라는 불에 기름을 붓는 꼴밖에 안 된다.

그래서 나는 가능한 한 사내와 눈을 마주치지 않으려고 하면서, 마른 입술에 침을 묻히면서 고개만 끄덕인다. 그런데 우스운 게 이런 난처한 상황에서 '바닥', '목매 죽기', '막다른 골목'이라는 단어가 연상 작용을 일으켜 정호승 시인의 시를 생각나게 하는 것이다. 바닥은 〈바닥에 대하여〉를, 목매 죽기는 〈신발 끈을 맬 때마다〉를, 그리고 막다른 골목은 〈막다른 골목〉이라는 시를 떠올리게 했다. 분노하는 사내에게 그 시를 읊어주고 싶다는 엉뚱한 상상을 하게 된다.

만약 다음 주에 그 사내가 오면 이 시를 전해줄까? 그러면 그는 어떤 반응을 보일까? 화를 낼까 아니면 고맙다고 할까? 그보다도 다음 주까지 그가 살아 있을까?

# 다리를 묶고 자는 여인

다리를 묶고 자는 40대 후반의 한 여인이 있다. 남편이 자살할 위험성이 높아 밤마다 남편의 왼쪽 다리와 자신의 오른쪽 다리를 노끈으로 묶고 잔다. 처음에는 팔을 묶고 자다가 남편이 푸는 것도 모르고 잔 후로는 다리로 바꿨다고 한다. 그녀가 보여 주는 오른쪽 다리 발목 부근에는 노끈으로 묶은 시뻘건 끈 자국이 선연히 남아 있다.

"슬퍼요. 제 삶은 남편에게 묶여 있어요." 혼자 외래에 온 날, 그녀가 말한다.

"더 슬픈 건 추억의 힘만으로도 버틸 수 있다는 자신감이 점점 없어지는 거예요. 남편과 함께 했던 행복한 순간들이 이제는 빛바랜 사진같이 기억이 나지 않아요. 어떻게 해야 하죠, 교수님?" 그녀는 안타까운 눈길로 내 대답을 재촉한다.

"처음 사고가 나고 남편이 뇌수술을 받을 때만 해도 살아만 준다면 아무 소원이 없겠다고 생각했죠. 그런데 이제는 걷기도 하고 대화도 나누고 기본적인 일상생활을 하는데도 저는 왜 만족하지 못하는 거죠? 제가 욕심이 많은 걸까요?"

나는 그녀의 눈길을 피하면서 고개를 숙인 채 진료 기록지에 의미 없는 글만 적고 있다. 〈특별한 변화 없음. 기본적인 생활만 유지함. 부인은 여전히 괴로워함.〉

"5년 전 사고가 난 이후로 지금까지 한 번도 남편이 나를 안아 준 적이 없어요. 저는 남편의 따뜻한 품이 그리워요. 저는 어쩌면 좋죠? 제가 이런 말을 하면 남편은 자신이 쓸모없는 인간이라며 더 죽으려고 할지도 몰라요. 하지만 너무 답답해서, 말이라도 하지 않으면 제가 미칠 것 같아서 그래요. 앞으로 좋아질까요?"

"좋아질 겁니다. 부인의 정성이 그토록 지극한데 반드시 좋아질 겁니다." 내가 '반드시'라는 단어에 힘을 주어 말했지만 나도 그녀도 내 말이 사실이 아님을 안다. 좋아질 거라면 이미 좋아졌을 거다.

"교수님이 그렇게 말씀해 주시니 고맙습니다." 부인이 가볍게 목례를 한다.

다음 외래 때 부인은 환자와 함께 왔다.

"당신도 교수님께 하고 싶은 말이 있으면 하세요." 부인이 남편을 바라보며 재촉한다. 그러나 남자는 아무 말이 없다. 남자와 나 사이에 커다란 벽이 놓여있는 듯한 느낌을 받는다. 어색한 침묵을 깨고 여자가 자리에서 일어선다. 옆에 앉은 남자도 덩달아 일어선다. 그의 얼굴에는 아무 표정이 없다. 그는 목석같은 얼굴로 한마디 말도 하지 않고 진료실을 빠져나간다.

그들 부부의 뒷모습을 보면서 진료 기록지에 다시 몇 자 끄적여본다. 〈환자는 여전히 감정 둔마와 함구증 상태를 보임.〉

# 외로워하는 사람들

22세 젊은 여성이 말한다.

"외로워요. 남친을 만나도 외롭고 헤어지면 더 외로워요. 술을 마셔도 마실 때 뿐이고 깨어나면 더 외로워요. 외로워 미치겠어요."

나이에 맞지 않게 짙은 속눈썹 화장을 한 그녀의 말을 들으면서 나는 그녀 마음 안에서 울고 있는 한 아이를 본다.

48세 중년 부인이 말한다.

"외로워요. 남편이 곁에 있어도 외롭고 없어도 외롭고, 자식들이 집에 있어도 외롭고 없어도 외롭고. 집 안에 나 혼자 덩그러니 있는 것 같아요. 너무 외로워서 고통스러워요."

짙은 남색 정장 투피스 상의에 검붉은 브로치를 한 그녀의 말을 들으면서 나는 그녀 마음 안에서 외로움에 떨고 있는 한 아이를 본다.

55세 중년 남성이 말한다.

"외롭습니다. 그동안 정말 열심히 살아왔는데 문득 돌아보니 살아온 날들이 아득하게만 느껴집니다. 지금까지 무엇을 위해 살아왔는지 잘 모르겠습니다. 자식들은 이미 내 곁을 떠났고, 집 사람이 곁에 있기는 하지만 마음은 다른 데 더 가 있는 것 같고, 친구들을 만나도 할 말이 별로 없고, 참 외롭습니다."

진청색 정장에 화사한 분홍색 넥타이가 어울리는 남자의 말을 들으면서 나는 그의 마음 안에서 혼자 덩그러니 쪼그리고 앉아 있는 한 아이를 본다.

76세 할머니가 말한다.

"외롭소, 의사 양반. 이 나이까지 살아 죽지 못해 외롭소. 아무 좋은 게 없소. 기댈 사람 하나 없소. 살아 있어도 살아 있는 게 아니오."

정갈하게 다듬은 머리에 은색 비녀를 꽂은 할머니의 말을 들으면서 나는 할머니 마음 안에서 울고 있는 한 아이를 본다.

진료실을 찾는 많은 사람들은 외로움을 호소한다. 그리고 그 외로움의 근원이 '어떤 것의 부재' 때문이라고 생각한다. 그래서 외로움을 달래줄 그 어떤 것을 밖에서 찾으려고 한다. 돈에서 찾고, 일에서 찾고, 사람에게서 찾고, 술이나 도박에서 찾는다. 그리고 상처를 받고 더 외로워한다. 환경 때문이라고 생각하여 이사를 하거나 집을 수리하거나 심지어 노년에 커다란 집을 짓기도 한다. 그리고 더 외로워한다.

사람이면 누구나 외롭다. 단지 드러내지 않고 지낼 뿐이다.

그러니 미치도록 외롭더라도 그것을 밖으로 드러내지 않는 것이 좋다. 자꾸 외롭다고 말하다 보면 그것이 습관이 되고 병이 된다. 대신 찬찬히 자기 마음 안에서 울고 있는 아이를 바라보는 연습을 해야 한다. 그 아이가 눈물을 멈출 수 있도록 곁에 같이 쪼그리고 앉아 기다려주고, 눈물을 닦아주고, 눈물이 멈추도록 따뜻하게 안아주어야 한다. 그래서 너의 곁에는 내가 있다는 것을 알게 해 줘야 한다. 자기 안에서 혼자 외롭게 울고 있는 아이의 울음을 멈추게 하면 당신의 외로움도 사라질 것이다.

외로움은 몸의 일부분이고 마음의 한 조각이다. 외로움은 몸이 가는 곳, 마음이 멈추는 곳에 언제나 그림자처럼 따라다닌다. 피하려고 하면 할수록 더 달라붙는다. 더 크게 더 뚜렷하게 모습을 드러낸다. 마치 신들의 노여움을 사게 되어 끝없는 갈증과 기아에 허덕이는 탄탈로스의 처지와 같다.

그러니 없애려고 하지 말고 안고 살아가야 한다. 본래 산다는 것 자체가 외로운 것이다. 오죽했으면 어떤 시인은 '외로우니까 사람이다'라고 노래했을까! 오죽했으면 '외로워 외로워서 못 살겠어요'라는 노랫말이 있을까!

외로움을 피하려고 하면 안 된다. 온몸으로 칼바람에 맞서듯이 그 외로움을 받아들여야 한다. 삶은 길이고 살아간다는 것은 그 길을 걸어가는 것이다. 함께 손잡고 걸어가는 순간이 있어도 대부분의 시간은 혼자서 외롭게 그 길을 걸어간다. 그것이 가슴 아프고 고통스럽고 쓸쓸하더라도 꾸역꾸역 걸어가야 한다. 그게 인생이고 그게 삶이다.

오늘 20대, 40대, 70대 여성과 50대 남성으로부터 외롭다는 호소를 듣고 똑같은 내용으로 그들 눈높이에서 대화했다. 그들 마음속에서 외로워서 못 살겠다며 울고 있는 어린 자신을 얼핏이나마 볼 수 있도록 도와주었다.

# 날짜를 문신으로 새긴 여자


한 50대 여자 환자가 있다. 이 여자가 호소하는 증상의 특징은 모호함이다. 아픈 부위도 모호하고 아픈 정도도 모호하다. 수년 전에 나를 처음 찾아왔을 때 그녀는 이렇게 말했다.

"머리부터 발끝까지 다 아파요."

어떻게 아픈지 내가 묻자 그녀는 이렇게 대답했다.

"그냥 아파요."

그녀는 신체 부위와 연관된 다른 과에서 여러 가지 검사를 하였고 특별한 이상소견이 발견되지 않아서 정신과를 방문했다고 한다. 정확하게 말하면 다른 과 의사들이 정신과에 가 보라고 해서 온 것이다.

이런 경우 정신과 진단명은 신체화장애다. 심리적인 갈등이 신체 증상으로 나타나는 병이다. 정말로 마음이 괴롭지만 그것을 다른 사람에게 보여줄 길이 없으니 몸이 아파 오는 것이다.

몸이 아프면 다른 사람들도 자신이 아픈지를 알게 되고 자신도 아픈 몸에 집중하느라 마음의 갈등에 신경을 덜 쓰게 된다. 누이 좋고 매부 좋은 것이다. 그래서 이 여자는 몸이 아파야 사는 여자다.

여자는 매달 한 번씩 나를 만나러 왔고 그때마다 나는 약을 처방하면서 늘 똑같은 말을 했다.

"마음이 아프면 몸도 아픕니다. 그런데 마음이 어떻게 아픈지는 당사자만 알지 다른 사람은 모릅니다. 본인이 직접 왜 마음이 아픈지 말해 주지 않으면 저도 알 길이 없습니다. 그러니 마음에 걸리는 게 있으면 무슨 말이라도 좋으니 말씀해 보십시오."

그때마다 그녀는 특별히 할 말이 없다며 입을 다물었다. 그러기를 몇 년, 그녀의 증상은 호전과 악화를 반복했다. 어떤 날은 맑았다가 어떤 날은 흐리고 어떤 날은 비가 오는 식이었다. 그녀가 할 말이 없다고 하니 나도 약만 주고 더 이상 캐묻지 않았다.

그러던 어느 날, 그녀는 챙이 넓은 모자와 커다란 검은색 안경을 쓰고 외래에 나타났다. 백내장 수술을 해서라고 말했다. 그녀의 얼굴은 모자와 안경, 마스크로 완전히 뒤덮여 실제 그녀인지 구분하기 어려울 정도였다.

"괜찮으시다면 모자는 벗으시죠." 내가 말하자 그녀는 "상처 때문에 안 돼요"라고 말했다. 순간 '상처'라는 말이 내 귀에 크게 들렸다.

"상처라뇨? 무슨 상처 말입니까?" 내가 묻자 그녀는 즉시 대답을 못하고 잠시 머뭇거렸다. 그리고는 기어들어 가는 목소리로 "수술 상처 말이죠"라고 했다.

내가 말없이 그녀를 보자 그녀는 내 시선이 부담스러운지 고개를 숙였다. 진료실에 정적이 감돌았다. 때로는 치료자의 침묵이 환자의 진실을 드러내는 좋은 방법이기에 나도 말하지 않고 가만히 있었다.

얼마나 시간이 흘렀을까? 그녀가 입을 열었다. 사실 꽤 시간이 흐른 것 같아도 내 경험으로는 대부분 30초나 길어 봐야 1분을 넘지 않는다.

"교수님께 말하지 않아서 죄송해요. 속이려고 한 것은 아니지만 너무 창피해서." 그녀가 울먹거리는 음성으로 말했다.

"남편으로부터 맞은 지는 꽤 오래되었어요. 결혼하고 2년 후부터 맞기 시작했으니 거의 20년이 넘었어요."

일단 말문이 터지자 그녀는 그동안 참아 왔던 말을 봇물 터뜨리듯이 쏟아 내기 시작했다. 그녀는 통곡하면서 말했고 나는 아무 말 없이 그녀에게 티슈만 계속 건네주었다.


"그런데 교수님, 제가 시간을 빼앗아서 죄송합니다만 이 말만은 꼭 하고 싶습니다. 금년만 말하겠습니다. 1월 4일 월요일, 1월 27일 수요일, 2월 7일 일요일, 2월 16일 화요일……"

그녀는 날짜와 요일을 하나하나 또렷하고 분명하게 말하기 시작했다. 끝이 없을 것 같아 내가 중간에 말을 끊었다.

"무슨 말인지 알겠습니다. 남편으로부터 맞은 날이군요."

"맞습니다. 저는 결코 그 날짜를 잊어버리지 않습니다. 수첩에 기록해 놓았다가 매일 그 날짜들을 다시 떠올리고 외웁니다. 그게 제가 할 수 있는 유일한 복수입니다."

그녀가 단호하게 말했다.

"알겠습니다. 그런데 남편으로부터 맞은 날짜를 기억하는 것이 왜 부인이 할 수 있는 유일한 복수입니까?" 내가 물었다.

"그건 제가 치매에 걸리지 않았다는 말이기 때문입니다. 제가 맞은 날짜를 기억한다는 것은 제 기억력이 좋다는 것이고 그러면 저는 결코 치매에 걸리지 않을 것입니다. 남편은 자신이 때린 날짜를 전혀 기억하지 못합니다. 그건 남편이 치매에 걸려가고 있다는 증거입니다. 남편이 치매가 되면 그때 제가 복수할 겁니다."

나는 그녀에게 남편이 치매에 걸리면 어떻게 복수할 것인지 묻지 않았다. 남편으로부터 맞은 날짜를 온몸에 문신으로 새긴 그녀이기에 나의 어떤 말도 그 문신을 지울 수 없다는 판단에서였다.

말로 발설되지 못한 상처는, 상징으로 표출되지 못한 상처는 언제나 반복되며 자신의 몸에 문신으로 남는다.

# 슬픔이 전염될까 두려워요

오랫동안 우울증을 앓고 있는 30대 초반 여성이 있다. 그녀에게는 다섯 살 된 남자아이가 있다. 그녀가 오늘 나에게 이렇게 말한다.

"슬픔이 제 아이에게 전염될까 두려워요. 저는 슬퍼도 아이는 슬퍼하지 않기를 바래요. 슬픔을 모르고 크길 바래요."

내가 말했다.

"그 심정은 이해합니다. 그러나 저의 생각은 다릅니다. 슬픔은 분명 아이에게 전달될 것입니다. 어머니가 슬퍼하면 아이도 슬퍼하게 되니까요. 저는 아이가 슬픔을 모르고 성장하기보다는 슬픔을 극복하는 법을 배우기 바랍니다.

슬픔이 가장 싫어하는 것은 따뜻한 햇살을 받으며 손잡고 함께 걷는 것이지요. 웃는 아이의 얼굴을 자주 사진으로 찍어 함께 보는 것이지요. 아이가 좋아하는 노래를 함께 부르는 것이지요. 아이가 좋아하는 음식을 만들어 함께 먹는 것이지요. 노란 해바라기 그림을 함께 그리는 것이지요. 아이와 함께 신나게 막춤을 추는 것이지요.

그러니 틈날 때마다 슬픔이 싫어하는 그런 순간을 아이와 함께 나누기를 바랍니다."

# 보속증

보속증(保續症, perseveration), 첫 번째 자극에는 적절한 반응을 보이지만 두 번째 전혀 다른 자극부터는 부적절한 반응을 반복하여 보이는 것을 말한다. 기억장애의 하나이며 뇌에 손상이 있다는 징후이다. 보속증은 말이나 행동으로 나타난다. 예를 들면 다음과 같다.

검사자: 대한민국의 수도는 어디입니까?
환자: 서울입니다.
검사자: 그러면 손목에 차고 다니며 사람에게 시간을 알려 주는 물건은 무엇입니까?
환자: 서울입니다.

검사자: 오른손을 왼쪽 어깨 위에 올려놓으십시오.
환자: (지시한 대로 수행한다.)
검사자: 그 다음에는 왼손을 왼쪽 무릎 위에 올려놓으십시오.
환자: (이전과 똑같이 오른손을 왼쪽 어깨에 올려놓는다.)

## 1. 비극의 보속증

70대로 보이는 한 노인이 40대 남자의 부축을 받아 진료실에 들어온다. 책상 위 컴퓨터 화면에 보이는 진료 기록지에는 초진이라는 표시와 함께 74세라는 나이와 이름이 뜬다. 두 사람이 자리에 앉자 내가 젊은 남자에게 환자와 관계가 어떻게 되는지 묻자 아들이라고 대답한다.

"어르신. 어디가 불편해서 오셨습니까?"
내가 묻자 그는 마치 기다리고 있었다는 듯이 즉각적으로 대답했다. 반응 속도가 너무 빨라 놀랄 정도였다.
"제가 사람을 죽였습니다."
"예? 뭐라고 하셨습니까?"
전혀 예상치 못한 그의 말에 내가 되물었지만 그는 똑같이대답했다.
"제가 사람을 죽였습니다."
"언제 그랬습니까?"
"제가 사람을 죽였습니다."
"사람을 죽였다는 말은 알아들었습니다. 그런데 그 일이 언제 있었는지요?"
"제가 사람을 죽였습니다."
"무슨 일이 있었습니까?"
"제가 사람을 죽였습니다."

내가 무슨 질문을 해도 노인의 대답은 한결같았다. 그는 잘못했다는 듯이 고개를 숙이고 앵무새처럼 자신이 사람을 죽였다는 말만 반복하고 있었다. 대화가 불가능했다. 내가 아들을 바라보았다. 아들이 말하기 시작했다.

환자는 지게차를 운전하면서 생활하고 있었다. 그런데 이틀 전 환자의 딸이 외손자를 데리고 집에 놀러 왔다. 3남 1녀 중 환자가 가장 예뻐하는 막내딸이 환자의 생일을 축하하기 위해 손자를 데리고 서울에서 부산까지 온 것이다.

저녁 무렵에 회사에서 지게차로 물건을 나르던 환자는 회사 정문으로 들어서는 딸과 외손자를 보고는 기뻐 어쩔 줄 몰랐다. 예쁜 딸을 닮아서인지 5살 외손자 역시 귀엽고 사랑스러웠다.

"애야, 잠시만 기다려라. 이제 곧 끝난다."

환자는 건축 자재를 가득 실은 지게차 위에서 딸을 향해 소리 쳤다. 오늘 작업은 거의 끝나가고 있었다. 한 번만 더 이편에서 저편으로 자재들을 옮기면 되었다.

해는 서산으로 지고 역광이라 눈이 몹시 부셨다. 환자가 지게 차를 몰고 마지막으로 운전하고 있는데 갑자기 딸의 비명소리가 들렸다. 급히 지게차를 세우고 내려와 보니 앞에 외손자가 쓰러져 있었다.

외손자는 할아버지를 보자마자 반가워 엄마 손을 놓고 지게 차 앞으로 달려들었고 할아버지는 햇빛에 눈이 부셔 외손자를 보지 못했다.

너무나 순식간에 일어난 일이라 환자도 딸도 그 자리에 얼어 붙은 듯이 그대로 서 있었다. 얼마 후 사람들이 모여들었고 외손 자를 병원으로 옮겼지만 아이는 이미 숨진 후였다.

"그때부터 계속 같은 말만 반복합니다. 왜 그렇습니까?"

아들이 눈시울을 붉힌다.

"너무 큰 충격을 받아서 그 충격적인 장면이 뇌에 박제되어 버렸기 때문입니다. 다른 생각을 하지 못하는 것이지요." 내가 대답했다.

"그러면, 어떻게 하면 되겠습니까?"

"입원이 필요할 것 같습니다." 내가 말했다.

"아버지는 입원하지 않으려고 하실 텐데 그때는 어떻게 하면 될까요?"

"입원이 필요할 것 같습니다."

"입원 외에 다른 방법은 없습니까?"

"입원이 필요할 것 같습니다."

노인과 마찬가지로 나 역시 무기력하게 똑같은 말만 반복하고 있었다. 비극 앞에서, 가혹한 운명 앞에서 내가 해 줄 수 있는 말이 입원하라는 말밖에 없다는 사실이 나는 몹시 슬펐다.

## 2. 사랑의 보속증

사랑에도 보속증이 필요하다. 사랑에 빠진 여자는 보속증을 보이는 남자를 사랑한다.

여자: "이 세상에서 가장 사랑하는 사람은 누구야?"

남자: "누구긴 누구야, 자기지."

여자: "저 세상에서도 가장 사랑할 사람은 누굴 것 같아?"

남자: "누구긴 누구야, 자기지."

여자: "당신이 죽어 다시 태어난다면 그래도 사랑할 사람은 누구야?"

남자: "누구긴 누구야, 자기지."

사랑에 빠진 남녀는 뇌 질환을 앓고 있는 환자에서나 볼 수 있는 보속증을 보인다. 그만큼 사랑의 힘은 뇌를 마비시킬 정도로 엄청나다.

# 그럼에도 불구하고

〈그럼에도 불구하고〉는 묘한 말이다. 평범한 말 같아 보이지만 아주 힘이 있는 말이다. 나는 환자가 심연에 도달했다는 판단이 들었을 때 이 말을 사용한다.

가끔 외래에서 심연에 도달한 환자들을 만난다. 자식을 잃고 식사를 거부하는 부모, 사업이 실패하여 알거지가 되어 자살을 시도한 남자, 이혼당해 길거리에 나 앉게 된 여자, 간경화에 걸려 한 치 앞을 내다보기 힘든 알코올 중독자, 사고를 당해 불구가 된 사람 등등. 심연의 기준은 환자마다 다르다. 사람마다 견딜 수 있는 심연의 깊이가 다르기 때문이다.

나는 환자가 심연에 도달했다는 판단이 들면 비로소 〈그럼에도 불구하고〉라는 이 말을 꺼낸다. 어떤 연유로 심연에 떨어졌는지는 중요하지 않다. 어떻게 몰락했는지도 중요하지 않다. 그건 지나간 과거일 뿐이다. 중요한 점은 이제는 더 이상 떨어질 곳이 없다는 것, 이제는 심연의 바닥을 박차고 위로 상승할 일만 남았다는 것, 그것을 깨닫는 일이다.

그래서 나는 말한다.

"〈그럼에도 불구하고〉 살아야 합니다. 더 이상 나빠질 일은 없습니다. 좋아질 일만 남았습니다. 인간이 위대한 것은 그 어떤 상황에서도 살아남을 수 있다는 것입니다.

〈그럼에도 불구하고〉 살아 보십시오. 운명과 싸워 보십시오. 그 과정이 당신을 위대하게 만들 것입니다."

# 무조건

때때로 외래에서 비극적인 사건을 경험한 사람들을 만난다.

아버지가 어머니를 칼로 살해하고 목을 매어 자살한 현장을
제일 처음 목격한 50대 여자, 자신이 보는 앞에서 딸이 성폭행을
당했고 아내는 그 충격으로 정신병원에 장기간 입원해 있는 40
대 남자, 모든 것을 다 쏟은 외아들이 드디어 외국 명문 대학에
입학하고 바로 그해 교통사고로 사망한 40대 후반 부부, 돈도 벌
고 영어도 배운다며 외국에 나간 후 성폭행을 당하고 마약 중독
자가 되어 돌아온 딸을 가진 40대 부부, 가족과 함께 휴가 여행
을 갔다가 교통사고로 부모를 잃은 20대 여자, 계곡에 놀러 갔다
가 자신이 보는 앞에서 아들이 물에 빠지고 그 아들을 구하러 뛰
어든 남편도 빠져 죽은 30대 여자.

이런 사람들이 찾아오면 입원을 권유하는 말 밖에 할 말이 없
다. 입원을 해도 약물로 안정시키는 것 외에 달리 해 줄 것이 없
다. 그래도 일정 시간 고통스러운 현실에서 도피할 수 있다는 점

에서 입원은 일종의 시간 벌기다.

감당하기 어려울 정도로 충격적인 사건을 당하면 누구나 눈을 감고 현실을 부정하기 때문에 대화가 되지 않는다. 기다리는 수밖에 없다. 일정 시간이 지나 감았던 눈을 뜨게 되면 그제야 그때 그 상황으로 돌아가 해결되지 못한 분노와 죄책감을 다루어야 한다. 그 과정을 잘 이끌어 주어야 비록 절뚝거리지만 그래도 남은 삶을 걸어갈 수 있다.

이때 제일 중요한 것은 그들이 무너지지 않도록 그들의 손을 꽉 잡고 절대로 놓지 않는 것이다. 그들의 퇴행을 받아주고 분노를 받아주고 죄책감을 받아주면서 계속 손을 잡고 있어야 한다. 그들이 어떤 응석을 부려도 말도 안되는 억지를 써도 그냥 받아주어야 한다. 치료자는 유행가 〈무조건〉의 가사처럼 행동해야 한다. '필요할 때 불러주면 낮이나 밤이나 언제든지, 태평양 대서양 인도양을 건너서라도 어디서든지 달려 가겠다'는 그런 마음을 지녀야 한다. 치료자가 그런 태도를 확실하게 보이면 그들은 무너지지 않고 다시 일어선다.

그래서 나는 기꺼이 그들의 가족, 연인, 친구가 되어 준다. 내 핸드폰 번호를 알려주고 죽고 싶은 생각이 들 때마다 실행하기 전에 반드시 나에게 전화를 걸겠다는 약속을 받아낸다.

인간의 적응 능력은 경이로울 정도로 뛰어나기에 시간이 지나면 대부분 회복된다. 오직 시간이 문제일 뿐이다. 도와 달라는 손길을 뿌리치지 않고 계속 잡고만 있으면 웬만한 문제는 해결된다.

그들이 무너지지 않도록 버텨주는 것, 버팀목 역할을 하면서 시간을 버는 것, 그게 치료자가 해야 할 일이다.

# 인생에 즉문즉답은 없다

요즘 즉문즉답이 유행한다. 누군가가 손을 들고 일어나 살아가면서 겪는 삶의 고통에 대해 질문하면 스승은 그것에 대해 명쾌한 답을 제시한다.

질문하는 사람은 그 순간 삶의 진리를 깨치게 되고 주위의 방청객들은 그것을 보면서 즐거워한다. 생각만 해도 아름다운 장면이다. 모르는 자는 질문하고 이미 깨친 자는 말로서 우둔한 자의 어둠을 걷어 준다. 참으로 보기 좋은 장면이다.

그러나 고통을 겪고 있을 때, 삶의 고통에 대해 물을 때, 한마디로 그 고통을 덜어줄 수 있는 말은 없다. 물론 체념을 가르치거나 인내를 가르치거나 비극을 가볍게 받아들이는 마음을 가르칠 수는 있다.

예를 들면, 〈인생 그 자체가 고통이다. 그러니 고통을 받는 것을 당연하게 여겨야 한다.〉〈전생에 죄를 많이 지었기 때문에 이번에 죗값을 치르면 다음 생에서는 좋아질 거다.〉〈죽는 것보다야 살아 있는 것이 낫지 않나?〉〈그냥 마음을 놔라. 훨훨 털어라.

225

괴롭다는 것은 아직도 버릴 게 있다는 말이다. 그것마저도 놓아 버려라.〉〈삶 자체가 환상인데 환상 속의 사건이 무슨 의미가 있겠는가?〉〈일편단심 신神에게 귀의하라. 그러면 모든 게 해결될 거다.〉〈 주위에 더 심한 고통을 겪는 사람도 살아가는데 그들을 봐라.〉

괴로울 때면 인간은 모든 것을 단순화시키고 싶은 마음이 생긴다. 우리의 마음은 이것도 아니고 저것도 아닌 상태를 견디지 못한다. 무언가 판단해서 결정을 내리길 원한다.

그러나 오래된 문제일수록 그 대답 역시 단순하지 않다. 게다가 답이 있는 물음이 있고 답이 없는 물음도 있다. 해결책은 있지만 자신이 할 수 있는 일이 있고 할 수 없는 일도 있다. 답답해서 묻는 것이지만 그에 맞는 즉답을 원하는 것 자체가 욕심이고 망상이다.

오늘 외래를 찾아온 한 아주머니가 나에게 삶의 고통을 이야기하면서 즉문즉답을 요구한다.

"그 대답을 찾는 것이 아마 아주머니께서 앞으로 살아가야 할 이유인 것 같습니다. 절대로 그 물음을 잊어버리지 말고 계속 생각해 보십시오. 자나 깨나 생각해 보십시오. 그리고 어느 날 홀연히 마음에 드는 대답이 떠오르거든 저에게 말씀해 주십시오. 그러면 저도 제 생각을 말씀드리겠습니다."

아주머니는 혹 떼려다가 혹 붙였다는 듯한 떨떠름한 표정을 지으며 자리에서 일어난다. 별 도움이 되지 않아 미안하기는 하지만 내가 가진 게 그것밖에 없는데 어쩌겠는가.

# 마음속 휴지통을 큰 것으로 바꾸다

외래 진료를 보고 나면 늘 마음이 찝찝하고 짜증이 난다. 온 몸에 오물을 뒤집어쓴 듯한 느낌도 든다. 때로는 사는 게 슬프고 허무하기도 하다. 하루 70명 전후로 보는데 당일 접수하는 새 환자도 적지 않아서 많이 힘들다.

정신병 환자를 보는 것은 그렇게 힘들지 않다. 환자가 엉뚱한 말을 할수록 공감하기 어렵기 때문에 일정 거리를 쉽게 유지할 수 있다. 문제는 신경증 환자인데 특히 삶의 문제로 우울이나 불안을 호소할 때가 제일 힘들다.

우울한 환자의 경우 그 우울한 기분이 전염되어 나도 모르게 기분이 처지고 삶에 대해 비관적으로 된다. 내 심장 안에서 살아 숨 쉬는 니체는 항상 연민의 감정을 조심하라고 경고하지만, 신이 죽은 것도 인간에 대한 연민 때문이라고 잘라 말하지만, 그래서 나도 삶이 안타까운 환자를 보면 거리를 두려고 하지만 그게 생각만큼 쉽지 않다.

환자가 거칠거나 못되게 행동하면 방어하기가 쉬운데 내 앞에서 눈물을 흘리면 나는 쉽게 무장 해제가 된다. 그게 내 문제라는 것을 알아도 잘 극복이 되지 않는다.

오늘 한 50대 여자가 내 앞에서 울고 있다. 20대 꽃다운 나이에 유부남에게 꼬여 총각인 줄 알고 결혼했고 결혼 후에야 본부인과 갓 태어난 아들이 있다는 사실을 알게 되었다.

그때 헤어졌어야 했는데 본처와 이혼하겠으니 잠시만 기다려 달라는 말에 그냥 주저앉아 버린 게 고통의 시작이었다.

결국 남편은 본부인과 이혼하였지만, 이혼하면서 초등학교 다니던 아들을 데려오는 바람에 졸지에 전처소생의 아들과 자기가 낳은 아들을 함께 키우게 되었다.

이 여자는 의식적으로 두 아들을 차별하지 않았고 오히려 전처소생의 아들에게 더 신경을 썼다. 자기가 낳은 아들도 형을 잘 따랐다.

남편은 능력이 없는 데다가 허세가 심하고 바람둥이 기질이 있어 먹고사는 문제는 이 여자가 해결해야 했다. 파출부, 식당일, 간병 등 닥치는 대로 일했고 그래서 두 아들 모두 대학을 졸업시켰다. 큰아들과 작은아들이 졸업할 때 이 여자는 삶에서 가장 큰 기쁨을 느꼈다.

그런데 2년 전에 큰아들이 자기 친모를 만났고 그때부터 큰아들은 이 여자를 피하기 시작하더니 급기야 완전히 관계를 끊고 말았다. 여자는 고통스러웠지만 다 내 팔자려니 하고 마음을 달래면서 자기 뱃속에서 난 작은아들에게 의지하기 시작했다.

작은아들은 마음이 착하고 효심도 깊어 바람둥이 남편을 대체한 또 다른 남편 역할을 했다. 그런데 그 작은아들이 갑자기 교통사고를 당해 죽고 말았다. 이 여자는 하늘이 무너진 것 같은 충격을 받았고 살아야 할 이유를 완전히 상실해 버렸다.

그 와중에 남편은 가해자와 합의하여 보상금을 받고 어디론가 종적을 감췄다. 환자의 언니가 여자를 데리고 왔는데 환자는 눈동자가 풀린 상태로 멍하니 나를 바라보았고 표정은 돌처럼 굳어 있었다.

어떤 말을 해도 반응이 없자 내가 작은아들 이야기를 꺼냈고 그때서야 하염없이 눈물을 흘리기 시작했다. 입원 치료가 필요했지만 입원할 형편이 되지 않는다고 하여 일단 정신병원은 입원비가 적으니 그쪽으로 입원하는 게 좋겠다고 하고 일주일치 약을 지어 보냈다.

외래 진료를 하다 보면 힘든 삶을 살아가는 사람들을 자주 보게 된다. 그들을 대하면 그들의 눈물과 한숨과 비탄과 호소가 고스란히 내 몸 안으로 들어와 외래를 마칠 때쯤이면 온몸이 무겁고 짜증이 난다.

요즘에는 더 자주 그런 현상이 일어나서 어젯밤 곰곰이 생각해 보니 내 마음속에 그런 부정적인 것들을 담아두는 휴지통의 용량이 부족하다는 사실을 깨닫게 되었다.

내 마음속 휴지통의 용량은 내 몸 상태와 아주 긴밀하게 연결되어 있었다. 내가 숙면을 취하고 몸 상태가 좋으면 휴지통의 용량도 커지고 반대로 내가 피곤하거나 다른 걱정거리가 있으면 휴지통의 용량도 작아졌다.

그래서 앞으로 외래보기 전날에는 가능한 한 내 몸을 최고로 좋은 상태로 유지하여, 어떤 걱정거리를 가져와도 다 담을 수 있는 그래서 외래가 끝나면 모두 비울 수 있는 그런 커다란 휴지통을 마음속에 비치하기로 했다.

# 그 자리에 더 오래 앉아 있으면

한 10대 소녀가 자살을 시도하여 응급실에 왔다. 자해와 자살을 시도하는 10대 소녀들이 너무 많아서 처음에는 흔하디흔한 환자들 중 한 명이라고 생각했다. 게다가 내가 담당하는 환자도 아니라서 대수롭지 않게 여겼다. 그런데 아침 모임 시간에 그 환자를 맡은 전공의 K선생의 입원 보고 발표를 들으면서 내 마음이 아파 오기 시작했다. 눈을 감고 들었는데 나도 모르게 눈물이 나왔다.

그 소녀는 초등학교에 들어가기 전부터 친오빠에게 성추행을 당했고 초등학교에 들어간 후로는 성폭행을 당했다. 그 사실을 어머니에게 말했지만 어머니는 오빠를 꾸짖기만 할 뿐 아무런 조치를 취하지 않았다. 소녀는 괴로운 마음에 자해하기 시작했고 정신병원에 입원하는 과정에서 의료진에게 오빠로부터 성폭행을 당했다는 사실을 털어놓았다. 의료진은 오빠를 경찰에 고발하였고 결국 재판을 거쳐 오빠는 중형을 선고받고 교도소에 수감되었다.

그 이후로 이 소녀를 포함한 모든 가족의 삶은 엉망이 되어버렸다. K선생의 발표를 듣는 순간 내 머릿속을 스치는 단어는 죄책감과 분노였다.

'아! 가족 전체가 죄책감과 분노에 휩싸여 있겠구나. 아주 조심해서 접근하지 않으면 가족 구성원 모두를 죽이겠구나.'

직감적으로 그런 생각이 들었다. 그래서 회진을 끝내고 그 소녀를 담당하고 있는 K선생에게 앞으로 어떻게 치료할 것인지 어떤 계획이 있는지 물었다.

K선생은 별로 생각해 보지 않은 듯 약물치료와 지지 정신치료를 하겠다고 대답했다. 내가 물었다.

"이 소녀와 그녀의 가족을 지배하고 있는 감정이 무엇이라고 생각하는가?"

K선생은 고개를 숙인 채 아무 대답을 하지 않았다. 답답하기도 하고 안타깝기도 했다. 치료자가 구체적인 계획이 없으면 환자 역시 구체적인 도움을 받지 못하는 것은 자명한 일이다. 그래서 전공의 선생들을 모아놓고 말했다.

"정신과에서 아주 중요시되는 방어 기제가 두 개 있다. 하나는 동일시고 다른 하나는 투사다. 동일시를 통해 인간은 상대방의 감정을 이해하고 공감할 수 있다. 상대방의 자리에 앉아 상대방의 마음을 헤아리는 것이다. 투사를 통해 인간은 자신의 괴로운 점을 상대방에게 넘겨 버리고 상대방 탓을 하면서 자신을 방어할 수 있다. 이 소녀를 중심에 두고 각 가족 구성원의 자리에 앉아서 생각해 보자. 내가 각 가족 구성원의 입장이 되어 내면의 심정을 말해 보겠다. 틀릴 수도 있지만 일단 시도해 보는 게 중요하다."

소녀: 내가 오빠로부터 성폭행을 당했다고 엄마에게 말했지만, 엄마는 나를 보호해 주지 않았다. 엄마는 아버지에게도 그 사실을 숨겼다. 이 집에서 내 편은 아무도 없다. 아니 이 세상에서 내 편은 아무도 없다. 그게 슬프다. 그리고 어찌 되었든 나로 인해 오빠가 감옥 생활을 하고 있다. 내가 오빠의 인생을 망친 것이다.

부모는 나에게 아무 말도 하지 않지만 나를 원망할 것이다. 물론 내가 의도적으로 오빠를 감옥에 보내기 위해 의료진에게 성폭행 사실을 털어놓은 것은 아니다. 그동안 너무 괴로웠고 누구에게도 말할 수가 없어서 의사에게 내 고통을 말했을 뿐이다.

나는 의사가 오빠를 고발할 것이라고는 조금도 생각하지 못했다. 친족간의 성폭행은 나의 동의가 없어도 그 사실을 들은 사람이 무조건 법에 신고해야 한다는 사실을 몰랐다. 어찌 되었든 오빠는 나 때문에 감옥에 가 있고 긴 세월 동안 감옥 생활을 해야 한다.

죄를 지은 가해자는 오빠고 나는 피해자인데, 집에서는 이상하게 내가 가해자가 된 것 같은 느낌이 들어 견딜 수가 없다. 나 자신이 싫다. 나 자신에게 화가 난다. 죽는 길밖에 없을 것 같다. 내 편은 아무도 없다.


엄마: 집에서 내가 제일 죄인 같다는 생각이 든다. 하나밖에 없는 아들은 감옥에 가 있고, 딸은 정신병원에 입원해 있고, 남편은 내가 애들에게 얼마나 신경을 쓰지 않았으면 이런 일이 일어났느냐고 나를 원망한다. 화를 내고 다 같이 죽자고 한다.

그리고 딸애 사건이 있었을 때 왜 자기에게 말을 하지 않았느냐고 화를 낸다. 그때 내가 남편에게 말을 하지 않은 것은 나도 너무 놀랐고 어떻게 해야 할지 몰라 당황스러웠고 그래서 나 혼자서 일을 수습하려고 하다 보니 그렇게 되었다. 아들에게 주의를 주었고 앞으로 그런 일이 없으면 잘 넘어갈 줄 알았다. 일이 이렇게 될 줄은 정말 몰랐다.

내가 죄인이다. 어미 된 죄다. 입이 열 개라도 할 말이 없다. 그냥 죽고만 싶다. 먹고 산다고 매일 식당에 가서 일하다 보니 애들이 어떻게 지내는지도 몰랐다. 내가 죄인이다.

그래도 마음 한편으로는 화가 난다. 딸애 잘못이 아니라는 걸 알면서도 감옥에 가 있는 아들 생각만 하면 가슴이 답답해서 미칠 것 같다. 몇 년 동안 감옥살이하고 나면 정상적인 사회생활은 힘들 것이다. 어떻게 이런 일이 벌어졌는지 아직도 믿기지 않는다.

아빠: 내가 죽일 놈이다. 애비란 놈이 집구석이 이렇게 되는 지도 모르고 먹고산다고 매일 일만 하고. 그냥 다 함께 죽어 버렸으면 좋겠다는 생각뿐이다.

딸애를 보면 안 됐기도 하고 화도 나고 어떻게 딸애를 대해야 할지 잘 모르겠다. 감옥에 있는 아들 생각을 하면 저런 죽일 놈이 있나 하는 생각이 들다가도 긴 세월 동안 감옥에 있어야 한다는 생각이 들면 불쌍하기도 하다.

도대체 무슨 악연이 있어 우리 가족이 이런 일을 당해야 하는 지 모르겠다. 살고 싶은 마음이 하나도 없어 그냥 매일 술로 마음을 달랜다.

오빠: 내가 이 모든 사건의 원인을 제공했기에 나는 정말로 할 말이 없다. 내가 죽일 놈이다. 왜 내가 여동생에게 그런 짓을 저

질렀는지 지금 생각하면 나 자신도 이해가 안된다. 무슨 귀신에 쒼 것 같다.

내가 나쁜 짓을 했고 처벌받아야 한다는 것에는 동의한다. 그러나 살인도 하지 않았는데 이렇게 긴 세월 동안 감옥에 있어야 한다는 것은 받아들이기 어렵다. 좋은 변호사만 썼더라도 이런 중형은 받지 않았을 거다.

그게 억울하다. 내가 잘했다는 것이 아니라 내가 한 행위에 대한 처벌이 너무 가혹하다는 생각이 들어 억울하다. 그래서 화가 난다. 화가 나면서 앞으로의 일을 생각하면 살고 싶지 않다. 여동생에게 미안하면서도 화가 난다. 괴롭다.

일단 내 생각은 이렇다. 그냥 생각나는 대로 말했다. 누구의 자리이든 그 자리에 더 오래 앉아 있으면 더 많은 생각을 할 수 있을 것이다. 각자 이 가족 구성원의 자리에 앉아서 어떤 생각과 느낌이 드는지 경험해 보자. 그리고 해결책을 찾아보자. 최선이 안되면 차선으로, 차선이 안되면 차악으로, 여하튼 최악은 피해 보자.

# 정말 내가 잘못했다

한 20대 청년이 부모와 함께 외래를 방문했다. 면담을 해 보니 우울증이 심한 상태였다. 일주일 전에 자살 시도도 해서 입원을 권유했다. 청년은 강력히 거부했고 부모도 아들의 눈치만 살폈다.

"입원해야 합니다. 그러면 많은 도움을 받을 수 있습니다."

내가 재차 권했지만 청년은 거부했다. 결국 복용할 약과 심리 검사를 처방하고 보냈다. 일주일 후 부모가 나를 찾아왔다.

"선생님 말씀을 들었어야 했는데……."라며 말을 잇지 못했다. 그리고 아들이 자살했다는 소식을 알려 주었다.

며칠 내내 죄책감에 시달렸다. 법적으로는 잘못한 일이 없지만 그래도 내 잘못이 크다는 생각을 떨칠 수가 없었다. 그때 그 청년의 말을 무시하고 부모를 설득하여 강제로라도 입원시켰어야 했다.

입원하면 도움을 받는다는 점잖은 권유가 아니라 입원하지 않으면 죽을 수도 있다는 식의 위협을 눈알을 부라리며 했어야만 했다. 아들을 입원시키지 않으면 두고두고 후회할 거라며 삿대질하면서 부모를 비난했어야 했다. 그렇게 하지 못한 내가 원망스러웠다. 다 내 잘못이다.

그날 밤, 난 내 가슴에 술을 쏟아부으며 그 부모와 청년에게 용서를 빌어 보았지만 꽉 막힌 가슴은 어떻게 뚫을 수가 없었다.
잘못했다. 정말 내가 잘못했다. 미안하다. 앞으로는 내 결코 그렇게 하지 않을 거란 생각만 계속 머릿속을 맴돌고 있었다.

# 그때그때 삶을 즐겼어야 했는데

암을 앓고 있는 한 50대 남자가 내과에서 자문 의뢰되어 왔다. 자문 의뢰지에는 〈심한 통증, 우울, 불안, 불면 증상으로 의뢰함. 온몸으로 퍼진 말기 암 환자로 현재로서는 통증 조절 외에 해 줄 것이 없음〉이라고 적혀 있었다. 쉽게 말하면 죽을 날만 기다리고 있는 상태였다.

뼈만 남은 앙상한 모습을 보자 그 남자에 대한 연민의 감정이 일었다. 정신과에서는 그 남자의 이야기를 들어주는 것 외에 해 줄 것이 별로 없었다. 나는 그 남자가 말하는 이런저런 이야기를 들었고 도움이 될지도 모른다며 약간의 약 처방도 했다.

남자는 자기 얘기를 오랫동안 들어줘서 고맙다고 했다. 오랫동안이라고 해 봤자 20분이 넘지 않는 시간이었다. 환자는 종양 담당 교수와 이런저런 이야기를 나누고 싶었지만 치료를 받는 수년 동안 그런 기회를 가지지 못했다며 아쉬워했다. 그는 자리에서 일어나면서 대뜸 내 나이를 물었고 나는 환갑을 넘겼다고 대답했다. 그러자 그가 말했다.

"제가 교수님보다 나이가 적어 이런 말을 하기가 그렇습니다만 그래도 제가 먼저 죽을 것이라서 말하는 겁니다.

죽음을 눈앞에 두고 보니 후회되는 점이 한두 개가 아닙니다. 시간을 물 쓰듯이 낭비했다는 것이 가장 후회가 됩니다.

좀 더 아껴서 아내와 시간을 더 많이 가지고, 아이들도 더 자주 안아주고, 맛있는 음식도 더 먹고, 술도 더 자주 마시고 그랬어야 했는데…… 그때그때 삶을 즐겼어야 했는데…… 자꾸 미루면서 살아온 것이 가장 후회가 됩니다.

요즘은 아침이 기다려집니다. 아침이 오면, 아! 오늘 하루도 살았구나 하는 생각이 듭니다. 그러니 교수님께서도 그때그때 하시고 싶은 일이 있으면 그냥 해 버리십시오."

"제 삶의 슬로건이 〈아끼다가 똥 된다〉입니다. 그래서 미루지 않고 즉시즉시 해버립니다. 제 호號가 돌진입니다. 제가 코뿔소를 좋아해서입니다." 내 말에 그가 크게 소리 내어 웃었다. 지난 수년 동안 이렇게 웃어보기는 처음이라고 했다. 그리고 자기가 머릿속으로 상상했던 정신과 의사와 내가 많이 다르다는 말을 하고 돌아갔다.

두 종류의 상반된 삶이 있다. 하나는 밤이 너무 고통스러워 아침이 되기를 기다리는 삶이 있고 다른 하나는 빨리 잠에서 깨어 아침에 그 일을 하고 싶어서 아침이 기다려지는 삶이다. 전자는 불행으로부터 벗어나기 위해 아침을 기다리고 후자는 행복해지기 위해 아침을 기다린다.

정신과 외래를 찾는 환자들은 모두 전자에 속한다. 밤새도록 잠을 자지 못해 괴로워하는 사람들은 빨리 아침이 오기를 바란다. 새벽이 되면 기나긴 밤 동안 겪은 고통에 지쳐 잠들 수 있기 때문이다. 또 어떤 환자들은 아침이 절대로 오지 않기를 바라기도 한다. 밤에 잠이 들면 아침에 눈을 뜨지 않고 잠이 그대로 죽음으로 이어지기를 바란다.

행복하게도 나는 후자의 이유로 매일 아침을 기다린다. 새벽에 눈을 뜨면 먼저 살아 있다는 것에 고마움을 느끼고, 오늘 하루 일을 해서 내 밥벌이를 하고, 책과 환자를 통해 나 자신을 한 단계 더 높은 위치로 끌어올릴 수 있다는 생각에 나는 매일 아침을 기다린다.

눈이 있어 책을 읽을 수 있고, 귀가 있어 음악을 들을 수 있으며, 입이 있어 말하고 술 한잔 할 수 있고, 두 다리가 있어 걸을 수 있고, 두 손이 있어 글을 쓸 수 있다는 사실에 나는 늘 고마움을 느낀다.

나는 그런 삶의 태도를 진료실에서 만난 환자들로부터 배웠다. 그래서 그들은 나의 스승이다. 〈삶을 즐겨라〉는 조언을 준 말기 암 환자 역시 나의 스승이다.

# 그냥 한번 와 봤어요

27세 여자다. 정신과 외래를 처음 방문했다. 진료 기록지에 의료 급여 2종이라고 적혀 있다.

첫인상은 100kg은 족히 되어 보이는 아주 비만한 몸집이다. 아들 두 명을 데리고 왔는데 한 명은 8살이고 다른 한 명은 10살이라고 한다. 큰애는 멍하니 있는데 작은애는 잠시도 한자리에 있지 않고 진료실 안을 헤집고 돌아다닌다. 진정시키려고 해도 되지 않아 외래 간호사에게 도움을 청했다.

"ADHD라서 그래요. 그대로 내버려 두면 돼요." 여자는 무표정한 얼굴로 그렇게 말했다. "큰애는 자폐라고 해요. 하루 종일 가만히 저렇게 있어요." 여자의 말을 듣고 그 애를 보니 소파에 앉아 그냥 멍하니 맞은편만 보고 있다.

"어떻게 오셨는지요?" 내가 묻자 여자는 남의 이야기하듯 대답한다.

"죽고 싶어서요. 죽기 전에 하고 싶은 말이라도 실컷 하고 죽으려고요."

순간, 죽고 싶은 것도 본인 마음이고 죽기 전에 하고 싶은 말이라도 실컷 하고 죽는 것도 본인 마음이지만 왜 하필 나한테? 하는 생각이 들었다.

"일단 이야기해 보시지요. 어떤 점이 불편한지." 못마땅한 감정을 숨기면서 그 여자에게 말하자 그녀는 이렇게 맞받았다.

"불편한 점은 전혀 없어요. 불편한 점 가지고 여기 올 형편이 되지 못하니까요. 그냥 답답해서. 여기 선생님이 잘 본다고 해서 그냥 한번 와 봤어요. 제 이야기 들어주실 수 있나요?"

그녀가 나를 빤히 쳐다본다. 내가 대답 대신 고개를 끄덕이자 그녀는 살아온 이야기를 시작한다.


그녀는 초등학교 4학년 때부터 아버지에게 성폭행을 당했다. 친아버지다. 어머니가 없을 때는 아버지가 그냥 자신을 성폭행했다. 처음에는 음부가 아파서 싫었지만 중학교에 올라가서는 그게 나쁜 짓이라는 걸 알고는 필사적으로 반항했다. 그리고 어머니에게 도움을 청했다. 그때마다 아버지와 어머니는 대판 싸웠고 부모가 싸우는 게 너무 싫어서 성폭행을 당해도 더 이상 어머니에게 말을 하지 않았다.

그러다가 고등학교 1학년 때 아버지가 갑자기 죽었다. 홧김에 농약을 마시고 자살했다. 처음으로 해방감이 들었고 기뻤지만 사는 게 막막했다. 그래서 고등학교를 중퇴하고 여기저기서 일을 하다가 남편을 만났다. 술김에 섹스를 했는데 그만 임신이 되어버렸다. 이게 운명이려니 하고 동거를 시작했다.

그런데 남편이 개차반 인간이었다. 술만 처마시면 개 패듯이 자신을 팼다. 맞을 때마다 그 고통을 이기기 위해 이전에 아버지에게 성폭행 당하던 순간을 떠올리면서 참았다. 그 스트레스를 이기지 못해 미친 듯이 먹기 시작했다. 본래는 몸무게가 48kg이었는데 지금은 105kg이다.

첫아들을 낳고 2년 후에 둘째를 낳았는데 장남은 말이 거의 없고 늘 조용해서 키우기가 쉬웠는데 둘째는 미친 듯이 뛰어다녔다. 정신과에 둘째를 데리고 갔더니 의사가 ADHD라고 하면서 함께 간 첫째보고는 자폐증 같다면서 검사를 해 보자고 했다. 검사를 했더니 자폐증이라고 한다.

그런데 얼마 전에 남편이 갑자기 자살했다. 아버지와 마찬가지로 홧김에 농약을 마시고 죽었다. 이게 대략적인 그녀 이야기였다. 아! 친정 이야기도 있었다. 형제는 여동생이 한 명 있는데 그 여동생 역시 아버지에게 성폭행을 당한 후유증으로 미쳐버렸다. 어머니는 아버지가 죽고 나서 얼마 후 어디론가 사라져버려 소식을 모른다.


"교수님은 제가 어떻게 했으면 좋겠어요? 죽을까요? 말까요?" 그녀가 나를 부르는 호칭이 갑자기 선생님에서 교수님으로 바뀌었다.

"상황이 어렵네요. 대답하기가 쉽지 않네요." 내가 시선을 피하자 그녀가 이렇게 말했다.

"누군들 대답하기가 쉽겠어요? 그냥 답답해서 한번 와 본 것뿐이에요. 시간 많이 빼앗아 미안합니다. 안녕히 계세요."

그녀는 정중히 인사하고는 멍하니 앉아 있는 큰아들을 일으켜 세워 밖으로 나가버렸다. 그녀의 뒷모습을 바라보는 나는 타박 고구마 한 소쿠리를 먹은 것 같은 심정이었다.

# 미다스 왕의 욕망에 몸을 던진 남자


죽음을 앞두고 있는 말기 암 환자들은 때때로 나에게 이렇게
말한다.

〈지금 알고 있는 걸 그때도 알았더라면 참 좋았겠습니다.〉

"무엇이 후회되는지 혹시 말씀해 주실 수 있습니까?"

내가 물으면 대부분은 사랑하는 사람과 많은 시간을 보내지
못한 점을 아쉬워한다. 내 앞에 있는 말기 대장암을 앓고 있는 이
50대 남자도 비슷한 말을 한다.

"돈을 모으느라고 몸이 상하는 것도 몰랐네요. 돌이켜 생각해
보니 참 어리석기도 하고 허무하기도 합니다."


어린 시절 찢어지게 가난한 집안의 8남매 중 장남으로 태어
난 이 남자는 성장하면서 돈의 위력을 알았다고 고백했다. 돈만
있으면 모든 것이 해결되는 것 같아 부지런히 돈을 벌어 가족에
게는 자신이 어린 시절에 경험한 아픔을 주고 싶지 않았다고 했
다.

"저는 이 사회가 어떤 곳인지를 알았습니다. 이 세상은 돈이

있는 인간과 돈이 없는 인간 딱 두 부류로 나누어지더군요. 돈이 없는 인간은 사람 취급을 못 받는 곳이었습니다. 돈이 있는 것이 선이고 돈이 없는 것이 악이었습니다. 그래서 결심했지요. 돈을 벌 수만 있다면 무슨 짓이라도 다 하겠다고. 저 자신에게 맹세했지요."

남자는 자신이 결심한 대로 자신의 모든 삶을 돈 버는 일에 바쳤고 흡족하지는 않지만 그런대로 자신의 꿈을 이루었다. 그런데 갑자기 청천벽력과도 같은 암 선고를 받았다. 그것도 손을 쓰기 어려울 정도로 암이 진행된 상태였다.

2년 전부터 그는 몸 상태가 이전과는 다르다는 것을 알았지만 건강 검진을 받는데 드는 돈이 아까워 계속 미루다가 결국 여기까지 오게 된 것이다.

"지금까지 살아오면서 어떤 점이 가장 후회가 됩니까?" 내가 조심스레 물었다.

"가족과 함께 시간을 못 보낸 것이지요. 돈 버느라 가족과 외식 한번 제대로 한 적이 없고 아들이나 딸과 대화를 나눈 적도 별로 없고 안아준 적도 거의 없습니다. 애들 학교 입학식이나 졸업식에도 가본 적이 없고요, 집사람과 여행 한 번 가본 적도 없습니다. 시장에서 돈 버느라 늘 바빴습니다. 머릿속에는 온통 돈 버는 생각뿐이었습니다. 돈이 불어나는 걸 보면 기분이 좋았지요. 저는 냄새 중에 돈 냄새가 제일 좋습니다."

그 남자의 이야기를 듣다 보니 그리스 신화에 나오는 미다스 왕이 떠올랐다. 그리스의 미다스 왕은 디오니소스의 스승이며 양부인 실레노스를 환대한 이유로 디오니소스로부터 어떤 소원도 들어주겠다는 약속을 받는다. 미다스는 무엇이든 자기의 손이 닿는 것은 금으로 변하게 해 달라고 요청했고 디오니소스는 그 소원을 들어준다.

처음에는 모든 것이 꿈만 같았다. 자기 손길이 닿는 물건은 모두 금으로 변했기 때문이다. 그러나 그의 행복감은 곧 절망감으로 바뀌어 버린다. 그의 손이 닿는 것은 모두 금으로 변해 버리기 때문에 그는 아무것도 먹을 수가 없었고 마실 수도 없었다. 그가 빵에 손을 대면 손안에서 단단해지고, 입으로 가져가면 이가 들어가지 않았다. 포도주를 한 모금 마셔도 녹은 금물이 목구멍을 내려가는 것이었다. 가장 행복해 하던 선물이 저주로 바뀐 것이다.

미다스 왕의 어리석음은 사용 가치와 교환 가치의 차이를 구별하지 못한 데서 비롯된다. 언뜻 보면 교환 가치가 사용 가치보다 훨씬 더 커 보인다.

물 한 병과 금괴 한 개 중 하나를 선택하라면 대부분은 금괴를 택한다. 교환 가치 면에서 금괴 한 개가 물 한 병보다 비교하기 어려울 정도로 크기 때문이다. 금괴 한 개로 물 수천 병을 살 수 있다.

그러나 사막에서 물 한 병과 금괴 한 개 중 하나를 선택하라면 이야기가 달라진다. 물은 당장 사용할 수 있으므로 사용 가치가 뛰어나지만 금괴는 마실 수가 없다.

사용 가치는 화폐로의 교환 가치에 비하면 그 가치가 아주 작아 보이지만 우리 삶에 절대적으로 필요하다. 사용 가치가 높은 활동들은 지금 당장 하지 않아도 살아가는 데는 아무 지장이 없다. 그러나 삶을 행복으로 이끄는 것은 언제나 사용 가치가 높은 활동들이다. 생각해 보라. 가족과 함께 식사하기, 아이들 손 잡고 산책 가기, 연인과 함께 석양 보기, 가족을 위하여 식사 준비하기, 아이들이 잠들 때까지 동화책 읽어 주기, 사랑하는 사람에게 편지 쓰기, 슬픔에 빠진 친구를 안아 주고 위로해 주기 등은 사용 가치는 뛰어나지만 교환 가치는 낮은 활동들이다.

그렇지만 이런 활동들이 우리의 삶을 행복하게 만들고 우리 가슴을 따뜻하게 한다. 목적지만 보며 정신없이 뛰어가는 것은 교환 가치 면에서는 뛰어날지 모르지만 사용 가치 면에서는 별로다. 그보다는 쉬엄쉬엄 가면서 대화도 나누고 길가에 핀 이름 모를 꽃도 보면서 걸어가는 것이 교환 가치 면에서는 떨어지지만 우리를 더 행복하게 만든다. 그러나 나는 이 남자에게 그런 말을 하지 않았다. 치열하게 살아야 하는 사람에게는 오직 교환 가치만이 의미가 있는 법이다.

"이야기를 들어보니 지난 일이 후회가 많이 되는 모양입니다. 그렇다면 하나 여쭤보고 싶은 것이 있습니다."

"무엇입니까?" 남자가 물었다.

"만약 지금 다시 젊은 시절로 돌아간다면 돈 버는 것 대신에 가족과 많은 시간을 보내면서 살아가겠습니까?"

내 물음에 남자가 선뜻 대답을 하지 못한다.

"제가 보기에 선생님께서는 정말로 삶을 치열하게 살아오셨습니다. 자신의 모든 삶을 돈 버는 일에 바쳤고 아주 흡족하지는 않지만 그런대로 그 꿈을 이루었습니다. 물론 지금 생각해 보면 가족과 많은 시간을 보내지 못한 점이 아쉽기도 하지만 선생님께서는 한 치의 양보 없이 삶과 정면 대결을 해 오셨습니다.

지금까지 살아온 선생님의 삶은 조금 아쉽기는 하지만 제가 보기에는 성공한 삶입니다. 돈을 모으겠다는 삶의 목표를 이룬 성공적인 삶입니다. 가족과 많은 시간을 보내면서 살아왔다면 아마도 돈을 모으는 목표를 이루지 못했을 것이고 그러면 더 회한에 사로잡혔을 겁니다.

암에 걸린 것은 운명입니다. 그 운명은 피하기 어렵습니다. 선생님은 자신의 목표를 향하여 모든 것을 던졌다는 점에서 선생님의 삶은 아름답고 훌륭해 보입니다."

"교수님이 그렇게 말씀해 주시니 정말로 고맙습니다. 그런 생각은 한번도 해 보지 못했는데…… 제 마음이 한결 가볍습니다."

"제 생각에는 5만 원권 지폐를 다발로 옆에 두고서 자주 돈 냄새를 맡으십시오. 그게 힘이 될 겁니다."

"교수님, 저는 5만 원권 지폐보다는 만 원권 지폐 냄새를 더 좋아합니다."

남자가 농담을 한다. 마음이 한결 편해졌다는 증거다. 남자는 고맙다는 인사를 하고 돌아갔다.


우리 삶의 비극은 대부분의 사람들이 죽음을 앞에 두고서야 비로소 사용 가치와 교환 가치의 차이를 구별해 낸다는 점이다.

〈그때 이렇게 했었더라면〉 하고 탄식할 때가 바로 그 차이를 깨닫는 순간이다. 물론 삶은 사용 가치와 교환 가치가 조화를 이룰 때 풍요로워진다.

그러나 삶이 팍팍한 사람에게는 그런 조화 자체가 의미가 없다. 대신 삶의 목표를 정하고 정면 승부를 벌이는 것이 더 중요하다.

    나는 미다스 왕이 되기를 꿈꾸는 사회, 그런 왕이 되는 것을 성공의 기준으로 삼는 사회에서는 기꺼이 미다스 왕의 욕망에 몸을 던지라고 말하고 싶다. 그게 삶을 치열하게 사는 길이다. 그게 성공한 삶이다.

# 사랑한다는 말을 듣기 두려워하는 남자

파킨슨병으로 치료받고 있는 한 50대 후반 남자가 정신과 외래로 자문 의뢰되었다. 신경과 의사가 적은 의뢰서에는 〈잠을 못자고 우울해하여 우울증이 의심되어 의뢰합니다〉라고 간략하게 적혀 있었다.

어떤 점이 힘든지 남자에게 묻자 그는 의뢰지에 적힌 대로 잠을 못 자고 우울하다고 했다. 왜 잠을 못 자고 우울한지 이유를 묻자 그는 의아하다는 표정으로 나를 보더니 파킨슨병 때문이라고 짧게 대답했다.

"제 말을 오해하지 마십시오. 파킨슨병은 힘든 병이고 그 병을 앓고 있는 사람들 대부분은 일시적이나마 우울증에 빠집니다. 그런데 파킨슨병을 앓고 있다는 점은 똑같아도 우울해지는 이유는 사람마다 다릅니다.

내 병이 호전될 수 있을까 하는 생각 때문에 우울해하는 사람이 있고 일을 하지 못하니까 우울해하는 사람도 있습니다. 남편이나 아내 역할을 하지 못해서 우울해하는 사람도 있습니다. 제가 궁금한 것은 병이 아니라 그 병으로 인해 어떤 점이 가장 힘이 드는지 입니다 그걸 알고 싶은 겁니다."

그가 다시 나를 바라보았다. 이번에는 조금 놀라는 표정이었다.

"지난 10년 동안 파킨슨병 치료를 받으면서 이런 말을 들어본 기억이 없어서 마음이 울컥하네요." 그러면서 남자가 말하기 시작했다.

그는 학원 강사로 일하다가 10여 년 전 어느 날 갑자기 파킨슨병에 걸렸다. 처음에는 동작이 느려지다가 그다음에는 칠판에 글씨를 쓰기가 어려워 병원을 찾았는데 신경과 의사가 파킨슨병이라고 진단하더란다.

약을 먹으면서 1~2년은 학원 강사 일을 계속했지만 날이 갈수록 상태가 조금씩 악화되어 결국 그 일을 그만두었다. 남자가 일을 그만두자 당장 가족의 생계가 막막해졌다.

직장을 구하지 못한 아들과 딸은 아르바이트로 각자 생활을 하기 시작했고 평생 전업주부로 살던 아내도 마트나 식당에 나가 시간제로 일하기 시작했다. 낮 시간에 집에 남아 있는 사람은 자신뿐이었다.

저녁이 되면 아내가 집에 돌아왔고 아들과 딸은 각자 자기 일을 하느라 밤늦게 들어왔다. 그는 아내가 오기 전에 할 수 있는 한 자신이 저녁 식사를 준비했다. 아내는 몸이 불편한 남편이 저녁 식사를 준비하는 것이 마음 쓰인다며 하지 말라고 했지만, 그는 아무 일도 하지 않고 아내를 기다리는 것이 더 불편해서 아내의 만류에도 불구하고 계속 저녁 식사를 준비했다.

함께 저녁 식사를 하고 아내가 설거지를 끝낸 후에 그는 온종

일 서서 일한 아내의 두 다리를 주물러 주었다. 그게 그의 주요
하루 일과였다. 그러기를 벌써 10년이 지났다. 그런데 수개월 전
부터 아내가 갑자기 자신에게 "여보, 사랑해요"라는 말을 자주 하
기 시작했다. 저녁 식사를 하면서도 그렇고 아내의 다리를 주물
러 줄 때도 그러했다.

"그런데 교수님, 아내가 저에게 사랑한다는 말을 할 때마
다 저는 왠지 가슴이 뛰고 불안합니다. 사랑한다는 그 말을 듣
기가 너무 힘듭니다." 그가 괴롭다는 듯이 미간을 찡그리며 말
했다.

"사랑한다는 말은 듣기 좋은 말이 아닙니까? 그 말을 듣는 것
이 왜 괴롭습니까?" 내가 물었다.

"모르겠습니다. 여하튼 아내로부터 그 말을 들으면 저는 불안
합니다. 괴롭습니다."

"그렇군요. 그럼 제가 하나 물어보겠습니다. 부인이 사랑한다
는 말 다음에 어떤 말을 할까 두렵습니까? 그러니까 부인이 〈여
보, 사랑해요. 하지만 저는 ○○○ 하고 싶어요〉라는 문장이 있다
고 합시다. 그러면 그 ○○○에 무엇이 들어갈 것 같습니까?"

"모르겠습니다. 그런 생각은 한 번도 해 보질 않아서 모르겠습
니다." 남자가 고개를 크게 가로 저었다.

"그렇다면 지금 한번 생각해 보십시오. 그 ○○○에 무엇이 들
어갈 것 같습니까?"

"생각하고 싶지 않습니다.

"그렇다면 제가 한번 추측해 보겠습니다. 〈여보, 나는 당신을
사랑해요. 하지만 우리 이제 그만 헤어져요. 사는 게 너무 힘들

어요〉 이럴 수도 있고, 아니면 〈여보, 나는 당신을 사랑해요. 하지만 내가 먼저 죽고 싶어요. 사는 게 너무 힘들어요〉 이럴 수도 있고, 아니면 〈여보, 나는 당신을 사랑해요. 하지만 이제는 당신이 빨리 죽었으면 좋겠어요. 우린 미래가 없어요〉 이런 말일 수도 있지요."

"이제 그만하지요. 교수님!" 남자가 버럭 화를 내었다. 그의 얼굴은 벌겋게 상기되어 있었다.

"제 말이 불편했다면 용서하십시오. 이제부터 제가 하는 말을 귀담아들으셔야 합니다. 모든 인간은 대화를 나눌 때 상대방의 말을 들리는 그대로 듣지 않습니다. 상대방의 말에 대한 자신의 생각을 들을 뿐입니다. 상대방의 말에 자신의 욕망을 덧입혀 듣습니다. 그게 우리가 상대방의 말을 이해하는 방식입니다.

그래서 부인이 사랑한다고 말할 때 그 말을 있는 그대로 받아들이지 못하고 평소 자신의 가슴속에 있는 불안이 깃든 생각을 덧입혀 듣게 됩니다. 부인이 사랑한다는 말을 할 때마다 자신을 불안하게 하는 생각이 속에서 올라오기 때문에 그것을 피하고 싶은 겁니다.

어쩌면 실제로 부인이 제가 말한 그런 생각을 하고 있을지도 모릅니다. 그래서, 이렇게 합시다. 일단 제가 부인을 한번 만나 봐도 되겠습니까? 그리고 다 함께 이야기를 나누는 것은 어떨까요?"

내 제안에 그가 고개를 끄덕이고 돌아갔다. 그가 부인과 함께 올지 안 올지는 알 수 없다. 자신의 불안에 직면하는 것이 두렵다

면 다음에도 그는 혼자 올 것이다. 그건 그의 몫이라서 나도 어쩔
수가 없다.

# 용기야말로 진정한 살해자다

항암 치료를 받는 한 50대 남자 환자가 통증과 불면 증상 때문에 정신과에 자문 의뢰되었다. 2년 전부터 항암 치료를 받고 있다며 이제는 지긋지긋하다고 한다. 고개를 가로저으며 그동안의 치료 경과를 나에게 말한다.

2년 전 어느 날 갑자기 걸을 때마다 골반 부위가 아파서 병원에 갔더니 콩팥에서 시작된 암이 척추로 전이되었다는 판정을 받았다고 한다.

담당 교수의 말에 의하면 다행스러운 점은 신장암에 대한 표적 항암 치료제 효과가 좋다는 것이고 불행한 점은 1년 후에 표적 항암 치료제에 대한 내성이 생겨 효과가 없어진다고 하더란다. 쉽게 말해서 예후가 좋지 않다는 말이다.

의사들은 이런 식으로 말을 어렵게 하는 재주가 있다. 게다가 이런 설명에 영어 단어를 섞어 말하면 일반인은 더욱 이해하기 어려워 각자 자기에게 유리한 방향으로 해석한다. 이 환자도 항암 치료제 효과가 좋다는 말만 귀담아들은 것 같다.

1년 동안 표적 항암 치료를 시작하자 그 환자를 괴롭히던 골반의 통증이 씻은 듯이 사라졌다. 환자는 암에 걸린 후로 오히려 부인과 함께 있는 시간이 많아져 부부 사이도 좋아졌다며 치료에 만족했다.

그러나 수개월 전부터 이번에는 왼쪽 어깨 통증이 심해 사진을 찍었는데 그쪽으로 암이 전이되었다는 판정을 받았다고 한다. 한 군데를 치료하면 다른 곳에 다시 암이 생겨 마치 두더지 잡기 놀이처럼 항암 치료를 받는 것이 무의미하다는 생각이 들기 시작했다.

다른 것은 다 참을만 하지만 통증은 너무 심해 때때로 견디기 힘들다고 호소했다. 환자는 마약성 진통제를 복용해도 잠을 이룰 수 없다고 했다.

"교수님, 무슨 좋은 방법이 없을까요? 통증이 너무 심해 잠을 잘 수가 없습니다."

환자가 간절한 눈빛으로 나를 바라보았다.


"항우울제와 항불안제를 한번 써 보겠습니다. 수면에 조금은 도움이 될 것입니다." 내가 말했다. 그리고 그 다음에 내가 하지 말아야 할 말을 해 버렸다.

"제가 책에서 보았는데 용기야말로 진정한 살해자라고 합니다. 용기는 모든 어려움을 살해하고 심지어 죽음마저도 살해한다고 합니다. 죽음도 극복할 수 있다는 말이죠. 그러니 용기를 가지면 암의 통증도 살해할 수 있을 겁니다. 힘내십시오."

니체의 말이었다. 내 말을 들은 환자는 아무 말없이 가만히 있었다. 그리고 자리에서 일어나면서 이렇게 말했다.

"교수님, 참 좋은 말이네요. 그런데 제가 아프니까 그런 좋은 말이 귀에 안 들어옵니다. 제가 그런 수준이 못 돼 죄송합니다."

환자가 진료실을 나가자 나는 크게 후회했다. 아뿔싸! 나도 모르게 또 뽐을 내버리고 말았다. 지금은 그럴 때가 아니었는데……. 나는 "정말로 힘들겠습니다. 그 고통은 당해본 사람만 알 겁니다. 저도 얼마나 아픈지 알 수 없습니다. 그렇지만 그 통증을 줄이기 위해 최선을 다해 보겠습니다. 함께 노력해 봅시다"라고 해야 했었다.

# 병식 모순

　몇 년 동안 내가 외래에서 치료하던 한 환자가 자살했다. 조현병을 앓고 있던 30대 남자다. 수개월 전부터 자살하겠다는 말을 하기에 걱정이 되어 주 보호자인 환자 형에게 내 핸드폰 번호를 알려 주었는데 1월 3일 오전에 그 형으로부터 전화가 왔다. 12월 31일 자정 무렵에 환자가 혼자 사는 원룸에서 나와 멀리 떨어진 고층 아파트 옥상에서 알몸으로 투신했다고 했다. 환자의 형은 경찰서에 제출할 진단서를 부탁한다면서 자세한 내용은 만나서 말하겠다고 했다.

　내가 치료하던 환자가 자살했다는 소식을 들으면 젊었을 때는 '내가 무엇을 잘못했나?' '어떤 점을 놓쳤나?' '법적으로 문제될 만한 잘못은 없었나?' 등을 생각하게 된다. 그러나 나이가 들수록 그런 생각은 없어지고 '얼마나 괴로웠겠나?' '죽는 순간에는 얼마나 슬펐겠는가?' '가족은 얼마나 괴롭겠나?' 하는 생각이 가슴을 때린다.

환자의 형은 외래에서 나를 보자 그동안 치료해 줘서 고맙다고 했다. 그 말이 나에게는 비수로 다가왔다. 동생이 죽었는데 고맙다는 말을 하는 형도 괴로울 것이고 그런 말을 듣는 나도 괴롭다.

"죄송합니다. 상심이 크겠습니다."

그가 자리에 앉자 내가 말했다.

"아닙니다. 교수님. 지 운명이지요. 그동안 신경 많이 써 주어 고맙습니다. 그런데 제가 궁금한 점이 있습니다."

"말씀해 보시지요."

"수개월 전에 교수님이 동생이 자살할 위험성이 크니 입원시키는 게 좋겠다고 저에게 전화한 적이 있습니다. 그때 저는 정말로 이해가 되지 않았습니다. 그 당시 동생 상태는 제가 보기에 정말로 좋았습니다.

하루 종일 방안에만 틀어박혀 있던 동생이 이제 밖에도 나니고, 뭔가 해 보려는 의욕도 보이고, 이전에 다니다가 그만둔 대학원에 다시 입학하겠다는 말도 할 때는 이제 다 나았구나 하는 생각이 들었습니다. 병원을 바꾸길 정말 잘 했구나 하고 생각했습니다.

그런데 이런 일이 생기다니. 도무지 믿을 수가 없습니다. 상태가 나쁜 것도 아니고 더 좋아졌는데도 어떻게 이런 일이 생길 수 있지요?" 형은 이해가 되지 않는다는 표정으로 나를 바라보았다.


"방금 하신 말씀이 모두 다 맞습니다. 동생분의 상태는 처음 저를 찾아왔을 때와 비교하면 정말로 많이 좋아졌습니다. 그때는 복용하고 있던 약에 쩔어 자기 몸도 주체하지 못할 지경이었으니까요. 그러니 하루 종일 잠만 잘 수밖에 없었지요. 지난 수년 동안 저는 동생분과 의논해서 복용하던 약을 줄여 나갔고, 다시 시작할 수 있다는 희망과 용기를 불어넣었습니다. 그래서인지 방금 형님께서 말씀하신 대로 동생분의 상태는 정말로 좋아졌습니다. 그런데 몇 달 전부터 동생분의 태도가 조금 이상해지기 시작했습니다. 혹시 눈치를 채지 못했습니까?"

"그게…… 서로 떨어져 살아서. 전화는 자주 하지만 직접 보기는 한 달에 한 번 정도. 저나 집사람 모두 직장을 다니고 있기에……." 형이 말끝을 흐렸다.

"설혹 자주 만났다고 해도 동생분의 심리적 변화를 알아차리기는 어려웠을 겁니다. 본인 입으로 말하지 않으면 누구라도 알기 어려우니까요." 혹시 형이 죄책감을 느낄까 싶어 내가 서둘러 말했다.

"몇 달 전에 동생분이 저에게 자기는 쓸모없는 인간이라고, 살만한 가치가 없는 인간이라고 하더군요. 그래서 무슨 일이 있었는지 물었지만 아무 말을 하지 않더군요. 말을 하지 않으면 도와줄 수가 없다, 말을 하면 마음이 훨씬 편해진다며 설득하자 동생분이 입을 열더군요.

대학원에 입학한 후로 자신이 얼마나 비참한 인간인지 깨달았다, 코로나로 화상 수업이라 부담은 크지 않았지만 그래도 이전과 달리 집중이 되지 않고 공부가 되지 않는다, 병에 걸린 이후의 자기 삶을 생각해 보니 슬프고 미래가 암담하게 느껴진다, 앞으로 평생 이런 상태로 산다는 것은 너무 고통스러울 거라며 차라리 죽는 게 낫겠다. 그렇게 말하더군요. 그래서 제가 형님에게 전화 연락을 드린 겁니다."

"그랬었군요. 저는 그때 동생이 대학원 문제로 스트레스를 많이 받는구나, 그 정도로 간단하게 생각했습니다."

"동생분은 외래에 올 때마다 자기 또래와 비교해서 자신이 얼마나 쓸모없는 인간인지를 말했습니다. 그 생각이 너무 확고해서 반박하기 힘들 정도였습니다. 동생분은 저를 원망도 하더군요. 차라리 약에 쩔어 세상 돌아가는 것도 모르고 지냈으면 좋았을 텐데, 정신이 좀 들고 보니 자신에게 세상은 너무 거칠고 험하고 외로워서 감당하기가 어렵다고 하더군요. 그럴 바에는 차라리 죽는 게 낫다는 말도 하고요. 제가 걱정이 되어 입원을 권유하자 동생 분은 코웃음을 치면서 입원이 해결책이 되느냐고, 그건 악순환에 불과하다며 단칼에 거절하더군요."

"저는 그 정도로 심한 줄은 전혀 몰랐습니다. 교수님으로부터 입원시키는 게 좋겠다는 연락을 받고 저도 동생에게 말했지만 동생은 그럴 바에 차라리 죽겠다며 완강하게 거절하는 바람에······ 제가 잘못한 것 같습니다. 그때 강제로라도 입원시켰어야 했는데······."

형이 숨을 크게 내쉰다. 내가 그렇지 않다며 반박했다.

"아닙니다. 솔직히 입원시킨다고 해결될 문제는 아닙니다. 저도 답답하니까 입원하자고 했지만 그런다고 크게 달라지는 것은 없습니다."

"그런데 교수님, 이미 지나간 일이지만 동생 상태가 좋아졌는데도 왜 죽고 싶다는 생각이 드는 건지요? 아무리 생각해도 이해가 안 됩니다."

"그게 학문적으로는 병식 모순insight paradox이라고 부르는 현상입니다. 조현병을 앓고 있는 환자가 자신이 앓고 있는 병이 어떠한지, 그 병이 자신의 삶에 어떤 영향을 미치는지 통찰력을 가지는 것을 병식을 획득한다고 말합니다. 병에 대해 정확하게 인식한다는 거죠. 병식을 가진다는 것은 단순히 자신이 앓고 있는 병명을 아는 것을 넘어 자신이 앓고 있는 병의 성질, 증상, 경과, 치료, 예후 등에 대해 포괄적으로 이해하는 것을 의미합니다.

병식이 있다는 것은 병으로부터 회복하기 위해 자신이 무엇을 어떻게 해야 하는지를 안다는 것과 같은 의미입니다. 병식이 있으면 좋은 점이 많습니다. 치료에 긍정적이고 회복하려는 의지도 강해집니다.

그런데 역설적으로 조현병을 앓고 있는 환자가 병식을 가지면 더 우울해지는 경향이 있습니다. 자신의 처지에 대해 눈을 뜨게 되는 거죠. 다른 사람과 비교하다 보니 자존감은 떨어지고 병에 대한 차가운 시선도 느끼게 되고 그래서 자살 위험성이 더 증가하기도 합니다.

참으로 모순이죠. 제 생각에 동생분의 자살 원인은 병식 모순에 해당 되는 것 같습니다. 제가 〈병식 모순〉이라는 제목으로 논문을 쓴 적이 있습니다. 국내에서는 유일한 논문입니다. 한번 읽어 보시겠다면 드릴 수도 있습니다."

"그렇군요. 이제 이해가 됩니다. 교수님 논문은 다음에 기회 되면 읽어 보겠습니다."

"이번에는 제가 궁금한 점이 하나 있는데 동생분이 자살한 장소가 원룸에서 많이 떨어진 아파트라고 들었는데, 그 아파트에는 누구 아는 사람이 삽니까?"

"이전에 어머니가 돌아가시기 전까지 동생이 어머니와 함께 살던 아파트입니다. 동생은 그 아파트에서 어머니와 함께 살던 그때를 늘 그리워했습니다. 이번에 동생이 옥상에 올라가 옷을 다 벗고 알몸으로 떨어지는 바람에 그 시신을 수습하는데 힘이 많이 들었습니다."

"상심이 크겠습니다. 동생분에 대해 정말 면목이 없습니다. 진심으로 명복을 빕니다."

"동생이 병으로 오랫동안 고생해서 이제 동생도 자유롭게 되었다는 생각도 듭니다. 동생은 화장해서 그 유골을 절에 안치하였습니다. 동생도 이제 편안한 세상으로 갔을 겁니다."

"저도 그렇게 생각합니다."

형은 밖에서 기다리고 나는 환자의 진단서를 쓰기 시작했다. 갑자기 환자의 모습이 떠올랐다. 어둠 속에서 아파트 옥상으로 올라갈 때 그 심정은 얼마나 외롭고 슬펐을까? 뛰어내리기 전에 옷을 모두 벗을 때의 그 마음은 또 어떠했을까? 생각할수록 불쌍하다는 마음이 든다.

알몸으로 자살하는 것은 어머니 몸에서 태어났을 그때로 돌아가고 싶다는 마음일 것이다. 게다가 정신분석적으로 높은 곳에서 떨어져 죽는 것 역시 어머니 몸에서 나오는 상징성을 가지고 있다. 〈떨어져 죽다〉를 독일어로 니더컴맨niederkommen이라고 하는데 이 말은 두 가지 의미를 가지고 있다. 하나는 〈떨어져 죽다〉이고 다른 뜻은 〈분만하다〉이다.

멜랑콜리 환자들이 높은 곳에서 떨어져 죽는 것에 대해 프로이트는 어머니 배 속에 들어가서 어머니 배 밖으로 나오는 분만의 상징성을 가지고 있다고 해석했다. 이 환자 역시 최초의 사랑의 대상인 어머니의 몸으로 들어가 어머니와 합체가 되어 새로 태어나기를 소망한 것이다.

죽음으로 선택한 이 환자의 소원이 다음 생에는 꼭 이루어지기를 마음속으로 기원해 본다.

# 취생몽사주酒

왕가위 감독의 아름다운 영화 〈동사서독〉에서 황약사 역을 맡은 양가휘는 말한다.

"얼마 전에 어떤 여자가 술 한 병을 주었는데 술 이름이 취생 몽사야. 마시면 지난 일을 모두 잊는다고 하더군. 난 그런 술이 있다는 게 믿어지질 않았어. 인간에게 번뇌가 많은 까닭은 기억 때문이란 말도 하더군. 잊을 수만 있다면 매일매일이 새로울 거 라 했어. 그렇다면 얼마나 좋겠어? 자네 주려고 가져온 술이지만 나눠 마셔야 할 것 같군."

취생몽사주를 마신 황약사는 그날 이후로 많은 일을 잊었다.

오늘도 외래에 온 많은 사람들은 나에게 취생몽사주를 주문 한다. 삶의 아픔을 잊기 위해서다. 정확하게 말하면 아픈 기억을 잊기 위해서다.

끔찍한 사건을 경험한 후 그 장면이 시도 때도 없이 떠올라 괴로워하는 외상후 스트레스장애(PTSD)를 겪는 환자들은 이렇 게 호소한다.

"제발, 잊게 해 주십시오. 부탁입니다. 더 이상 생각나지 않도록 해 주십시오. 기억이 떠올라 견딜 수가 없습니다. 기억을 없애는 약 좀 주십시오."

사랑하는 사람을 떠나보낸 사람들도 기억 때문에 괴로워한다. 자녀를 잃은 부모들은 기억 때문에 삶이 위태로울 정도로 심한 고통을 느낀다.

"아이에 대한 생각이 나면 가슴 통증이 너무 심해 숨을 쉴 수가 없어요. 기억을 하지 않으려고 해도 자꾸만 지난 일이 떠오릅니다. 기억을 지우는 약은 없나요?"

〈쇼생크 탈출〉에서 억울하게 살인 누명을 쓰고 기나긴 세월 동안 옥살이를 하는 주인공 앤디가 교도소 친구인 레드에게 자신이 가고 싶은 곳을 말하는 장면이 있다. 앤디는 이렇게 말한다.

"내가 가고 싶은 곳은 지후아타네호예요. 멕시코에 있어요. 태평양에 접한 작은 마을이죠. 멕시코인은 태평양을 뭐라고 하는지 알아요? 기억이 없는 곳. 내가 가고 싶은 곳은 기억이 없는 따뜻한 곳이에요."

평생 씻을 수 없는 마음의 상처를 가진 앤디가 그토록 가고 싶어 하는 곳은 기억이 없는 곳, 기억이 중단된 곳이다.

프로이트는 말한다. 〈인간은 사건 때문에 괴로워하지 않는다. 오직 기억 때문에 괴로워할 뿐이다.〉 그런 의미에서 증상은 기억의 상징이다. 기억이 상징적으로 나타나는 것이 바로 증상이다.

# 도와줄 수 있다는 말은 위험한 말이다

유난히 하얀 피부에 단발머리를 한, 20대로 보이는 그녀는 진료실에 들어와서 아무 말도 하지 않았다. 고개를 숙인 채 그냥 가만히 있었다. 간호사가 들고 온 진료 의뢰서에는 〈자살 사고의 위험성이 높아 상급 병원으로 의뢰함〉이라는 짧은 문구만 적혀 있었다.

"어디가 불편한지요?" "어떻게 오셨습니까?" "무엇을 도와드릴까요?" 내가 말을 바꿔가며 물어 보았지만 그녀는 묵묵부답이었다.

"보시다시피 제가 진료해야 할 환자가 무척 많습니다. 그러니 어디가 불편한지 어떤 도움이 필요한지 제게 말해 주어야 제가 도와드릴 수 있습니다."

나는 '무척'이라는 단어와 '도움'이라는 단어에 힘을 주어 말했다. 그러자 그녀가 고개를 들어 나를 보더니 나직하게 말했다.

"도와줄 수 있다는 말은 위험한 말이에요. 그 누구도 저를 도와줄 수 없어요."

그녀의 말이 나를 자극했다.

"일단 이야기나 들어보고 도와줄 수 있다는 말이 위험한 말인지 아닌지 판단해 봤으면 합니다."

그리하여 그녀는 자신의 이야기를 꺼내기 시작했다.

그녀의 아버지는 알코올 중독자였다. 처음에는 술만 마시다가 나중에는 술에 취하면 아내를 때리기 시작했다. 결국 그녀의 어머니는 수년 전에 자살해 버렸다. 어머니가 죽고 난 후 그녀는 아버지와 단 둘이서 생활했다.

생활비는 경제적으로 넉넉한 환자의 고모가 부담했다. 환자는 편의점 알바를 하면서 용돈은 자기가 벌어 썼다. 어머니가 죽은 후부터 그녀는 어떻게 하면 아버지를 죽일 것인가 늘 그 생각만 했다.

술에 농약을 탈까? 그러면 농약은 어디서 구하지? 술에 수면제를 탈까? 그러면 내가 정신과를 다니면서 수면제를 구해야겠다. 아니면 밤에 잘 때 망치로 머리를 내려칠까? 그러면 피가 온 방에 퍼질 것이고 그것은 보기에도 끔찍할 것이다. (감옥에 가는 것은 전혀 걱정할 필요가 없었다. 왜냐하면 아버지를 죽인 후에 자신도 자살할 것이기 때문이다.)

그녀는 낮이나 밤이나 아버지를 죽일 생각에 몰두하였지만 흡족한 방법을 찾지 못했다. 인터넷 서점에 '살인' 혹은 '살인 기술'이라는 단어로 책을 찾아보았지만 모두 추리 소설이나 스릴러 소설이지 살인의 실제 기법을 정리한 책은 찾지 못했다.

그러던 어느 날 갑자기 아버지가 죽었다. 그게 1년 전의 일이다. 피를 엄청나게 토하고 갑자기 죽었는데 사인은 간암 말기라고 했다.

아버지가 죽고 난 후 그녀는 아버지와 함께 살던 집을 처분하고 혼자 원룸으로 이사했다. 이사한 후 몇 개월은 기분이 좋았다. 잠도 잘 잤을뿐더러, 그녀의 표현에 의하면 모든 것이 평화로웠다.

그런데 어느 날부터인가 갑자기 자살 충동이 생기기 시작했다. 시도 때도 없이 죽어야겠다는 생각이 강박적으로 떠올랐다. 아무리 하지 않으려고 해도 그 생각은 그녀의 머릿속에서 떠나지 않았다.

일종의 반복 강박이었다. 아버지에 대한 살해 욕망이 죄책감을 불러 일으켰고 그것이 자살 충동으로 나타난 것이다. 그녀는 그런 자살 충동을 없애기 위해 남친과 잠자리를 갖기도 하고 술을 마셔보기도 하고 운동을 해 보기도 했지만 그때뿐이었다. 그녀는 마치 무엇에라도 홀린 것처럼 자살 사고에 빠져들었다.

"저는 매일 마음으로 자살하는 여자입니다. 눈을 뜨고 있는 순간에는 늘 죽고 싶다는 생각뿐입니다. 그런 저를 선생님은, 아니 교수님이라고 해야 하나, 도와주실 수 있습니까?" 그녀는 말을 끝내고 담담한 얼굴로 나를 바라보았다.

"죄송합니다. 제가 말을 잘못한 것 같습니다. 도와줄 수 있다는 말이 얼마나 위험한 말인지 오늘 깨달았습니다. 그렇더라도 혹시 가능하다면 입원을 해서 다시 한번 그 말이 얼마나 위험한 말인지 평가해 보고 싶습니다."

내가 입원을 권하자 그녀는 거절했다. 외래 치료도 거절했다. 어차피 죽을 목숨인데 구차하게 그런 식으로 삶을 연장하고 싶지 않다고 했다. 매주 1회 개인 정신치료를 권했지만 그것 역시 거절했다.

"그렇다면 오늘 저를 찾아온 이유는 무엇입니까? 모든 치료를 거절하시니 묻는 말입니다."

"교수님의 생각을 확인하고 싶어서요."

"어떤 생각이요?"

"제가 그동안 다닌 정신과 선생님들은 너무 자신만만했어요. 저를 도와줄 수 있다며 곧 좋아질 거라며, 반드시 좋아질 거라며 장담하더군요. 너무 자신만만해서 저도 믿었지요. 그랬는데 몇 개월이 지나도 아무런 변화가 없자 그들은 제가 특별한 경우라고 말하더군요.

오늘 교수님을 찾아온 것은 교수님도 그들과 마찬가지로 그렇게 자신만만한지 확인하고 싶었어요. 도울 수 있다는 말을 그렇게 쉽게 할 수 있는지 그게 궁금했거든요. 그런데 오늘 찾아온 보람이 있네요. 도와줄 수 있다는 말이 얼마나 위험한 말인지 깨달았다고 교수님 입을 통해서 확인할 수 있었으니까요. 솔직하게 말해 줘서 고맙습니다. 그리고 환자도 많은데 긴 시간 제 이야기를 들어 줘서 고맙습니다."

그녀는 인사하고 진료실을 나갔다.


진료는 전투이고 진료실은 전쟁터다. 그리고 나는 칼을 든 장수다. 이전에는 각 환자와의 전투에서 언제나 이겨야 한다고 생각했지만 오늘 이 환자의 말을 듣고 생각을 바꾸었다.

진료는 전투이고 나는 때때로 그 전투에서 패한다. 어쩌면 내 생각보다 더 자주 패하는지 모른다.

# 당신은 아무 죄가 없습니다

성폭행을 당한 20대 여자가 내 앞에서 흐느껴 울고 있다. 왼쪽 손목에는 칼로 그은 자해 흔적이 선명하다. 함께 온 부모는 기가 차는지 외래 진료실 창밖을 내다본다. 아버지는 조금 있다가 진료실을 나가 버리고 어머니도 곧 따라 나가 버린다. 진료실에는 그녀와 나만 있다. 어색한 침묵이 흐른다. 해바라기 센터에서 필요한 법적 의료적 조치는 다 취해졌기에 나는 정신과적 도움만 주면 된다. 그녀가 울음을 그친 후에 이야기를 들어본다. 자책감과 자기 모멸감으로 가득 차 있다. 어떻게 해야 하나? 무얼 해야 하나? 드물지 않게 일어나는 일이지만 그때마다 매번 어려움을 느낀다.

성폭력 전문치료센터인 해바라기 센터 소장을 맡은 후로 성폭행 당한 여성을 자주 접한다. 엄청난 외상을 경험했기에 피해자들 대부분은 외상후 스트레스증후군 증세를 보인다. 밤마다 악몽을 꾸고, 남자와 옷깃만 스쳐도 깜짝깜짝 놀라고, 성폭행 당한 장소를 피하게 되고, 엘리베이터에서 남자와 단둘이 있는 상황을 견디지 못하고, 때로는 공황 발작 증세를 보이기도 한다. 그런 폭풍우가 지나고 난 후에도 대부분은 분노, 수치심, 불안, 우울, 죄책감 등 인간이 느낄 수 있는 모든 부정적인 감정을 경험한다. 그중에서도 죄책감은 자기 학대와 자기 모멸감으로 이어져 피해자에게 치명적인 심리적 손상을 초래한다.

왜 죄책감인가? 죄책감이란 자신이 잘못했다고 생각할 때 느끼는 감정인데 성폭력 가해자가 아닌 피해자가 왜 죄책감을 느끼는가? 여러 가지 이유가 있는데 그중 하나는 주위 사람들의 왜곡된 시선 때문이다. 사람들은 피해자가 성폭행을 당할 만한 짓을 했기 때문에 그런 일을 당한 것으로 생각한다. 무엇인가 유혹할 만한 암시를 주었거나 유혹적인 옷을 입었거나 유혹하는 태도를 보였기 때문이라고 생각한다. 가당찮은 말이다. 설혹 여자가 남자를 유혹했다고 치자. 그렇다고 남자가 여자를 성폭행해도 괜찮다는 말인가? 때로는 가족조차 화를 주체하지 못하고 피해자를 비난한다. 말도 안 되는 이야기지만 가족을 포함하여 많은 사람들이 이런 태도를 보인다.

피해 여성들은 이렇게 말한다.

"제가 그렇게 된 데는 제 잘못이 큽니다. 조심하고 또 조심했어야 했는데."

"조심하면 성폭행을 피할 수 있다고 생각합니까?" 내가 묻는다.

"그래도 위험성은 줄어들겠죠."

"우리가 택시를 탈 때 이 택시가 곧 사고를 낼 택시라는 것을 알 수 있습니까?"

"그건 알 수 없죠."

"마찬가지로 당신이 어떤 남자를 만날 때 그 남자가 당신을 성폭행할 거라는 것을 미리 알 수 있습니까?"

"그건……."

"어떤 남자가 당신을 성폭행 하느냐 하지 않느냐 하는 것은, 당신이 어떤 옷을 입었건, 어떤 장소에서 만났건, 어떤 행동이나 말을 했건, 술을 마셨거나 마시지 않았건 그것과는 무관합니다. 성폭행 여부는 전적으로 그 남자의 생각에 달려있습니다. 성폭행은 남자의 범죄 행위이지 여자의 유혹의 문제가 아닙니다. 그런 이유로 당신의 잘못은 1%도 없습니다. 당신은 아무 죄가 없습니다."


피해 여성들은 성폭행을 당할 때 자신이 필사적으로 저항하지 않은 것에 대해 죄책감을 느낀다. 피해 여성들은 이렇게 말한다.

"그때 목숨 걸고 저항했어야 했는데 그러지 못한 게 가장 후회돼요."

"그 심정은 이해하지만 정말로 그렇게 생각합니까?" 내가 묻는다.

"왜요? 제가 못 할 말이라도 했습니까?"

"성폭행을 당할 때 격렬하게 저항하면 크게 다치거나 죽을 수도 있습니다. 실제로 아주 위험합니다."

"그럼 가만히 있어야 한다는 말인가요?"

"상대방을 힘으로 제압할 수 없을 때는 저항하기보다는 가만히 있는 게 덜 위험합니다. 크게 다치거나 죽는 것보다는 나으니까요. 성폭행을 당할 때 목숨 걸고 저항한다고 해서 그것을 피하거나 지연시킬 수 있는 것은 아닙니다. 가만히 있는 게 비겁한 행동이 아니고 오히려 현명한 행동일 수도 있습니다. 죽지 않고 살아남은 당신은 아주 현명하게 처신한 겁니다."

피해 여성들은 성폭행을 당하는 동안 자신의 몸이 성적으로 반응했다는 것 때문에 죄책감을 느끼기도 한다. 분명 자신이 원치 않았는데도 자신의 몸이 흥분되는 반응을 보이고 그래서 피해자는 나중에 자신이 강간당한 것이 맞는지 혼란스러워한다. 가해자가 이 점을 노리고 강하게 반박하면 피해자는 더더욱 자신 없어 한다.

"저 자신을 못 믿겠어요. 틀림없이 당했는데 그때 제 몸이 흥분한 것 같거든요. 제가 성행위를 좋아하는 끼가 있는지 모르겠어요." 성폭행을 당한 여자가 말한다.

"무슨 말인지 알겠습니다. 아는 남자로부터 성폭행을 당한 여자들 중 일부는 '성폭행을 당할 때 내 몸이 흥분해서 그 남자를 받아들였으니 어쩜 성폭행이 아닌지 몰라. 무의식적으로 내가 그를 원하고 있었는지도 몰라. 내가 정말로 그 사람을 원하지 않았다면 내 몸이 그런 반응을 보이지도 않았을 거야'라고 생각합니다. 성폭행범은 법정에서 변호사를 앞세워 '그때 저 여자도 즐겼어요. 신음 소리를 내고 흥분하면서 즐겼어요. 그 점은 확실해요'라고 주장하기도 합니다.

그런데 아셔야 할 점은 성폭행 당할 때 피해 여성이 보이는 몸의 반응은 일종의 자극에 대한 반사 작용입니다. 자신의 의지와는 상관없이 외부 자극에 대해 몸이 자동적으로 보이는 반응입니다. 마치 방광에 물이 차면 소변을 보고 싶은 것과 같은 이치입니다. 피해 여성이 보이는 몸의 반응도 이것과 똑같습니다. 원치 않는 성관계라고 생각하여도 몸은 그것과 상관없이 반응합니다. 살아있는 몸은 모두 그런 반응을 보입니다. 그런 반응을 보였다는 것은 그만큼 당신의 몸이 건강하다는 것입니다."

성폭행을 당한 20대 여자가 울음을 그치자 그녀에게 말했다. "지금까지 이야기를 잘 들었습니다. 당신이 자책감을 느끼는 것처럼 그런 일을 당하면 누구나 자신이 잘못했다고 생각합니다. 그러나 당신이 기억해야 할 것은 당신은 아무 죄가 없다는 것입니다. 당신이 잘못해서 그런 일이 일어난 것이 아니라 가해자가 범죄 행위를 당신에게 한 것입니다.

그것은 마치 길 가다가 강도를 만난 것과 마찬가지입니다. 운이 없었을 뿐입니다. 당신은 아무 잘못이 없는 피해자일 뿐입니다. 그러니 자신을 학대하면 안 됩니다. 오히려 자신을 위로하고 쓰다듬어 주어야 합니다. 상처가 아물고 새살이 돋아나려면 시간이 필요합니다. 그때까지 제가 옆에서 도울 테니 같이 노력해 봅시다."

# 세 가지 선택

한 50대 중년 부인이 진료 의뢰서를 들고 외래를 방문했다. 개인 정신과의원에서 발급한 진료 의뢰서에는 강박장애로 수개월 치료하였지만 차도가 없고 또 환자 본인이 원하여 대학병원으로 의뢰한다는 내용과 함께 현재 복용하고 있는 처방약이 적혀 있었다.

어떤 점이 불편한지 묻자 그녀가 말하기를 주저했다. 대학병원까지 찾아왔을 때는 어려움이 많았을 테니 주저하지 말고 말해 주었으면 좋겠다고 하자 그녀가 입을 열었다. 그 이야기를 간략하게 정리하면 다음과 같다.

그녀는 20대 초반에 현재의 남편과 결혼했다. 사랑해서가 아니라 우연한 성관계 때문에 임신하다 보니 어쩔 수 없이 결혼했다. 그때 자신은 대학 2학년이었고 남편은 대학 4학년이었다. 결혼 전 첫 관계는 거의 성폭력에 가까웠다. 술에 취한 자신을, 성관계를 거부하는 자신을 남편이 강제로 범했다. 자신은 예술 대학에 다녔고 남편은 공과 대학에 다녔는데 남편은 마초적인 성격에 여자를 대하는 게 거칠어서 자신은 처음부터 남편이 마음에 들지 않았다.

그렇지만 운명의 장난인지 결혼했고, 결혼 후 아들 한 명과 딸 한 명을 낳았고 그런대로 잘 살아왔다. 남편은 대기업에 근무하다가 현재는 개인 사업을 하고 있다. 남편은 밖에서는 붙임성도 좋고 대인관계도 좋아 사람들이 다 좋아하지만 집에만 들어오면 거의 왕처럼 군림하는 편이다. 그러나 경제적으로 남편에게 전적으로 의존해야 하는 처지인데다가 아무 걱정 없을 정도로 풍요로운 생활을 누리기에 그런대로 자신의 삶에 만족하며 살아왔다.

그런데 얼마 전에 대학원에 다니는 딸이 혼전 임신을 하게 된 사건이 일어났다. 사건은 수개월 전에 발생했지만 딸이 혼자서 고민하다 보니 그녀는 최근에야 그 사실을 알게 되었다. 딸의 배가 이상하게 부르다는 생각이 들어 딸을 추궁하니 그때서야 실토했다. 이미 임신 5개월 상태였다. 딸은 낙태를 해야 하나 말아야 하나 갈등하다가 이 시기까지 왔다고 했다.

딸이 말하기를 9개월 전에 소개팅을 통해 한 남자를 알게 되었고 그 남자를 몇 번 만나는 중에 술에 취한 상태에서 관계를 가졌다는 것이다. 딸은 너무 술에 취해 당시 상황이 전혀 기억나지 않는다고 했다. 딸은 그 남자를 사랑하지 않기에 그 남자에게 임신 사실을 알리지 않았고 현재 그 남자를 만나지도 않는다고 말했다.

그녀는 딸의 말을 듣고 흥분했다. 당장 그 인간을 성폭행범으로 고발해야 한다고 길길이 뛰었지만 의외로 남편은 차분했다.

남편은 자신이 그놈을 먼저 만난 후에 어떻게 할 것인지 결정하자고 했다. 남편은 그놈을 만났고 그날 밤에 아내와 딸에게 마치 판사가 판결을 내리듯이 이렇게 말했다.

"내가 그놈을 만나보니 괜찮은 놈이더라. 자신의 잘못을 깨끗이 인정하더라. 그러니 아무런 토 달지 말고 그놈과 결혼해라. 마누라는 충분히 먹여 살릴 놈 같더라. 그리고 능력이 없으면 내가 데리고 키우면 되지."

그것으로 모든 상황은 종결되었다. 그녀도 딸도 그 말을 거역할 수 없었다. 그녀는 그 남자의 어머니를 만나 인사를 나누었고 결혼 날짜를 서둘러 잡고 딸의 결혼을 진행하게 되었다.


그리고 그때부터 딸의 사정과는 무관하게 그녀에게 증상이 발생했다. 머릿속에서 자신이 남편을 죽이는 생각이 자꾸 나는 것이었다. 생각하지 않으려고 해도 그 생각은 시도 때도 없이 머릿속에서 떠올랐다. 남편을 칼로 찌르는 생각도 들었고 도끼로 머리를 깨는 생각도 들었고 톱으로 몸을 자르는 생각도 들었다. 그녀의 머릿속에서 남편의 얼굴과 몸은 온통 피투성이였다.

그런 생각이 들 때마다 그녀는 진저리를 쳤고 동시에 심한 죄책감에 빠져들었다. 그래서 집 근처 개인 정신과의원을 방문했고 강박장애라는 진단을 받았고 처방받은 약을 복용했다. 치료 초기에는 생각의 빈도와 강도가 약간 줄어드는 것 같다가 곧 다시 원 상태로 돌아왔다. 그때마다 의사는 약의 용량을 올렸고 그녀는 약을 복용한 후에는 하루 종일 약에 취해 있었다.

"교수님, 왜 그런 증상이 저에게 생겼지요?" 그녀가 물었다.

"남편을 죽이고 싶으니까 그런 생각이 드는 거지요." 내가 너무 명쾌하게 말하자 그녀가 당혹스러운 듯이 나를 바라보았다.

"죽이는 생각이 계속 든다는 것은 실제로 남편을 죽이고 싶다는 것입니다. 안 그렇습니까? 남편을 사랑하는데 남편을 죽이는 생각이 들겠습니까?" 내가 반문하자 그녀가 고개를 끄덕인다.

"그럼 제가 어떻게 해야 하지요?" 그녀가 묻는다.

"지금 부인에게는 세 가지 선택이 있습니다. 첫째는 지금처럼 머릿속에서 생각으로 남편을 죽이는 것입니다. 두 번째는 자신이 남편을 죽였다는 망상을 가지는 겁니다. 쉽게 말하면 미치는 것이죠. 세 번째는 실제로 남편을 죽이는 겁니다. 그 세 가지 중에 어떤 것을 선택하시겠습니까?" 그녀는 고개를 숙인 채 아무 말을 하지 않았다. 내가 다시 말했다.


"부인이 머릿속으로 남편을 죽이는 생각을 하기 때문에 부인은 자신이 미치는 것을 막을 수도 있었고 실제로 남편을 죽이는 것을 막을 수도 있었습니다. 남편을 죽이는 생각이 부인을 살리고 있는 겁니다. 그것은 마치 압력밥솥의 노즐을 통해 수증기가 빠지는 것과 같습니다. 수증기가 빠져나가지 않으면 압력밥솥이 폭발하듯이, 부인이 머릿속에서라도 그런 생각을 하지 않으면 살아가기가 힘듭니다.

생각해 보십시오. 머릿속으로는 무슨 생각인들 못 하겠습니까? 그러니 남편을 죽이는 생각이 들 때마다 아! 이게 내가 사는 길이구나 하면서 그 생각을 바라보면 됩니다. 그런 식으로 받아들이다 보면 압력밥솥에서 수증기가 다 빠지고 나면 조용해지듯이 부인의 머릿속도 조용해질 겁니다. 그러니 그 생각을 없애려고 하지 말고 오히려 그런 생각이 일어나는 것이 다행이라고 여겨야 합니다. 제 말을 이해하시겠습니까?"

"예, 무슨 말씀인지 알겠습니다. 교수님의 말씀을 듣고 나니 마음이 한결 가볍습니다."

"제 생각에는 현재 복용하고 있는 약은, 용량이 많으니 갑자기 끊기는 어렵고 매주 조금씩 줄여나가면서 봅시다. 제가 말한 것을 마음으로 받아들인다면 굳이 이렇게 많은 약을 먹을 필요는 없을 것 같습니다.

그리고 부인의 정신과적 진단명은 강박장애에 해당할지 모르지만 저의 진단명은, 진단명이 길어 폼은 나지 않지만 (정신과 진단명을 자세히 적으면 이보다 더 길다), 〈남편을 차마 현실에서 때려죽이지 못하니 매일 생각으로 때려죽이는 병〉입니다. 그러니 편하게 생각하십시오. 미치는 것보다는, 감옥에 가는 것보다는, 생각으로 남편을 죽이는 게 훨씬 건강합니다. 제가 보기에 부인은 건강한 분입니다. 제가 할 말은 다 했습니다."

그녀는 고맙다며 인사를 하고 진료실을 나갔다. 말을 많이 하고 나니 갑자기 피곤함이 몰려온다.

# 하소연하는 사람들

한 할머니가 하소연한다.

"내가 늘 아프다고 하니까 이제는 영감도 들은 척을 하지 않고
그 착하던 아들놈도 못들은 척 하네요. 딸에게 전화도 해 보지만
이전 같지가 않네요. 마음 놓고 말할 사람이 없어서…… 이렇게
선생님에게 할 말 못할 말 다하는 이 늙은이를 용서해 주시오."

한 할아버지가 하소연한다.

"내가 팔십 평생 살아오면서 남에게 아쉬운 소리 한번 하지 않
고 살아왔소. 그런데 몸이 병들고 잠도 안 오니 온갖 생각이 들고
할망구에게 말을 해도 자기가 더 아프다고 하고, 자식들은 저거
들 사는 게 더 급한지라 말 꺼내기가 어렵고, 소를 보고 말할 수
도 없고, 답답해서 와봤소."

한 중년 여성이 하소연한다.

"내가 잠을 못 자고 온몸이 여기저기 아프다고 해도 얼마나 아
픈지 집에서 물어봐주는 사람은 아무도 없어요. 내가 무슨 말이

라도 하려고 하면 가족들이 다 피해버려서. 같이 살아도 남 같아
요. 속 시원히 말이라도 하고 나면 살 것 같은데……."

한 중년 남성이 하소연한다.
"나이가 들수록 속에 있는 말을 하기가 어렵습니다. 말할 사람
이 마누라가 유일한데 그 마누라마저 일한다고 녹초가 되어버려
보기가 안쓰러워서 말 못합니다. 친구도 젊을 때나 친구지 나이
오십 넘어가면 다 자기 살기 바빠서 속엣말 꺼내기가 어렵습니
다. 그래서 입 꾹 다물고 그냥 참고 삽니다. 인생이 그러려니 하
면서 말이죠."

한 젊은 여성이 하소연한다.
"가슴이 답답하고 미칠 것 같아도 말할 사람이 없어요. 직장
동료도 그렇고 친구도 그렇고 부모님은 더더욱 그렇고, 도대체
누구에게 제 심정을 말해야 하죠?"

하소연할 사람을 찾지 못해 서성이는 사람들. 이야기를 들어
줄 사람조차 없는 사람들. 그래서 사람들은 이야기를 들어줄 사
람을 돈을 주고 찾는다. 그리고 도움을 받는다. 마음속에 맺힌
이야기를 말로 표현하면 고통이 줄어들기 때문이다. 말하는 내
용뿐만 아니라 그 속에 담겨 있는 감정도 방출되기 때문이다.

고대 그리스 철학자인 아리스토텔레스는 『시학』에서 인간의
감정을 계속해서 억압하면 언젠가는 폭발할 수 있기 때문에 일
정한 간격을 두고 안전하게 배출해야 하며, 드라마가 그런 기능

즉 카타르시스를 수행할 수 있다고 했다.

카타르시스는 고대 그리스 말로 배변, 즉 똥을 눈다는 의미다. 변이 장에 가득 차 있다가 변을 보고 나면 시원해지듯이, 마음속에 억눌려있던 감정을 밖으로 쏟아 내고 나면 마음이 후련해진다는 의미다.

카타르시스 효과는 동일시와 대리 만족에 의해 일어난다. 극이 진행되는 동안 관객은 주인공이 되어 주인공의 감정이 자신의 감정이 된다. 극이 고조됨에 따라 관객의 감정도 고조된다. 주인공의 운명에 따라 관객은 울고 웃고 분노하고 연민에 빠지게 된다. 극이 끝나 흥분의 소용돌이가 가라앉게 되면 관객은 유쾌한 안도감 같은 것을 느끼게 된다. 마음이 정화된 것이다.

일상생활에서는 자신이나 이웃에 불행과 고통을 주지 않고는 배출될 수 없는 -살인이나 불륜과 같은- 격렬한 욕망의 감정도, 드라마라는 안전판 위에서는 마음껏 즐길 수 있다. 이러한 감정의 배출이 매일 일어난다면 힘들고 지치겠지만, 가끔씩 할 수 있다는 보장만 있다면 평소에는 자신의 감정을 억제하면서 기다릴 수 있을 것이다.

아리스토텔레스의 카타르시스는 연극에 등장하는 인물과의 감정적 동일시를 통해 간접적으로 일어나지만, 정신과 영역에서의 카타르시스는 기억과 감정을 본인이 직접 토로하고 발산함으로써 일어난다.

물론 감정만 배출한다고 문제가 해결되지는 않는다. 그렇지만 많은 경우 그것만으로도 고통으로 꽉 막힌 가슴이 뻥 뚫린다. 노인과 외로운 사람들에게는 더욱 그러하다.

그들은 들어줄 사람이 없어 말을 하지 못하니까 몸으로 표현을 하게 된다. 자해를 하기도 하고 몸 여기저기가 아파 온다. 그들의 말을 그냥 들어주고 맞장구쳐 주고 손도 잡아주고 같이 눈물 흘려주면 그보다 더 좋은 치료가 없다. 그게 보약 지어드리는 것보다 백배 천배 더 낫다.

부부 관계, 자녀 관계. 동료 관계, 모든 인간관계의 핵심은 단순하다. 연민의 마음으로 상대방의 말을 들어주면 된다. 관심을 가지고 들어주면 된다. 그리고 듣는 중에, 상대방이 가슴에 쌓아둔 말들을 더 잘 풀어낼 수 있도록 도와주는 질문을 한 번씩 한다면 금상첨화다.

# 아이에게 부모는 온 세상이다

한 22세 여자가 지적장애와 경조증 증상으로 입원했다. 동그
랗고 통통한 얼굴이 귀엽다는 인상을 준다. 마음도 아주 순수하
다. 내가 회진 돌 때마다 예쁘다고 말해주니 손에 사탕을 하나 쥐
고 있다가 꼭 나에게 건네준다. 며칠 전에는 회진 중에 그 애가
수줍어하면서 나에게 이렇게 말한다.

"선생님, 선생님이 저를 한 번 안아 주면 안돼요?"

당연히 나는 그 애를 꼬옥 안아 주었다.

입원한 지 2주가 되자 증상도 어느 정도 조절되어 이제는 퇴
원해도 되겠다고 말했다. 그런데 퇴원하라는 말을 듣고 그 애가
계속 운다. 좋아할 줄 알았는데 눈물을 보이니 이상해서 그 애와
별도로 면담을 했다. 그 애의 말이 내 마음을 아프게 한다.

"엄마에게 다가가고 싶은데 다가갈 수가 없어요. 다가가서도
안되요. 다가가면 내가 상처를 받아요. 엄마는 화가 나면 나에게
욕을 해요. 바보라서 보기 싫다고, 너 때문에 내 인생이 엉망이
되었다고. 아빠는 엄마에게 늘 화를 내요. 바보 같은 애를 낳았

다고. 그러면 엄마는 구석에서 울기만 해요.

아빠는 화가 나면 술만 마셔요. 엄마 아빠가 싸울 때마다 나는 겁이 나요. 엄마는 이쁜이(집에서 기르는 강아지 이름)는 사랑하지만 나는 보고 싶지도 않은가 봐요. 친엄마라면 면회를 안 올 리가 없는데 아직 한 번도 안 왔어요. 나는 엄마에게 이쁜이가 되고 싶은데 우리 집에서는 강아지만 이쁜이에요.

엄마는 내가 없으니까 오히려 좋아할 거예요. 그렇지만 나는 엄마가 보고 싶어요. 아빠 엄마가 싸우고 아빠가 집을 나간 후 엄마가 같이 죽자면서 나를 때렸는데 너무 아프고 무서웠어요.

그렇지만 맞는 것이 더 좋았어요. 때리고 엄마가 나를 안아주었거든요. 선생님이 나를 안아 준 것처럼. 누가 나를 안아 주는 것이 참 좋아요. 나는 집이 무서워요. 그렇지만 갈 곳이 집밖에 없어요."

얼마 후 나는 그녀의 부모를 만났다. 처음에 그들은 할 말이 없다며 입을 다물었다. 내가 각각 면담하자 그들은 가슴 속에 있던 이야기를 꺼내기 시작했다.

지적장애와 정신병이 함께 있는 아이를 돌보면서 살아가는 것이 얼마나 힘든 일인지 그들은 지나간 사건을 들추어내며 말하기 시작했다. 때론 화를 내고 때론 눈물을 보이고 때론 한숨을 쉬면서 가슴에 쌓인 이야기를 털어놓았다.

그들은 지쳐있었고 서로를 비난하고 있었으며 삶의 모든 문제가 딸 때문이라고 생각하고 있었다. 아버지와 어머니 모두 '그 애만 없었으면'이란 말을 여러 번 반복했다. 딸은 그들에게 고통을 안겨준 불행 그 자체였다.

"선생님, 이 애 팔뚝을 보셨지요. 자기가 원하는 대로 해주지 않으면 자해를 해요. 이런 애를 어떻게 우리가 감당하겠어요?"

개별 면담이 끝난 후 다 함께 이야기를 나누자 아버지가 말했다. 옆에 앉아 있는 어머니도 고개를 끄덕이며 그 말에 동조했다.

"저도 그 자국을 봤습니다. 그런데 제가 따님한테서 들은 이야기는 좀 다릅니다. 그때 두 분이 서로 싸웠고 따님이 귀를 막고 그만하라고 고함을 질렀지만 두 분은 계속 싸웠지요. 그러자 따님이 칼로 자기 팔뚝을 그은 것으로 알고 있습니다."

내가 아버지를 바라보자 그는 시선을 피하면서 대답했다.

"상황이 어떻든지 간에 자해했다는 사실이 중요하지요. 그런 행동을 하면 우리는 참을 수가 없습니다."

아버지는 〈우리〉라는 말에 힘을 주었다. 아내도 그렇게 생각하고 있다는 점을 강조하기 위한 듯 여겨졌다.

'어머니도 정말 그렇게 생각하세요?'라고 물어보려다가 그만두었다. 그보다는 딸이 왜 그런 행동을 했는지 이해시키는 것이 더 중요하다고 판단해서였다.


"아버님 어머님, 제 이야기를 잘 들어보십시오. 갓 태어난 갓난아기는 자주 웁니다. 왜냐하면 말을 할 수 없기 때문입니다. 울음이 말의 기능을 합니다. 〈배가 고파요〉라는 말 대신 울면 엄마는 그 울음소리를 듣고 귀신같이 아이가 배가 고프다는 것을 알고 젖을 줍니다.

따님이 자해한 것도 말 대신 몸으로 말하는 것입니다. 〈아빠 엄마, 제발 싸움을 그만둬〉라는 말을 울음이 아닌 몸으로 표현한 것입니다. 말을 할 수가 없으니까, 말을 해도 듣지를 않으니까 몸으로 말한 것입니다."

　아이에게, 자식에게, 부모는 온 세상이고 세상의 모든 것이다. 아무리 세상이 위험하고 험해도 부모만 버텨주면 아이는 힘을 얻는다. 그런 부모를 가지지 못한 아이에게 삶은 너무 버겁고 힘들다.

# 남자는 벌레다

한 50대 여자가 집에서 목을 매고 죽으려다가 아들에게 발견되어 응급실을 거쳐 외래에 방문했다. 진료 기록지에는 〈응급실에서 입원을 권했지만 경제적 문제로 거부했다〉고 적혀 있었다. 외래에서 이 환자를 처음 보았을 때 목에는 아직도 밧줄 자국이 선명하게 남아 있었고 눈은 실핏줄이 터져 벌겋게 충혈되어 있었다.

"죽고 싶습니다. 남자는 모두 벌레입니다."

여자는 그 말만 반복했다. 그 말을 듣는 순간 마음이 참 아팠다. 그녀의 이야기를 요약하면 다음과 같다.

그녀는 가난한 집에서 3남 3녀 중 셋째로 태어났다. 아버지는 장돌뱅이로 집에 있는 날보다는 없는 날이 더 많았다. 얼굴도 기억나지 않는다. 술과 도박과 여자를 좋아했다. 집에 오는 날에는 늘 술 냄새를 풍겼다. 아버지에 대해서는 어릴 때 자신의 뺨에 입맞춤했는데 그 꺼칠꺼칠한 수염과 풍기는 술 냄새가 몹시 싫어울었던 기억뿐이다.

9살 때 아버지가 여자를 집에 데리고 왔고 어머니와 몹시 다투었고, 아버지와 여자가 집을 떠나자 어머니는 방에서 목을 매고 자살했다. 그날이 보름이었다. 그래서 지금도 보름달을 싫어한다. 어머니가 목을 매단 채 죽어 있던 장면이 눈에 선해서 지금도 어느 곳에서든지 문을 열 때마다 목매단 어머니가 있을 것 같아 문을 조금 열어 확인한 후에 완전히 여는 습관이 있다.

어머니가 자살한 후로는 계모와 함께 생활했다. 아버지가 장터로 나가는 날이면 계모한테 구박을 많이 받았다. 지금도 뒤에서 계모의 눈길이 자신을 지켜보는 것 같아 항상 불안하다. 11살 때 아버지가 이혼했는데 돌이켜 생각해 보니 계모가 도망간 것 같다. 그로부터 몇 개월 후에 아버지가 교통사고를 당해 뇌를 크게 다쳤다.

초등학교 졸업 후에는 아버지 병 수발과 집안 살림을 도왔고 몇 년 후 아버지가 죽자 부산으로 와서 기숙사 있는 공장에서 일하기 시작했다.

20대 후반에 공장에서 일하는 남자를 만나 결혼하였는데 이 남자도 아버지와 비슷하게 노름과 낚시에만 빠져 있고 집안일에는 무관심했다. 남편이 카드빚을 많이 지고 여자관계도 복잡해서 결혼 10년 만에 이혼했다. 이혼 후에 다시 같은 공장에서 일하는 남자와 동거하다가 몇 년 후에 재혼했다. 재혼한 남편은 돈을 많이 벌어오지 않는다고 늘 잔소리한다.


전남편과의 사이에 아들 셋을 낳았는데 그중 첫째 아들이 똑똑해서 국립 대학에 입학했다. 이때가 자기 인생에서 가장 행복했던 순간이라고 말한다. 그러나 그 행복은 너무나 짧았다. 첫째 아들이 대학 입학 기념으로 어렵게 외국에 여행을 갔는데 현지에서 물에 뛰어드는 축제에 참가했다가 그만 익사하고 말았다.

큰아들 장례를 치르고 나니 너무나 서럽고 억울하여 자신도 모르게 방에서 목을 매고 자살을 시도하였는데 둘째 아들이 발견하여 살아났다고 한다.

둘째 아들은 고등학교 입학 후 감정 기복이 심해 조울병 진단을 받아 현재도 치료 중이고, 셋째 아들 역시 우울증이 심해 정신과 치료 중이라고 한다. 여자가 말한다.

"지금은 죽고 싶은 마음뿐이다. 즐거운 일이 하나도 없고 허무하다. 그래서 매일 술을 마신다. 술이 깨면 내 삶은 왜 이토록 고통스럽나 하는 생각뿐이다. 때때로 새엄마의 눈초리가 떠오르는데 왠지 섬뜩하다."

그녀의 이야기를 듣고 매주 외래에서 보기로 하고 약을 처방했다. 환경적인 문제가 너무 열악하면 치료 효과가 거의 없다. 헛발질이라는 것을 알아도 안쓰러운 마음에 치료해 보기로 마음을 잡아 본다.

들어주는 것이 치료라고 생각하면서도 매주 외래에서 그녀의 말을 듣는 게 무척 힘이 든다. 그녀를 만날수록 무력감만 느껴진다. 그녀는 끝까지 자살하지 않고 버틸 수 있을까? 그녀와 나는 무슨 인연으로 이렇게 매주 만날까? 오늘따라 여러 가지 생각이 든다.

# 잉여 인간

"나는 잉여 인간입니다. 나는 더 이상 살 가치가 없는 인간입니다. 그러니 나를 불쌍하게 여길 필요가 전혀 없습니다."

78세 할머니는 자리에 앉자마자 이렇게 말했다. 말과는 달리 할머니의 얼굴은 지적이고 단아한 느낌을 주었다. 함께 온 큰아들과 며느리는 이제는 지겹다는 듯한 표정을 지으며 고개를 절레절레 흔든다.

"할머니, 어디가 불편하십니까?"

내가 묻자 할머니가 다시 말했다.

"나는 잉여 인간입니다. 더 사는 것이 불필요한 인간입니다. 자식들에게 부담만 주는 쓸모없는 인간입니다."

잉여 인간이라는 말이 내 호기심을 자극했다. 아무나 그런 단어를 사용하는 것은 아니기 때문이다. 지적 수준이 높다는 증거이기도 했다.

"할머니, 아들과 며느리를 내보내고 둘이서 이야기를 나누었으면 합니다. 왜 잉여 인간이라고 생각하는지 그 이유가 궁금합니다. 그래도 되겠습니까?"

내 제안에 할머니는 아무 말이 없었다. 동의한다는 의미로 받아들여도 좋을 듯했다. 아들과 며느리를 내보내자 할머니는 가슴에 묻어둔 사연을 토해내기 시작했다. 내가 놀랄 정도로 할머니는 말하는 데 적극적이었다. 할머니와의 만남은 그렇게 시작되었다.

추측했던 대로 할머니는 고등교육을 받은 인텔리 여성이었다. 그 나이에 명문 여고를 나왔다는 것은 그 당시로서는 흔하지 않은 일이었다. 이북에서 피난 온 부모의 외동딸로 성장했고 고등학교를 졸업하고 얼마 후 부모가 정해 준 남자와 결혼했다. 남편은 사업하는 사람으로 시댁 역시 이북에서 피난 온 실향민이라는 공통점으로 결혼하게 된 것이다.

결혼생활은 밋밋했지만 그렇다고 불행하지는 않았다. 남편은 따뜻한 사람은 아니었지만 문제가 있는 사람도 아니었다. 사업하는 집안이 그렇듯이 어떤 때는 잘 되다가 어떤 때는 부도 위기까지 가는 등 기복도 있었다. 그래도 전체적으로 보면 평탄한 삶이었다.

할머니는 매달 남편이 주는 돈으로 살림만 열심히 살았다. 아들 두 명을 낳아 아이들 키우는 낙으로 살았다. 할머니 나이 65세 때 남편이 갑자기 뇌출혈로 쓰러졌고 곧 돌아가셨다. 그때 큰아들은 40세였고 작은아들은 38세로 각자 결혼하여 가정을 가지고 있었다.

남편이 남긴 재산을 분배할 때 두 아들 사이에 약간의 갈등은 있었지만 곧 원만하게 합의가 이뤄졌다. 남편과 함께 살던 집은 할머니 몫이 되었다. 두 아들은 나름대로 만족했고 할머니 역시 큰 분쟁 없이 재산 분배가 원만하게 이뤄진 것에 대해 안도했다.

할머니가 신혼 초부터 지금까지 살고 있는 집은 혼자 살기에는 큰 집이었다. 그 당시 부자들이 주로 살았던 붉은 벽돌 이층집으로 마당이 꽤 넓었다. 어느 정도 되느냐고 물으니 전체 평수가 150평이고 집이 50평 정도라고 했다.

넓은 마당에는 다양한 나무들이 많았는데 특히 온실 하우스에는 고급 난이 아주 많았다고 했다. 할아버지는 생전에 자식만큼 난을 사랑해서 아예 30평 정도 따로 온실 하우스를 지어 난을 관리했다고 한다. 할머니도 오랜 기간 할아버지와 함께 살면서 자연스럽게 난을 좋아하게 되었다.

큰아들과 작은아들은 재산 분배가 이루어진 후로는 할머니를 잘 찾아오지 않았다. 추석이나 설날과 같은 명절에, 그리고 할아버지 기일에 잠시 찾아와 얼굴만 내밀고는 곧 가버렸다.

할머니는 손자 손녀들이 보고 싶어 때로는 아들들에게 전화를 걸어 시간 되면 집에 잠시 들르라고 했지만 두 아들은 오겠다는 대답과는 달리 오지 않았다. 할머니는 두 아들 집에 가고 싶었지만 수년 전부터 악화된 허리 통증으로 바깥 거동이 불편했다.

할머니는 주로 중국집에서 음식을 배달시켜 먹었고 때로는 인근 편의점에 전화해 생필품을 구입해 생활했다. 남편이 죽기 전에 통장에 남긴 돈이 꽤 되어 생활하는 데는 큰 어려움이 없었다. 문제는 단 하나, 외로움이었다. 그 외로움을 할머니는 수많은 난과 꽃과 나무들과 대화를 나누면서 버텨 나갔다. 그렇게 벌써 13년이나 흘렀다.

그런데 작년 설날 이후로 큰아들이 부쩍 자주 할머니를 찾아오기 시작했다. 올 때마다 손자 손녀들을 데리고 왔다. 어떤 때는 하룻밤을 자고 가는 경우도 있었다. 할머니는 큰아들의 변화된 태도가 너무 반갑고 고마웠다. 역시 장남이라는 생각이 들었다.

어느 날 큰아들은 웬 낯선 남자와 함께 집을 방문했다. 낯선 남자는 아들과 함께 난을 모아 놓은 온실 하우스에 들어가 한참 동안 둘러보고 갔다. 그 남자가 간 후에 큰아들이 할머니에게 말했다.

"저 사람은 난 전문가인데, 우리 집에 좋은 난이 있다고 했더니 꼭 보고 싶다고 졸라대서 같이 왔습니다. 그 사람 말이 우리 집에 있는 난들 중에 정말로 좋은 난이 많다고 하는데. 어머니, 그중 일부를 팔면 안 될까요?"

할머니는 아들의 말을 듣는 순간 가슴이 철렁 내려앉았다. 어지러워 바로 서 있을 수가 없었다. 겨우 정신을 차려 큰아들을 달랬다.

"큰애야, 그건 아버지가 평생 모아온 거란다. 내가 살 날이 얼마 안 남았으니 내가 죽거든 너 마음대로 처분하도록 해라. 그렇지만 내가 살아있는 동안에는 그 난을 팔지 않았으면 좋겠다. 부탁한다."

큰아들은 알겠다고 하고는 그대로 집에 돌아갔다. 그 이후로 큰아들은 할머니 집에 발길을 끊어 버렸다. 할머니는 큰아들과 손녀 손자가 보고 싶어 전화를 걸었지만 연결도 잘 되지 않았다. 그때부터 할머니는 자신의 어리석음을 탓하기 시작했다. 할머니가 그 장면에서 눈물을 글썽이며 나에게 이렇게 말했다.

"교수 양반, 내가 참 욕심이 많은 늙은이 같소. 난이 뭐라꼬 큰

애한테 상처를 입히고. 아무리 생각해도 내가 욕심이 많다는 생각밖에 들지 않았소."

결국 할머니는 큰아들에게 난을 팔아도 좋다는 전화를 했고 그 다음 날 트럭이 여러 대 와서 집에 있던 난을 모두 실어가 버렸다. 텅 빈 온실 하우스를 보며 할머니는 오래 산 자신이 원망스럽게 느껴지기 시작했다.

큰아들이 난을 모두 가져갔다는 소식을 들은 둘째 아들이 흥분한 상태로 할머니를 찾아왔다. 그리고 왜 장남만 생각하느냐고 자신은 자식이 아니냐며 할머니에게 따지기 시작했다. 작은 며느리도 합세해 할머니를 몰아붙였다. 무슨 말이라도 해야 되겠는데 아무 말이 나오지 않았다.

결국 할머니는 자신의 통장에 들어 있는 돈의 반을 주겠다며 작은아들을 달랬다. 작은아들은 난을 팔아 형님이 챙겼을 돈에 비하면 턱없이 작다고 불평했지만 그래도 화를 조금 누그러뜨렸다.

그리고 지난 추석에 큰아들 내외와 작은아들 내외가 찾아와 할머니에게 말했다.

"어머니, 어머니 혼자서 지내는 것이 저희가 마음에 걸려 그러니 함께 지내는 것이 어떻겠습니까? 6개월씩 저희가 모시면 될 것 같은데요. 같이 생활하는 게 좋을 것 같아서요. 어머니 생각은 어떠세요?"

그 말을 듣고 할머니는 너무 기뻐 눈물이 났다고 했다.

"너희들 생각이 기특하구나. 그렇게 하면 나야 좋지. 너희들 집에 있다가 또 이 집에 있다가. 그러면 훨씬 마음이 편할 것 같다." 할머니의 말을 듣던 두 아들의 표정이 별로 밝지 않았지만 할머니는 기뻐 그것을 눈치채지 못했다고 했다.

그래서 한 달 동안 큰아들 집에 있기로 하고 큰아들이 사는 아파트에 들어갔지만 며칠이 지나자 할머니는 곧 아들과 함께 살겠다고 한 것이 현명한 결정이 아니라는 사실을 깨달았다. 마당도 없고 집 밖으로 나가기도 어렵고 나가도 아는 곳이 하나도 없고 말 그대로 감옥이었다.

가장 큰 문제는 20층 아들의 집에서 아래를 내려다보면 금시라도 떨어질 것 같은 현기증이 들어 불안해서 견딜 수가 없었다. 결국 일주일 만에 큰아들 집을 나와 둘째 아들 집을 찾아갔지만 그 집도 마찬가지였다. 아파트 층수만 15층으로 조금 낮았지만 환경은 오십 보 백보였다. 결국 할머니는 아들 집에서 함께 사는 것을 포기하고 이전에 자신이 살던 집에 다시 돌아왔다.

문제는 그때부터였다. 웬 낯선 사람들이 큰아들과 작은아들 이름을 들먹이며 집을 들락거리기 시작했다. 그들에게 누구냐고 묻자 자신들은 부동산에서 나왔고 아들이 이 집을 팔려고 내놓았다는 것이다.

할머니는 심한 충격을 받았다. 그래서 그들에게 이 집 주인은 자신이며 자신은 이 집을 팔 생각이 조금도 없다며 호통치다시피 하며 그들을 내쫓았다.

그들이 나간 후에도 할머니의 가슴은 벌렁거렸다. 분노가 일었지만 그 감정은 곧 슬픔으로 바뀌었다. 그제야 아들들이 함께 살자는 숨은 의도가 파악되었다. 할머니는 큰아들과 작은아들에게 전화를 걸어 죽으면 죽었지 집을 팔지 않을 거라며 단호하게 말했다.

두 아들은 어머니가 세차게 나오자 구질구질하게 변명을 둘러댔다. '당장 팔자는 것은 아니다. 천천히 생각해도 된다. 그 집은 너무 낡아서 노인네가 혼자 지내기는 불편하다. 게다가 혼자 지내기에는 집이 너무 크다. 그 집을 헐고 원룸 건물을 지어 집세를 받으면 훨씬 이득이다. 또 시설 좋은 원룸에서 지내는 것이 훨씬 편하다.' 뭐 이런 이야기였다.

그 사건 후로 할머니는 산다는 것이 그냥 슬프기만 했다. 죽지 못해 사는 자신이 잉여 인간이라는 생각이 들기 시작했다. 죽어야 하는데, 좀 더 일찍 죽었어야 했는데, 죽지 못해 사는 자신이 저주스럽기까지 했다.


"교수 양반, 내가 할 이야기는 다 한 것 같소. 내 이야기를 들어보니 어떻소? 내 심정이 이해가 되오? 나는 그냥 죽고 싶은 마음뿐이오. 그러니 이 불쌍한 잉여 인간을 가엾게 여겨 고통 없이 죽을 수 있도록 약이나 듬뿍 처방해 준다면 내 정말로 고맙겠소."

나를 바라보는 할머니의 눈에 눈물이 고여 있었다.

"할머니, 저와 이야기하는 것이 좋습니까?" 내가 물었다.

"좋고말고. 영감 돌아가시고 이렇게 많은 이야기를 하기는 오늘이 처음인 것 같아. 이야기를 하고 나니 마음이 많이 편하고 좋네."

"할머니, 매주 한 번씩 저에게 오십시오. 돈이 들어도 택시 타고 편하게 오십시오. 와서 저와 이야기 나눕시다. 그리고 당분간은 집에 대해 어떤 결정도 내리지 마시고 그냥 현 상태만 유지하십시오. 집을 팔면 안 됩니다. 집을 팔지 않겠다고 저에게 약속하십시오."

"그렇게 할게요. 내가 다른 것은 못 지켜도 교수님과 한 약속은 꼭 지킬게요."

할머니가 소녀처럼 새끼손가락을 내밀며 약속을 다짐했다.

그날 이후 할머니는 매주 나를 찾아와 지난주에 있었던 이야기보따리를 풀어놓았다. 그런데 말하는 속도가 빨라 때로는 내가 중간에 저지해야 할 정도였다. 영화를 2배속으로 보는 것 같았다. 하고 싶은 말은 많은데 시간은 제한되어 있다 보니 그리 하시는가보다 생각했다.

"할머니, 좀 천천히 이야기하세요. 누가 잡아가기라도 합니까?"

"아니, 밖에 사람들이 많이 기다리고 있는데 이 늙은이에게 시간을 많이 주는 게 내가 미안해서."

"천천히 말하셔도 됩니다. 할머니는 저에게 소중한 분이니 천천히 하시고 싶은 말씀 다 하셔도 됩니다."

"교수 양반, 말만 들어도 고맙소. 이 늙은이가 뭐라꼬."

그리고 어느 날, 할머니 대신 큰아들이 외래를 방문했다. 할머니가 사는 집을 팔았으며 할머니는 원룸으로 이사 갈 예정이라서 근처 가까운 정신과에서 치료받을 것이고 그래서 소견서를 발급받으러 왔다고 했다.

큰아들은 그동안 어머니를 돌봐줘서 고맙다고 했다. 내가 큰아들에게 할머니가 이사 가기 전에 한번 뵐 수 있는지 묻자 그는 "우리도 그렇게 하자고 했더니 어머니가 자신은 절대로 교수님을 만날 수 없다면서 그냥 교수님께 미안하다는 말만 전해달라고 하십니다. 약속을 못 지켜 너무 미안하다고 하면서, 자신은 정말 못된 늙은이라고 하면서, 그냥 막무가내로 병원에 오시지 않으려고 합니다. 무슨 약속인지 물어도 아무 말도 안 하시고. 무슨 일이 있었습니까?"라며 오히려 나에게 되물었다.

나는 아무 말도 할 수가 없었다. 소견서를 받고 큰아들은 가버렸다. 그 할머니는 얼마나 살까? 아마 밀림에서 동물원으로 옮겨진 동물처럼 할머니는 콘크리트 차가운 벽 속에 둘러싸여 서서히 죽어갈 것이다. 그리고 조만간 요양병원으로 옮겨져 일생을 마칠 것이다.

왠지 입안이 씁쓰레하여 다음 환자를 기다리게 하고 양치질을 거칠게 했다. 몇 번 구역질을 하자 눈물이 핑 돌았다. 산다는 것이 뭔지.

# 오직 사랑만이 자해를 치료한다

병동에 자해 환자가 많다. 입원한 10대는 대부분 진단명이 우울증depression, 자살의도가 없는 자해nonsuicidal self-injury이다. 환아들이 입원하면 담당의사인 전공의 선생은 입원 기록지를 작성하여 아침 모임 시간에 보고한다. 이때 자해에 대해서도 언급한다. 왜 자해를 하게 되었는지, 자해 횟수와 부위에 대해 말한다. 건조한 음성이다. 병명은 언제나 우울증과 자살의도가 없는 자해이다.

10대는 소아 청소년 담당 교수가 맡으니 내가 그들을 볼 일은 없다. 그러나 가끔 10대가 자해 문제로 응급실을 방문했을 때, 그리고 내가 응급실 당직일 때는 입원을 시키기 위해 그 아이들과 이야기를 나눈다. 최종 입원 결정은 전문의가 하기 때문이다.

오늘 아침 모임을 마치고 회진을 끝낸 후에 의국장을 맡고 있는 전공의 선생이 말한다.

"교수님, 어젯밤에 자해로 응급실을 방문한 10대 환아가 있습니다. 응급실에 내려가셔야 될 것 같습니다."

의국장과 함께 응급실에 내려가니 15세 소녀가 침대에서 자고 있다. 옆에서 어머니가 의사 선생님 왔다며 아이를 깨운다. 딸 둘의 아빠라서 그런지, 눈을 뜨는 모습이 예쁘고 사랑스럽다. "불쑥 들어와 미안해"라고 내가 말을 붙이자 "괜찮아요" 하면서 미소를 짓는다. "웃는 모습이 참 예쁘네"라고 말하니 그 애가 다시 미소를 짓는다. "많이 힘들었나 보다. 얼마나 힘들었으면 몸에 상처까지 냈겠노"라고 말하자 그 애는 아무 말 없이 고개를 숙인다.

"병원에 입원해서 하고 싶은 말을 모두 선생님께 말해 봐라. 내가 청소년을 담당하지 않아 너의 담당 교수는 되지 않을 거다. 그렇지만 이 말만은 해 주고 싶다. 너가 너 자신을 사랑하면 좋겠다. 너 자신을 사랑해서 너의 몸을 아끼면 좋겠다."

그 아이는 여전히 고개를 숙인 채 아무 말이 없었다. 방을 나와 의국장에게 입원 수속을 밟으라고 지시하고 돌아서는데 어머니가 나를 잡는다. 따뜻한 말을 해 주어 고맙다며 인사한다.

며칠 전에도 역시 15살 된 소녀가 자해 문제로 입원했다. 담당 전공의 선생은 우울증이 심해서, 또래 아이들과 갈등이 심해서, 부모가 아이를 충분히 이해해 주지 못해서, 인정받기 위해서, 부모를 조종하기 위해서, 학교에 가지 않으려는 2차 이득을 위해서 등등 자해 원인을 열거한다. 내가 담당할 환자가 아니라서 한 귀로 듣고 한 귀로 흘렸다. 그런데 이 말이 내 귀에 들어왔다.

"이 환자는 어릴 때부터 글쓰기를 좋아했습니다. 초등학교 때는 글쓰기로 상도 많이 받았습니다. 그런데 중학교 올라와서는 공부 때문에 더 이상 글쓰기를 못하고……."

순간 머리를 스치는 게 있었다. 오늘 회진을 돌면서 내 담당은 아니지만 그 소녀에게 멋진 노트와 볼펜을 선물로 주면서 이렇게 부탁했다.

"네가 자해하고 싶을 때마다 너의 괴로운 마음을 글로 써 봐라. 너의 억울하고 외로운 마음을 글로 다 표현하면 좋겠다. 네가 글쓰기를 좋아한다고 하니 내가 부탁하는 거다. 지금의 이 고통스러운 경험이 훗날 네가 글을 쓰는데 큰 힘이 될 거다. 그러니 써라. 계속 써라. 울고 싶으면 눈물을 흘리면서 쓰고, 화가 나면 고함을 지르면서 써라." 아이는 고맙다며 그렇게 하겠다고 하면서 내 선물을 받았다. 회진을 끝내고 전공의 선생들에게 말했다.

"자해를 증상으로 받아들이지 마라. 증상으로 받아들이는 순간 그 환자의 마음속으로 들어갈 수가 없다. 자해는 한 인간이 행하는 비극적인 표현이다. 그러니 자해를 하는 그 사람의 마음속으로 들어가 그 비극의 정체가 무엇인지를 함께 느끼도록 해라. 흔하디흔한 증상 중의 하나로 취급하지 말고 사랑으로 감싸 줘라. 얼마나 힘들고 고통스러웠는지 껴안아 줘라. 그것이 자해를 치료한다. 오직 사랑만이 자해를 치료한다.

솔직히 〈사랑만이 자해를 치료한다〉라는 명제가 정신과 현실에서는 즉각적인 효과를 보이지는 않는다. 사람을 변화시키는 것은 행동이고 그 행동이 쌓여 습관이 될 때 비로소 그 사람이 달라지기 때문이다. 정신의학에서 환자를 이해한다는 것과 환자를 치료한다는 것은 별개의 문제이다.

〈사랑만이 자해를 치료한다〉는 말을 오해해서는 안 된다. 환자를 사랑한다고 해서 무조건 자해 행동이 없어진다는 말은 아니다. 그 어떤 의사도 환자의 부모만큼 환자를 사랑할 수는 없다. 사랑하는 부모가 말려도 자해를 하는데 정신과 의사가 무슨 용빼는 재주가 있다고 환자의 자해 행동을 멈추게 할 수 있겠는가?

게다가 어떤 말 한마디를 듣고 깨우칠 환자라면 애당초 자해와 같은 문제 행동을 하지도 않는다. 나는 단지 그 환자를 이해하는 마음 자세를 말한 것이다.

내가 〈사랑만이 자해를 치료한다〉고 말하는 진정한 의미는 사랑의 마음으로 그 아이의 자해 행동을 막기 위한 효과적인 치료 프로그램을 밤을 새워서라도 찾고 공부하라는 말이다.

그러니 지금부터 그 환자를 돕고 싶다면 가장 효과 있는 자해 치료 매뉴얼을 구하길 바란다. 구체적으로 어떻게 해야 할 것인지 알려 주는 매뉴얼을 구해서 몸에 익혀야 한다. 그런 효과적인 무기가 없이 그냥 공감만 해서는 환자가 자해 충동을 극복하는 데 도움을 주기 어렵다. 진정으로 그 아이를 돕고 싶다면 그런 노력을 하고 그것을 증명해 보이길 바란다."

프로이트는 1939년에 죽는다. 그가 죽기 9개월 전에 쓴 「끝이 있는 분석과 끝이 없는 분석」이라는 마지막 논문에서 이렇게 말한다. 〈정신 분석은 사랑의 치료다. 사랑만이 우리를 치료할 수 있다.〉 정신 분석의 창시자가 마지막에 도달하는 지점은 사랑이다. 결혼을 하지 않아도 되고 아기를 낳지 않아도 되지만, 인간으로 태어난 이상 사랑은 해야 한다. 그것이 인간으로 태어난 값을 하는 것이다.

〈불안은 영혼을 잠식한다〉라는 영화가 있다. 나는 불안을 잠재울 수 있는 것은 오로지 사랑뿐이라고 믿는다. 불안에 대한 유일한 방어 전략은 사랑뿐이라고 확신한다. 불안과 사랑은 서로 대립하기 때문이다. 불안과 사랑은 양립할 수 없기 때문이다. 그리하여 〈사랑은 불안을 잠재운다〉라는 명제가 성립된다. 그리하여 〈사랑밖에 난 몰라〉라는 유행가 가사가 사람들의 가슴에 닿아오게 된다.

사랑은 삶의 비극성을 극복하는 핵심 기법이다.

# 검은 옷의 여인

40대로 보이는 한 여자가 남편으로 보이는 남자 손에 끌려 외래 문을 열고 들어온다. 검은 투피스에 검은 모자, 그리고 검은색 구두. 검은색의 옷차림이 대조적으로 여성의 얼굴을 더 희게 보이게 한다.

"관계가 어떻게 되는가요?"

남자 쪽을 보면서 물었다. 그는 한숨부터 크게 내쉬고는 자신이 남편이라고 한다.

"어떻게 오셨는지요?"

내가 두 사람을 보며 묻자 남편이 볼멘소리로 대꾸한다.

"교수님은 척 보면 제 집사람에게서 뭔가 이상한 점이 보이지 않습니까?"

"글쎄요, 옷차림이 모두 검다는 것 외에는 잘 모르겠는데요."

내가 자신 없어 하는 목소리로 말하자 갑자기 남자가 환한 표정으로 왼쪽 주먹을 불끈 쥐면서 큰 소리로 말했다.

"맞습니다. 바로 그 문제입니다. 제 집사람이 검은색을 좋아합니다. 너무 좋아합니다. 아니, 좋아하는 정도가 아니라 솔직히 제가 보기에는, 말하기가 좀 그렇지만, 검은색에 미친 것 같습니다. 집에도 온통 검은색뿐입니다."

남자는 자신의 동조자라도 만난 듯이 한꺼번에 많은 말을 쏟아낸다.

남편의 말에 따르면 아내는 검은색을 좋아한다. 좋아하는 정도가 아니고 광적으로 집착한다. 겉옷, 속옷, 신발을 검은색으로 선택하는 것은 그렇다 치더라도 집안의 가구도 모두 어두운 색계열이다. 그래서 집안이 우중충하고 장례식장 같다. 그 점을 지적해도 달라지지 않는다. 그렇지만 그 점 말고는 아무 문제가 없다. 가정주부로서 애 두 명도 잘 거두고 집안 살림도 잘한다. 단지 검은색을 너무 좋아해서, 아니 오직 검은색만 좋아해서 답답한 마음에 정신과를 방문했다고 한다.

"교수님이 보시기에도 이상하지요? 뭔가 상처가 있는 게 분명합니다. 아니면 전생에 까마귀였거나."

남편이 까마귀라는 말을 하자 갑자기 앙드레 김이 떠올랐다. 늘 하얀 옷만 고집하던 그는, 그러면 전생에 백조인가? 그런 생각이 들자 나도 모르게 피식 웃음이 나왔다.

"교수님, 저는 심각합니다. 농담이 아닙니다."

내 모습을 보고 남편이 한마디 한다. 나는 까마귀라는 말에 앙드레 김이 연상되어 웃었다며 사과하고는 부인과 이야기를 나누고 싶다고 말했다. 남편이 밖으로 나가고 둘이 있게 되자 내가 먼저 입을 열었다.

"제가 외래에서 봐야 할 환자분들이 많아서 외래 진료 시간에는 면담을 오래 하기가 힘듭니다. 오후 4시 30분에 진료를 마치니 그때 개인적으로 시간을 내 보겠습니다."

여자는 아무 말 없이 미소를 지으며 고개를 저었다.

"그렇다면 제가 심리검사를 낼 테니 예약한 날에 와서 심리검사라도 할 수 있겠습니까?"

여자는 이번에도 고개를 가로저었다. 그리고 스스로 말하기 시작했다. 그 여자의 이야기는 이러했다.

대학 다닐 때부터 이상하게 검은 옷에 끌렸다. 왜 그런지 곰곰이 생각해 보니 검은색이 사람 눈에 띄지 않기 때문이라는 생각이 들었다. 검은색은 흡수하는 색이고 보호색이라 검은색 옷을 입으면 자신이 안전하다는 생각이 들었다.

뭔가 문제가 있는가 싶어 대학 때 심리학을 부전공으로 들어 보았다. 상담도 받아 보았다. 상담을 통해 어린 시절 상처가 많이 떠올랐다.

아버지가 직업 군인이었는데 부대 근무 때문에 주로 떨어져 살았다. 그런데 한 번씩 아버지가 집에 오면 엄마를 때렸다. 초등학교 때로 기억한다. 아버지가 엄마를 때리자 나는 무서워서 구석에 숨었다. 아버지 눈에 띄지 않기를 바랐다. 캄캄한 어둠 속에 숨어있는 게 편했다. 엄마는 맞고 있는데 나 혼자 숨어 있다는 죄책감이 들었다. 지금은 부모님 모두 돌아가셨지만 그래도 엄마에 대한 죄책감과 아버지에 대한 분노의 감정이 남아 있다. 상담을 통해 스스로 깨우친 것이다.

그 뒤에 전문적인 정신치료를 받아 보려고 이곳저곳 알아보았는데 비용이 너무 비쌌다. 우리 집 형편으로는 그렇게 할 수가 없었다. 물론 남편에게는 내 어린 시절 이야기를 하지 않았고 상담 받은 내용도 전혀 말하지 않았다. 남편을 믿지 못해서가 아니라 말한다고 달라질 것은 없다는 생각에서였다.

남편은 좋은 사람이다. 현재는 나 자신의 문제가 뭔지 알고 있고 또 이전보다는 많이 좋아졌기 때문에 딸이 시집갈 때쯤이면 가구도 밝은 색으로 바꿀 수 있을 것 같다.

그러니 교수님께서 남편에게 '이야기를 나눠보니 큰 문제는 아니다. 기다리면 좋아질 거다'라고 말해주면 고맙겠다. 대략 그런 내용이었다.

부인의 이야기는 조리가 있었고 충분히 공감되는 내용이었다. 그래서 그녀가 부탁한 대로 남편에게 안심시키는 말을 하자 남편은 사람 좋은 얼굴에 환한 웃음을 지으며 좋아했다. 부인이 나가고 잠시 머릿속으로 상상해 본다.

'한 아이가 구석에 웅크리고 있다. 엄마의 울음소리가 들린다. 아빠가 엄마를 때리고 있다. 아이는 공포를 느낀다. 말리고 싶지만 그럴 힘이 없다. 무력감을 느낀다. 그보다는 무섭다. 그래서 어둠 속에서 자신의 몸이 까맣게 되어 보이지 않게 되기를 바라면서 숨죽여 울고 있다. 엄마의 울음소리가 그쳤다. 자기를 부르는 엄마의 목소리가 들린다. 아이는 엄마 곁으로 가고 싶지만 언제 다시 아빠가 올지 몰라 겁이 난다. 그래서 가만히 앉아 있다. 가야 한다는 마음과 가지 못하는 마음, 상반된 두 마음이 동시에 일어난다. 아이는 꼼짝도 하지 않고 계속 앉아 있다. 어둠 속에서.'

그때 검은 어둠과 검은 색은 그 아이가 숨을 수 있는 보호색이었지만 지금 그 검은 색은 지나간 상처를 두드러지게 보여주는 경고색이 되고 말았다.

# 삶은 본래 그런 것이다

정신과 의사로서 정말로 어려운 상황은, 찾아온 사람이 병적 증상이 아닌 삶의 문제에 대한 고민을 토로할 때다. 망상이나 환각이 있으면 해결책은 단순하다. 약을 먹으면 증상은 좋아진다. 우울이나 불안이나 불면 역시 마찬가지다. 약을 먹으면 대부분 불편함이 사라진다.

그런데 삶 자체의 비극성에 대해 질문하면 대답하기가 쉽지 않다. 지식이 아닌 지혜를 요구하는 것이기 때문이다. 때로는 정신과 의사보다는 삶의 지혜가 있는 노인이나 성직자가 훨씬 더 도움되는 대답을 해 줄 수 있다.

상대방이 삶의 비극에 대해 말하기 시작하면 일단 나는 듣는다. 해결책을 원하기보다는 그냥 자신의 이야기를 하고 싶어 하는 경우가 많기 때문이다. 이런 경우에는 들어주는 것 자체가 해결책이 된다. 그러나 직접적으로 나에게 대답을 요구하면 나는 되묻는다.

"그런 일이 이해가 됩니까?"

당연히 대부분은 이해가 되지 않는다고 말한다. 그러면 나는 말한다.

"이해가 되지 않으면 그냥 있는 그대로 받아들이십시오."

그 말에 사람들은 흥분한다. 남편에게 맞고 사는 아내, 바람이나 집을 나간 아내의 남편, 사기를 당해 큰 돈을 잃은 사람, 자식 때문에 죽고 싶을 정도로 괴로워하는 사람 등 모두 다 화를 낸다.

"어떻게 그런 말을 할 수 있습니까? 그게 안 되니까 찾아온 것 아닙니까?"

맞는 말이다. 그것을 있는 그대로 받아들이지 못해서 돈과 시간을 들여 나를 찾아온 것이다. 그러나 그들 자신도 못 하는 것을 어떻게 내가 해 줄 수 있단 말인가?

남편에게 맞고 사는 아내는 헤어지거나 아니면 계속 맞으면서 살거나 둘 중 하나를 선택하면 된다. 바람이 나 집을 나간 아내의 남편은 아내와 이혼하거나 아니면 혼자 살면서 기다리면 된다. 사기를 당해 큰돈을 잃은 사람은 그 돈에 대한 집착으로 계속 괴로워하거나 아니면 돈을 포기하면 된다. 자식 때문에 죽고 싶을 정도로 괴로워하는 사람은 자식에 대한 기대를 낮추거나 아니면 계속 괴로워하며 살면 된다.

자기 자신도 못 하는 것을 정신과 의사가 무슨 재주가 있어 해결해 줄 수 있단 말인가? 삶에 대한 책임은 자기 자신이 질 수밖에 없다. 위로가 필요하다고 말할지 모른다. 위로가 도움이 된다면 수백 번 수천 번도 해 줄 수 있다.

"정말 못된 놈이네, 어떻게 부인을 때릴 수 있노! 미친놈 아니가!" "자식 버리고 집 나간 여편네, 잘 될 리 없습니다. 끝이 뻔합니다." "돈 떼먹은 놈, 천벌 받을 겁니다. 그놈의 자식도 천벌 받을 것입니다." "자식이 원수죠, 웬수입니다."

이런 말이 도움이 될까? 천만의 말씀이다. 그게 도움이 된다면 애초부터 나를 찾아오지도 않았을 것이다. 삶의 비극에서는 위로가 도움되지 않는다. 너무 차가운 말이라고 해도 어쩔 수가 없다. 본래 삶 자체가 가슴 아프고 고통스럽기 때문이다. 삶 자체가 때로는 구토가 나고 때로는 비 맞은 옷의 감촉처럼 찝찝하고 때로는 더운 여름날 생선 썩는 것처럼 역한 냄새가 나기 때문이다.

그러니 무너지지 않고 꾸역꾸역 살아나가면 된다. 한 걸음씩 내딛다 보면 어느새 목적지에 도달하듯이, 어떤 생각이 들더라도 하루하루 버티면서 살아가다 보면 많은 문제가 저절로 해결된다. 그래도 해결되지 않는 문제들은 죽을 때까지 안고 살아가면 모두 다 해결된다. 그게 인생이고 그게 삶이다.

# 삶의 고통에 대처하는 법

"산다는 것은 도대체 무엇인 것 같습니까?"

진료실을 찾아온 분들에게 내가 자주 묻는 질문이다. 두 부류의 사람들에게 묻는데 주로 70세 이상 노인과 나이에 상관없이 비극적인 사건을 경험한 분들이다.

비극의 정의에 대해서는 사람마다 기준이 다르겠지만 내 경우에는 사랑하는 사람을 예기치 않게 잃거나, 불의의 사고로 심한 신체 손상을 입거나, 치명적인 질병에 걸리거나, 혹은 어떤 사건으로 인해 자신이 성취한 모든 재산이나 명예, 사회적 지위를 한순간에 잃어버린 것으로 규정한다.

그동안 외래에서 사랑하는 자녀를 사고로 잃은 부모, 아내가 자살한 남자, 사고로 손을 못 쓰게 된 촉망받던 연주자, 사기를 당해 알거지가 된 남자, 순간의 성욕을 참지 못해 존경받던 위치에서 하루아침에 사회적 지탄의 대상이 되어 버린 남자 등 다양한 사람들을 만났다. 그들이 어느 정도 심리적 안정을 되찾으면 나는 물어본다.

"산다는 것은 도대체 무엇인 것 같습니까?"

그리고 많은 대답을 듣는다. 산다는 것은 고통에 익숙해지는 것이다, 잊어버리는 것이다, 가진 것을 놓아 버리는 것이다, 낙타처럼 무거운 짐을 지고 견디는 것이다 등등. A4 용지 몇 장을 가득 채우고도 남을 정도로 고통을 겪은 사람들의 대답은 다양하고 지혜롭고 음미해 볼 만 했다. 그중에서 사랑하는 아들을 잃은 한 50대 부부의 대답이 가슴에 닿아 왔다.

"산다는 것은 질문하는 것입니다. 왜 우리가 이런 고통을 당해야 하는지, 이러고도 왜 우리가 살아야 하는지 우리 자신에게 묻는 것이지요."

살아가는 동안 여러 가지 질문이 있을 수 있지만 가장 중요한 질문은 왜 살아야 하는가이다. 우리는 이 질문을 평생 가슴에 안고 살아간다. 이 질문에 대답하는 과정이 바로 삶이다.

이 질문이 중요한 이유는 살아야 하는 자신만의 이유를 아는 사람은 그 어떤 고통도 견딜 수 있기 때문이다. 고통으로 가득 찬 이 세상에서 그 누구도 고통을 피할 수는 없다. 고통은 삶의 그림자이기에 아무리 대비를 해도 악령처럼 나타난다. 그래서 고통을 피하려고 하기보다는 그 의미에 대해 생각하는 자세를 가지는 것이 현명하다.

우리는 살아 있으므로 고통을 받고 고통을 통해 성장한다. 고통 그 자체는 아무 의미도 없다. 우리가 고통에 어떤 의미를 부여하는지, 고통을 어떻게 해석하는지가 중요할 뿐이다. 해석하는 법을 배우기 위해 우리는 공부하는 것이다.

어느 날 자신에게 갑자기 비극이 닥쳐올 때, 우리 모두는 '왜 하필 나인가?'라고 분노하면서 그 원인을 밖에서 찾으려고 한다. 그러한 감정은 애도의 단계로 넘어가기 위한 자연스러운 과정이므로 탓할 것이 못 된다. 어떤 식으로든 분노하여야 고통의 순간을 견뎌낼 수 있기 때문이다.

그러나 고통의 원인과 이유를 자신이 아닌 밖에서 찾으려 하는 것은 참으로 어리석은 태도다. 다른 사람의 탓으로 돌리는 것 역시 자신이 자기 삶의 주인이 아니라는 점을 스스로 인정하는 꼴이다. 분노의 기간이 너무 길면 마음은 심리적 출혈 상태에 빠지게 되고 회복력은 힘을 잃는다.

그렇기에 힘이 들더라도 자신을 위해 그 비극을 삶의 일부로 받아들여야 한다. 내가 고통을 당할 때 그 고통의 원인은 내 안에 있으며 반드시 어떤 의미가 있다는 사실을 기억해야 한다.


가끔 외래에서 사고로 자녀를 잃은 부모들을 본다. 그 어떤 위로의 말도 도움이 되지 않기에 그냥 기다린다. 그리고 어느 날 그들의 입에서 이런 말이 흘러나온다.

"왜 제가 이런 고통을 당해야 하지요?"

질문한다는 것은 좋은 징조다. 고통의 이유를 묻는다는 것은 고통의 의미를 찾겠다는 말과 같은 것이다.

〈왜 제가 이런 고통을 당해야 하지요?〉는 〈제가 받는 이 고통의 의미는 무엇인가요?〉라는 말과 동일하다. 어째서 내가 고통을 당하는가에 대한 답을 구하는 것, 그것이 바로 자신의 고통에 의미를 부여하는 과정이다.

고통에 의미를 부여하면 그 어떤 고통도 극복할 수 있다. 반대로 의미를 부여하지 못하면 허무와 절망 속에 빠지게 된다. 고통의 의미를 찾는 것, 고통을 해석하는 것, 그게 고통으로부터 벗어나는 유일한 길이다.

질문하고 또 질문하라. 끊임없이 질문하라. 답이 없는 것 같아도 계속 찾다 보면 나름대로 답이 나오고 그 순간 고통은 사라진다. 이게 바로 『죽음의 수용소에서』를 쓴 정신분석가 빅터 프랭클이 창시한 의미치료logotherapy의 핵심이다. 살아야 하는 이유, 살아야 하는 의미를 찾자는 것이다.

# 분리불안

수년째 개인 정신과의원에서 치료받고 있는 한 30대 여성이 외래를 방문했다. 진료 의뢰서에는 〈공황장애〉라는 진단명과 함께 현재 복용하고 있는 약이 적혀 있었다. 그런데 〈공황장애〉에 대한 통상적인 약물치료 용량보다는 지나치게 약이 많았다. 특히 자기 전에 복용하는 약의 종류와 용량이 많았다.

왜 병원을 바꾸려고 하는지 묻자 그녀는 약을 먹으면 까라져서 생활하기 힘들어서라고 대답했다. 그녀가 불편해하는 증상을 물으니 갑자기 숨을 쉬기가 어렵고, 어지럽고, 손에 땀이 나고, 이러다가 죽을지도 모른다는 공포감이 밀려오는데 그런 증상이 10~20분 정도 지속된다고 했다.

또 터널이나 지하 주차장같이 밀폐된 곳에 가면 공기가 희박해지는 것 같아 숨을 쉬기 어렵고 불안하다고 했다. 그녀가 호소하는 증상은 전형적인 공황 발작이었고 그런 증상 때문에 생활하는 데 어려움이 있으니 정신과적 진단명은 〈공황장애〉가 타당했다.

"약의 종류와 용량이 많은 것을 보니 약을 먹어도 공황 발작 증상이 잘 조절되지 않는 모양이군요?"

내가 진료 의뢰서에 적혀 있는 약 처방 내용을 다시 보면서 물었다.

"공황 증상보다는 잠을 자지 못해서일 거예요. 제가 선생님께 잠을 자기 힘들다고 호소했거든요."

"그랬군요. 자기 전에 자주 공황 증상이 일어납니까?"

"그게 공황 증상인지는 모르겠지만, 잠이 오지 않아요."

"잠이 들기가 힘듭니까? 아니면 잠은 드는데 중간에 깹니까?"

"잠이 들기가 힘들어요. 잠을 자면 안 될 것 같아요."

"왜요? 왜 잠을 자면 안 될 것 같습니까?"

"그냥요."

"잠을 자는 시간이 아까워서 그렇습니까? 아니면 잠을 자는 상태가 두려워서 그렇습니까?"

내 말에 그녀는 아무 대답을 하지 않았다. 갑작스런 침묵은 그녀의 심리로 들어가는 중요한 단서가 되므로 나는 집중적으로 파고들었다.

"제가 보기에는 방금 어떤 생각이 떠오른 것 같습니다. 어떤 생각인지 말해줄 수 있습니까?" 그녀는 여전히 아무 말도 하지 않았다.

"어떤 이유로 말을 하지 않으려 하는지는 모르지만, 말을 하지 않으면 제가 도와드릴 수 없습니다." 내가 잘라 말했다. 잠깐 어색한 침묵이 흘렀다. 그녀가 입을 열었다.

"그 생각만 하면 마음이 불편해서요……. 이전 선생님께도 이 말을 하고 나서 오랫동안 옛날 기억이 떠올라 많이 힘들었거든요."

"그랬군요. 그렇다면 더더욱 말을 해야 합니다." 내가 다시 못을 박았다.

"알겠습니다, 교수님."

그녀는 어린 시절 이야기를 하기 시작했다. 그녀의 이야기를 간략하게 요약하면 다음과 같다. 그녀는 외동딸인데 4살 경에 부모와 떨어져 지내게 되었다. 부모가 서울에서 장사하는 바람에 2년 동안 시골에 있는 외할머니 손에서 자랐다.

부모님은 매주 1번씩 시골로 내려왔는데 언제나 자신이 잠이 들면 다시 서울로 떠나곤 했다. 그때부터 어린 그녀는 밤에 아무리 잠이 쏟아져도 '내가 자면 엄마 아빠가 가버린다'는 생각에 잠을 자지 않으려고 안간힘을 썼다.

그러나 헛수고였다. 그녀는 늘 잠이 들었고 아침에 일어나면 부모는 언제나 가고 없었다. 그녀는 서럽게 울었고 그때마다 외할머니가 그녀를 안아 주었다.

그리고 세월이 흘러 결혼한 후부터 그녀는 자려고 하면 죽을지도 모른다는 생각이 들기 시작했다. 눈을 감으면 다시는 눈을 뜨지 못할 거라는 공포감이 밀려들었다. 그래서 잠을 자지 않으려고 필사적으로 노력하다 보니 불면증이 생겼다고 한다.

"마음에 담아 두었던 이야기를 해줘서 고맙습니다. 어릴 때는 잠이 들면 부모님이 떠나갈까 두려웠는데 이제는 그 두려움이 죽을지도 모른다는 것으로 바뀌었군요. 제 말이 맞습니까?"

"예, 맞습니다. 잠이 쏟아져도 어릴 적 생각을 하면서 두 눈을 부릅뜹니다. 그러면 잠을 이겨낼 수 있습니다."

"알겠습니다. 그 문제는 시간을 두고 차차 풀어나가 보도록 합시다."

그녀가 나가고 나는 머릿속으로 어린 그녀와 대화를 나누어 본다. 어린아이가 어둠 속에서 혼자 울고 있다. 울음으로써 자신의 불안을 말하고 있다.

"불안해요, 무서워요, 나를 도와주세요."

아이는 그렇게 말하고 있다.

"아가야, 어두워서 우니? 불을 켜 줄게."

내가 불을 켜 어둠을 쫓아도 아이는 울음을 그치지 않는다.

"혼자 있어서 그런 거니? 내가 있어 줄게. 그러니 울지 마."

내가 아이 옆으로 다가가 앉는다. 그래도 아이는 울음을 그치지 않는다.

"왜 우는 거니? 어떻게 하면 네가 울음을 그칠 수 있니?"

"제가 우는 이유는 사랑하는 사람이 옆에 없기 때문이에요. 사랑하는 사람만 옆에 있으면 칠흑 같은 어둠 속이라도 불안하지 않아요. 그러니 사랑하는 사람을 저에게 주세요."

"아가야, 그렇게 하마. 그러니 울음을 멈춰. 하지만 아가야, 사랑하는 사람이 항상 너 옆에 있을 수는 없어. 얼마동안은 네 옆에 있겠지만 곧 너의 곁을 떠나. 그러니 사랑하는 사람이 없더라도 울지 않는 법을 배워야 해. 너의 마음속에 사랑하는 사람의 모습을 담고 대신 그 사랑하는 사람은 떠나보내야 해. 마음에서 그 사랑하는 사람과 분리되어야만 해. 그래야 어른이 돼. 사랑하는 사람과 분리되면 그 사람은 늘 그리움으로만 너에게 다가올 수 있어. 그게 어른이 되는 길이야."

# 자해는 나의 힘

경계성 성격장애를 앓고 있는 20대 여자가 퇴원 후 처음으로 외래를 방문했다. 그녀는 자리에 앉자마자 나에게 물었다.

"제가 입원해 있을 때 교수님이 회진을 돌면서 저에게 이렇게 말했습니다. 〈너 자신과 싸우지 마라. 자신과 싸울 힘으로 너 자신을 사랑해라. 그 힘을 너의 몸을 아끼고 사랑하는 데 써라〉고 하면서 〈자해를 하는 사람은 힘이 있는 사람이다〉라고 말했습니다.

자신과 싸우지 말라는 말도 이해가 되지 않았고, 자해를 하는 사람은 힘이 있는 사람이라는 말은 더더욱 이해가 되지 않았습니다. 그때 물어보고 싶었지만 다른 선생님들이 너무 많이 있는 바람에 못 물어봤습니다. 그게 무슨 뜻입니까?"

내가 부담스러워 고개를 돌릴 정도로 나를 빤히 쳐다보는 그녀의 시선은 강렬했다. 그녀가 계속 말했다.

"그동안 심리치료도 많이 받아 보았습니다. 상담료에 비해 별로 도움이 되지 않았습니다. 모두 다 제 성격에 문제가 있고, 그 성격상의 문제는 어린 시절부터 생겨났고, 동일시에 문제가 있고, 저의 정체성에 문제가 있다고 하였습니다. 한마디로 저는 이상한 인간이라는 말이었습니다.

그런데 교수님은 제가 힘이 있는, 아니 자해를 하는 사람은 힘이 있는 사람이라고 말했습니다. 정신과에 많이 다녔지만 그런 말은 처음 들어 봤습니다. 그래서 궁금합니다. 무슨 뜻인지 설명해 줄 수 있습니까?"

그녀의 말은 논리 정연했고 질문 역시 타당했다. 그녀 말을 들으니 회진 중에 내가 그녀에게 "칼로 자해하기에 22살이라는 너의 나이는 너무 아름답다"라고 말한 것이 기억났다. 순간 진료를 기다리는 환자가 아무리 많아도 그녀의 질문에 대답해 주어야 한다는 의무감 같은 것이 들었다. 외래 간호사에게 전화로 양해를 구하고 그 환자에게 물었다.

"그럼 한 가지 물어보겠습니다. 당신이 보이는 모습은 아주 다양합니다. 오늘같이 이렇게 당당하게 말하는 당신이 있는가 하면, 자해를 하는 당신도 있습니다. 눈물을 보이며 도와 달라고 하는 당신이 있는가 하면, 도움은 필요 없다며 저주를 퍼붓는 당신도 있습니다. 어머니에게 화를 내고 대드는 당신이 있는가 하면, 미안하다고 사과하면서 용서를 비는 당신도 있습니다. 그런 다양한 모습 중에서 누가 진짜 당신입니까?"

"잘 모르겠습니다. 저도 어떤 모습이 진짜 제 자신인지 궁금합니다."

"정신분석적인 시각에서 그것에 대한 제 생각을 말씀드리겠습니다. 방금 제가 말한 그 모든 모습이 바로 당신입니다.

〈내 속엔 내가 너무도 많아〉라는 노랫말처럼 당신에게 한 가지 모습만 있는 것은 아닙니다. 여러 가지 모습이 있어서 상황에 따라 그 중 하나가 전면에 두드러져 나타나는 것입니다. 이렇게 여러 가지 모습으로 구성된 이유는 심리치료를 받으면서 들어 보았겠지만 동일시 때문입니다.

사람은 태어나 성장하면서 많은 사람으로부터 영향을 받습니다. 가장 먼저 그리고 가장 크게 영향을 받는 사람은 부모입니다. 형제자매와 친척으로부터도 영향을 받습니다. 또 학교 선생님이나 친구를 통해서도 영향을 받습니다. 책이나 영화나 다른 매체에 의해서도 영향을 받습니다. 내가 저런 사람이 되어야지 하는 생각을 통해서도 그 사람의 일부를 받아들입니다. 상상 속의 인물, 환상이나 꿈을 통해서도 영향을 받습니다. 영향을 받는다는 것은 자신이 그런 사람의 일부를 받아들이고 닮아가려고 한다는 말과 같습니다.

비유를 하자면 당신이 하나의 옷이라고 한다면 그 옷은 많은 천 조각으로 구성되어 있습니다. 그 많은 천 조각 하나하나가 바로 당신 자신의 어떤 부분입니다. 물론 가장 큰 천 조각은 부모님으로부터 영향을 받은 것입니다. 그리고 나머지 다른 조각들은 교육이나 환경 등 여러 가지 요인으로부터 받은 것입니다.

그런데 많은 천 조각 중에 마음에 들지 않는 것도 있을 수 있습니다. 마음에 들지 않는 천 조각이라고 하더라도 그 조각이 없으면 옷을 완성할 수 없습니다. 마음에 들지 않는 조각도 당신 자신의 한 부분입니다.

그 점을 이해한다면 왜 자신과 싸우지 말아야 하는지를 이해하게 될 것입니다. 당신은 수많은 자신으로 구성되어 있는데 그 중에서 어느 자신과 싸운다는 말입니까? 싸우는 자신은 누구이고 싸움의 대상인 자신은 누구입니까?

그래서 자신과 싸운다는 말은 그 자체로 말이 되지 않습니다. 자신과 싸운다는 것은 그림자와 싸우는 것과 마찬가지로 부질없는 짓입니다.

어떤 사람은 이렇게 말합니다. 〈자기를 바꿔라. 허약한 너 자신을 강하게 바꿔라.〉 달콤하게 들릴지 모르지만 독이 있는 말입니다. 인간 심리와 잘 맞지 않는 말입니다. 자신을 바꾼다는 말은 자기 그림자를 밟겠다는 것과 마찬가지로 어리석은 발상입니다. 허약한 자신을 어떻게 다른 자신으로 바꿉니까?

안 그래도 마음 안에서 초자아라는 냉정한 놈한테 만날 꾸지람과 비난을 들어 가뜩이나 허약한데, 자신을 강하게 만든다고 채찍질하면 강해지기는커녕 쓰러져 죽습니다.

자신에게 약한 부분이 있다는 사실을 인정한다면 그 약한 자신을 질책하기보다는 달래 주고 어루만져 주고 위로해 주어야 합니다. 허약한 자신으로 살아오느라 얼마나 힘들었냐고 하면서 토닥이고 감싸 안아 줘야 합니다.

다시 강조하지만 자신을 미워하거나 자신과 싸우려고 하지 마십시오. 당신이 자신을 미워하고 비난한다면 도대체 어느 누가 당신을 사랑하겠습니까?

부족한 것도 당신이고 잘난 것도 당신입니다. 화를 잘 내는 것도 당신이고 우울에 잘 빠지는 것도 당신입니다. 그런 당신을 받아들이고 사랑해야 합니다. 질책하고 비난한다고 자신이 바뀌지는 않습니다.

그러니 자신 속에 있는, 마음에 들지 않는 자신과 싸우려고 하지 마십시오. 그리고 당신 안에 어떤 다양한 모습이 있는지, 언제 어떤 모습의 당신이 전면에 두드러져 나타나는지를 아는 것이 중요합니다. 마음에 들지 않는 자신이 튀어나올 때는 '아! 네가 또 나왔구나' 하면서 알아봐 주고 친하게 지내도록 노력해야 합니다.

그리고 〈자해하는 사람은 힘이 있는 사람이다〉라는 말은 이런 의미로 말했습니다.

에너지 보존법칙이라는 것이 있습니다. 인간의 정신에도 이에너지 보존법칙이 적용됩니다. 대부분의 사람들은 자신이 사용할 수 있는 에너지를 다 사용하지 않습니다. 평범한 일상생활을 하는 데는 큰 에너지가 필요하지 않기 때문입니다.

그러나 자해를 하는 데는 많은 에너지가 필요합니다. 평범한 일이 아니기 때문입니다. 자해를 하는 사람은 자신의 에너지를 다른 평범한 사람보다 더 크게 사용하는 사람입니다. 그래서 힘이 있다고 말한 것입니다.

그 힘을 좀 더 건강하고 창의적인 방향으로 돌릴 수만 있다면 특정 분야에서 더 뛰어난 사람이 될 수도 있습니다. 부정적인 에너지도 에너지니까요. 마찬가지로 자기 자신이 마음에 들지 않는다고 자신과 싸우는데 에너지를 다 써 버리면 다른 아무 일도 못합니다. 이제 내 말이 이해됩니까?"

그녀는 대답 대신 고개를 숙인 채 생각에 잠긴 듯이 가만히 있었다.

"내가 보기에 당신은 강렬한 삶을 추구합니다. 평범하고 색깔 없고 그저 그런 순간을 견디지 못합니다. 혼자 있는 것을 견디지 못합니다. 공허함과 강렬함이 당신이 보여 주는 특징입니다. 색깔 있는 아주 강렬한 사람입니다.

일반적으로 정신과에서는 그것을 성격상의 문제라고 합니다. 당신 말대로 성격이 이상한 사람으로 본다는 것입니다. 나도 부분적으로 그렇게 생각합니다. 그렇지만 당신의 내면에는 길들여지지 않은 야생마 같은 강렬한 힘도 있습니다. 나는 그 힘에 더 관심이 많습니다.

한번 생각해 보십시오. 자신의 몸을 자해할 정도로 강렬한 힘이라면 다른 힘든 일도 해낼 수 있을 것입니다. 공허함과 강렬함도 내적 힘입니다. 그러니 그것을 없애려고 하기보다는 어떻게 하면 좋은 방향으로 활용할 수 있을 것인지 고민해야 합니다.

내가 좋아하는 니체 선생님은 이런 말을 했습니다.
〈있는 것은 아무것도 버릴 것이 없으며, 없어도 좋은 것이란 없다.〉 그 말은 자해 행동을 하게 하는 그 힘도 당신의 삶에 도움이 되는 부분이 있다는 의미입니다."

# 성깔이, 텅빈이 그리고 기대니

경계성 성격장애를 앓고 있는 한 20대 여자가 있다. 늘 어디론가 떠나고 싶은 공허감에 시달리고 감정 기복이 심해 아침과 저녁 기분이 다를 정도로 기분 변화가 심하다.

게다가 충동 조절이 되지 않아 화가 나면 분노 폭발을 일으킨다. 그녀는 짜증이 나거나 공허하면 칼로 손목을 긋는 자해를 하는데 피를 보면 자신이 살아 있다는 느낌을 받기 때문이라고 한다. 내가 외래에서 그녀를 처음 보았을 때 그녀의 양팔에는 면도칼로 그은 상처 자국이 무수히 남아 있었다.

버려지는 것에 대한 두려움이 그녀의 삶을 지배하고 있었다. 기질적으로 유기 불안이 심한 데다가 그녀의 불안정한 행동으로 가족이 그녀를 포기했고 다른 정신과 의사들도 치료를 거부했다.

진료실을 찾을 때마다 그녀는 필사적으로 나에게 매달렸다. '저를 버리지 말아 주세요.' 그녀는 만날 때마다 몸으로 눈빛으로 나에게 말했다. 나 역시 그녀를 치료하는 것이 부담스러웠지만 냉정하게 내칠 수는 없었다. 그래서 하나의 조건을 내걸고 그녀를 만나기로 했다. 그것은 〈행동대신 말〉이다. 입으로는 무슨 말

을 해도 되지만, 나에게 어떤 욕설을 퍼부어도 되지만 대신 자해
는 자제하는 것이다.

우리는 매주 만나 대화를 나누었다. 그녀의 감정이 차분할 때
우리의 대화는 이렇게 평온하게 흘러간다.

"지난주는 어떻게 보냈니?"
"나름대로 잘 보냈어요."
"성깔이는 어떻게 하고 있나?"
"한 번씩 성질을 부리는데 그때마다 잘 달래주고 있어요."
"그래, 잘하고 있네."

그녀가 견디기 어려워하는 문제점을 묶어보니 크게 세 가지였
다. 충동적인 것, 공허한 것, 의존적인 것, 이 세 가지를 그녀는 가
장 힘들어했다. 그래서 내가 그 세 놈에게 각각 이름을 붙여 주었
다.

충동은 〈성깔이〉, 공허는 〈텅빈이〉, 의존은 〈기대니〉. 그리고
그 세 놈과 친구하라고 다른 세 놈에게도 이름을 붙여 주었다. 안
전감은 〈안전이〉, 충만감은 〈포근이〉, 독립심은 〈씩씩이〉. 이건
나의 아이디어다. 왜냐하면 "지난주에 충동적인 생각이나 행동은
있었니?"라고 묻는 것보다 "지난주에 성깔이 놈은 어땠니?"라고
묻는 게 훨씬 더 자연스럽게 대화를 진행할 수 있기 때문이다.

우리의 대화는 지난주에 그 여섯 놈이 어떻게 지냈는지를 중
심으로 전개된다. 성깔이가 성질내면 안전이가 토닥여 주고, 텅

빈이가 어디론가 떠나고 싶어 하면 포근이가 안아 주고, 기대니가 발동해서 아무나 만나려고 하면 씩씩이가 혼자서도 시간 보낼 수 있다며 응원해 주고, 우습게 들릴지 모르지만 그런 식으로 대화를 이끌고 있다.

일단 자해하지 않고 1년을 지내는 것을 목표로 하고 있다. 동시에 그녀 내부에 있는 강렬함을 무기로 뭔가 의미 있는 일을 해 보기를 권하고 있다.


"교수님은 참 재미있는 분이에요. 그리고 따뜻한 분이고. 제가 교수님을 사랑해도 되나요?" 얼마 전에 그 애가 나에게 물어 왔다.

"사랑해도 되지. 사랑하는 게 나쁜 것은 아니지. 마음껏 사랑해라." 내가 이렇게 대답하자 그녀는 고개를 갸우뚱거린다.

"그렇게 말해도 되나요? 정신과 의사와 환자 사이는 사랑하면 안 된다던데요."

"사랑도 여러 종류가 있지. 네가 정말로 나를 사랑한다면 언젠가는 내 곁을 떠나 건강하게 너의 꿈을 펼쳐 가겠지. 그런 날이 꼭 올 거다."

"교수님으로부터 도움을 많이 받아요. 정말이에요. 교수님을 만나지 못했더라면 지금도 정신병원에 입원해 있을지 몰라요. 얼마 전에 성깔이 놈이 한번 발광 했는데 그때 제가 성깔이에게 물었지요. 만약 네가 하자는 대로 하면 앞으로 교수님을 못 볼 건데 그래도 괜찮겠니? 그랬더니 그 놈이 곧 수그러졌어요. 성깔이도 교수님 사랑하나 봐요."

"고맙다. 나도 성깔이 사랑한다고 전해 다오."

그렇지만 이 젊은 여자 환자는 여전히 강적이다. 자해는 하지 않지만 화가 나면 물건을 던지고 가장 가까운 엄마에게 욕을 하는 것은 여전하다. 공허함이 온몸에 가득 차 있고 버려지는 것에 대한 두려움이 삶을 지배하고 있다. 그러다 보니 필사적으로 나에게 매달린다. 이전에는 화가 나거나 짜증이 나거나 공허하면 손목에 칼로 자해를 하였는데 이제는 그것을 말로 풀려고 노력 중이다. 내가 늘 강조한 〈행동 대신 말로〉라는 원칙을 잘 지키고 있다.

　힘든 환자를 만날 때마다 이런 생각이 든다. '도대체 그녀와 나는 전생에서 무슨 인연이었을까? 내가 얼마나 큰 은혜를 입은 것일까?' 그 더운 여름이 가고 선선한 가을이 오듯이 그녀의 흔들리는 마음도 스쳐 지나가는 바람이기를 바랄 뿐이다.

# 매달 일주일씩 앞당겨
# 외래를 찾아오는 할아버지

　조현병을 앓고 있는 82세 할머니가 계신다. 병이 오래되다 보니 거의 치매에 가까워 조현병인지 치매인지 구분이 되지 않는다. 할머니는 할아버지와 단둘이 사는데 외래 올 때는 언제나 할아버지가 할머니 손을 꼬옥 잡고 온다. 할아버지 연세가 어떻게 되는지 물으니 할머니보다 세 살 많은 85세라고 한다. 할아버지는 머리카락 뿐만 아니라 눈썹도 하얗게 세어 마치 산신령같아 보이지만, 아직도 허리를 꼿꼿이 세운 모습이 나이에 비해 건강하다는 인상을 준다.

　할머니는 누군가 자신을 해치려 한다는 피해망상이 심해서 여름이나 겨울이나 1년 365일 언제나 창문을 꼭꼭 닫고 커튼을 친다. 날씨가 추울 때는 문제가 없지만 더운 여름날에는 창문을 열지 못해 할아버지는 아주 고통스러워 한다. 그렇지만 할아버지는 싫은 내색 한 번 하지 않고 할머니가 하자는 대로 한다.

　할아버지와 할머니는 매달 한 번씩 외래를 방문하는데 처방

을 낼 때마다 일주일 먼저 왔다는 글귀가 컴퓨터 화면에 뜬다. 5
주를 처방하면 4주째 병원에 오는 것이다. 처음에는 대수롭지 않
게 여기고 처방하였지만 몇 개월 동안 계속 그것이 반복되자 어
느 날 내가 물었다.

"어르신, 제가 할머니 약을 5주 처방하는데 어르신은 매번 4주
마다 오십니다. 무슨 이유가 있습니까?"

내 말에 할아버지가 순간 흠칫하더니 곧 이렇게 말했다. "이
유는 무슨. 요즘 내가 자주 깜빡깜빡해서…… 안사람 약 먹이는
것을 자꾸 까먹어서 그래. 약을 방 곳곳에 놓아두다 보니 그런 모
양이지."

"그렇군요. 아무래도 어르신도 연세가 있으니. 그래도 제가
보기엔 어르신이 참 건강해 보입니다."

"내가 몸이라도 움직여야 안사람을 챙기지. 내가 챙겨주지 않
으면 약을 먹지 않아. 약을 안사람 손에 놓아주고 직접 물을 입에
갖다주어야 약을 먹어."

"대단하십니다. 어르신의 정성이 참 대단합니다. 매번 할머니
약을 챙겨서 먹이는 것이 힘들지 않습니까?"

"힘들기는. 어떻게 들릴지 모르지만 나는 그 순간이 제일 행복
해."

"행복하다니요?"

"내가 돌볼 수 있다는 것이 행복하지. 안사람에게 빚을 많이
졌지. 결혼하고 젊을 때 결핵에 걸렸는데 그때 나를 살린 사람이
안사람이야. 다른 사람들은 병 옮는다고 옆에 오지도 않았는데
안사람만이 내 곁에 붙어서 밥도 먹여 주고 약도 챙겨 주고. 안사
람이 한 것에 비하면 지금 내가 하는 것은 아무 것도 아니야."

"그런 일이 있었군요. 그래도 어르신이 매일 약을 챙겨 먹이는 것은 대단합니다."

"하루 두 번씩 약을 챙겨 먹이는 것이 힘들기는 해도 그래도 나는 그 순간이 행복하지."

"그렇군요. 그런데 어르신, 하루에 할머니에게 약을 두 번 챙겨 먹이시나요?"

내가 묻자 할아버지가 눈을 동그랗게 뜨고 나를 보더니 곧 시선을 외면해 버렸다. 그리고 아무 말도 하지 않았다. 나도 아무 말을 하지 않았다. 어색한 침묵이 흘렀다. 할아버지가 왜 매달 일주일씩 앞당겨 오는지 그 이유가 밝혀진 순간이었다.

"어르신, 저는 약을 하루 한 번 복용하는 것으로 처방하였는데 어르신 말씀은 하루 두 번 할머니에게 약을 먹인다고 하셨습니다. 하루 두 번 먹이려고 하면 약이 부족할 텐데 그건 어떻게 하셨습니까?"

"그게, 참, 내가 미안하게 됐소. 사실은 내가 잠이 오지 않아 처방 받은 약이 있는데 그것을 섞어서 먹였어."

"알겠습니다, 어르신. 제가 하나 더 여쭤봐도 되겠습니까?"

"이왕 이렇게 된 거 무엇이든 물어보게나."

"왜 할머니에게 약을 하루 두 번씩 먹게 했습니까? 무슨 이유라도 있습니까?"


"그게, 아마 여름철이었지. 날씨는 덥고 창문은 못 열고 냄새는 나고. 그때 많이 힘들었어. 환기가 되지 않으면 안사람 건강에 안 좋거든. 그래서 낮에 안사람에게 내가 밤에 잠이 안 올 때 먹는 수면제를 먹였더니 잠을 자더군. 자는 동안에 창문을 열고 환기를 시켰더니 훨씬 좋았어. 그때부터 내가 먹는 약에 교수님한테 처방 받은 약을 적절하게 섞어 낮에 먹였어. 그랬더니 내가 지내기가 훨씬 편하더군. 대신 안사람은 대부분 누워 있지만."

"그렇군요. 그럼 저보고 낮에도 먹을 약을 처방해 달라고 말씀하시지 그랬습니까?"

"내가 말했지. 그랬더니 교수님이 내 안사람 나이가 많다며 낮에도 먹으면 활동하기가 힘들 거라고 말하더군. 그 말도 맞는 말이라서 내가 약 더 지어 달라고 못했지. 다 내 불찰이야. 내 잘못이야."

"아닙니다, 어르신. 제 잘못입니다. 어르신의 심정을 좀 더 헤아렸어야 했는데. 죄송합니다. 오늘부터 제가 약을 낮에도 먹을 수 있도록 처방하겠습니다. 그러니 앞으로는 무슨 어려움이 있을 때마다 저에게 말씀해 주십시오."

"내 그렇게 함세. 괜히 이 늙은이가 교수님을 번거롭게 만드네. 그렇지만 이 점은 알아주었으면 좋겠네. 내 편하려고 약을 낮에 먹인 것이 아닐세. 내가 약을 안사람에게 먹일 때는 뭔가 안사람을 돕는다는 기분이 들어 기뻐. 이 나이에 내가 그것 말고는 해줄 것이 없거든."

"알겠습니다, 어르신. 할머니를 사랑하는 어르신 마음에 제가 감동 받습니다."

"이 나이에 사랑은 무슨…… 그냥 보면 안쓰럽고 불쌍하지."

할아버지가 눈시울을 붉힌다. 나는 할머니가 하루 두 번 복용해도 큰 문제가 없도록 약을 다시 처방했다. 그리고 필요할 때 복용하도록 비상약도 따로 처방했다.

할아버지에게 약에 대해 설명하면서 문득 할아버지가 할머니에게 약을 먹이는 행동은 어머니가 갓난아기에게 젖을 먹이는 행동과 같다는 생각이 들었다. 할아버지에게 약은 할머니에 대한 사랑의 상징이라는 생각이 들었다.

# 위로와 공감 사이

한 40대 중년 부인이 나에게 묻는다.

"남편은 좋은 사람입니다. 제가 의지하는 유일한 사람입니다. 저에게 잘해 줍니다. 그렇지만 남편과 대화를 나누면 늘 가슴이 답답해집니다. 왜 그렇죠?"

"최근에 있었던 예를 하나 들어주시겠습니까?"

"얼마 전에 이런 일이 있었어요. 제가 회사에서 퇴근해 집으로 오는데 그날따라 차가 많이 막혔어요. 집이 남편 직장과는 가깝지만 제 직장과는 꽤 멀어요.

저녁이라 피곤한데다 배는 고프고, 꽤 늦은 시각에 집에 도착하니 남편은 이미 와 있더라고요. 남편 얼굴을 보니 갑자기 화가 나더군요. 그래서 남편에게 화를 냈어요. 멀어서 못 다니겠다는 말도 하면서. 그랬더니 남편이 미안한 표정으로 〈그럼 우리 당신 직장 가까운 곳으로 이사 갈까?〉 이렇게 말하는 거예요.

그 말을 듣는 순간 화가 더 나더군요. 아이들 학교 문제도 있고 친정집과의 위치도 고려해서 현재 우리가 사는 아파트가 제일 적당한 것 같아서 선택한 것이거든요. 현실적으로 이사 가기가 쉽지 않아요. 그래서 제가 더 화를 냈죠. 〈그게 말이 되는 소리야?〉 그랬더니 남편도 〈당신만 어렵나? 나도 어렵다〉고 목소리를 높이더군요.

결국 화를 내어 미안하다고 내가 남편에게 사과하는 것으로 끝났지만 마음은 편치 않았어요. 남편과는 매사 이렇게 부딪쳐요. 왜 그렇죠?"

그녀는 정말 모르겠다는 듯이 고개를 갸우뚱하면서 나를 바라본다. 위로와 공감의 차이가 극명하게 드러나는 순간이다.

부인이 〈멀어서 못 다니겠다〉고 말한 것은 〈오늘따라 내가 힘들어. 그러니 나를 다독여 줘〉라는 감정을 표현한 것이다. 남편이 〈오늘 정말 힘들었겠네. 수고 많았어〉라는 말만 했으면 그녀가 느꼈던 불편한 감정은 사라졌을 것이다.

그녀가 원했던 것은 자신의 감정과 느낌을 남편이 알아주는 것이다. 자신의 감정에 초점을 맞추어 남편이 그 감정에 함께 있어 주기를 원한 것이다.

그런데 남편은 아내의 감정과 느낌에 머물기보다는 〈우리 이사 갈까?〉라는 이성적인 해결책을 제시하면서 그 상황에서 빠져나가 버린 것이다. 그녀는 공감을 원했는데 남편은 해결책을 제시한 것이다.

해결책은 위로의 한 형태이지만 공감은 그 감정에 함께 머무는 것이다. 아내는 자신의 감정이 공감받지 못한다고 느꼈기에 더 화가 난 것이다.

불행한 일을 당하면 사람들은 당사자를 위로한다. 〈무척 슬프겠다. 하지만 극복할 수 있을 거야. 너는 강한 사람이니까〉라고 말한다. 〈시간이 모든 것을 해결해 줄 거야. 세월이 지나가면 잊을 수 있을 거야〉라고도 말한다.

좋은 마음에서 그런 말을 하지만 대부분 그런 말은 도움이 되지 않는다. 상대방 머리에만 전달되기 때문이다. 가슴으로 전달되려면 고통스러워하는 사람의 감정에 초점을 맞추어야 한다. 위로보다는 공감해야 한다.

40대 장남을 갑자기 사고로 잃은 한 70대 할머니는 이렇게 말한다.

"의사 양반, 사람들은 나를 볼 때마다 〈힘을 내라. 시간이 지나면 잊어질 거다〉라고 말합니다. 다 나를 생각해서 하는 말인 줄은 알지만 나에게는 전혀 위로가 되지 못합니다. 내 마음에 와닿지를 않습니다.

차라리 아무 말도 하지 말아 주었으면 좋겠습니다. 내가 이번일을 겪고 나니 그동안 내가 위로한답시고 다른 사람들에게 한 말이 얼마나 헛된 것인지 알겠습니다."

위로와 공감의 차이는 무엇인가? 위로는 그 상황이나 행동에 초점을 맞추어 제안이나 조언, 따뜻한 말을 하는 것이다. 반면 공감은 느낌과 감정에 초점을 맞추는 것이다.

뭐라고 말하기보다는 그냥 조용히 함께 있는 것, 말없이 옆에 앉아 어깨에 손을 얹는 것, 말없이 손을 잡아주는 것, 그것이 공감이다. 공감은 말 없는 위로다. 심리적으로 고통받는 사람들에게 진정 필요한 것은 위로가 아니라 공감이다. 자신의 마음을 알아준다고 느낄 때만 비로소 마음이 열리고 입을 연다.

위로는 넘쳐나지만 공감을 받기는 어려운 세상이다. 달콤한 말은 도처에 넘치지만, 조용히 손을 잡고 옆에 앉아 있어 주는 사람이 많지 않은 것이 오늘의 현실이다.

주위에 슬퍼하고 외로워하는 사람을 보면 말로써 위로하려하기보다는 그냥 조용히 옆에 앉아 있어 주기를 권한다. 어깨동무를 하거나 손을 잡아주면서 그냥 가만히 있어 주기를 권한다. 김사인 시인의 〈조용한 일〉이라는 시에서처럼, 철 이른 낙엽 하나가 슬며시 곁에 내려도 고마움을 느끼듯이 그냥 옆에 있어만 주는 그게, 정말로 큰 힘이 된다.

# 자살 시도에 대한 단상

아침에 전공의 K선생이 사례 발표를 한다. 세 번이나 자살 시도를 한 30대 남자 이야기다. K선생의 발표를 들으면서 그 남자를 그린다.

회사에 다니고 있는 이 남자는 자신이 맡은 업무가 너무 부담된다며 세 번이나 자살을 시도했다. 첫 번째는 수면제를 과량 복용했고, 두 번째는 칼로 자신의 배를 찔렀고, 세 번째는 바다 위 다리에서 뛰어내렸다.

첫 번째 자살 시도와 두 번째 자살 시도는 집에서 행해졌기에 아내가 발견해 병원에 입원했다. 세 번째는 정말 운 좋게도 그 남자가 뛰어내린 바로 근처에 배가 떠 있어서 그 남자를 구했고 해양 경찰의 도움으로 병원 응급실로 이송되었다.

그 남자는 응급 의학과를 거쳐 정신과에 입원했고 한 달 후에 퇴원했다. K선생은 그 환자의 주치의로서 자신이 어떻게 그 환자를 치료했는지 자세히 이야기했다. 성장 과정도 말하고 부모와의 관계도 말하고 아내와 자녀와의 관계도 언급했다. 더 나아가 입원해 있는 동안 부부 면담도 했고 삶에 대한 환자의 왜곡된 생각을 바꾸기 위하여 인지치료도 시행했다. 나아가 그 환자의 심리 역동도 분석했다. K선생은 환자에게 도움을 주기 위해 열심히 치료했다.

그런데 나는 K선생의 발표를 들으면서 환자의 자살 시도에 대한 언급이 단 3개의 문장뿐이었다는 사실이 의아했다. 〈첫 번째 자살 시도: ○○년 ○○월 ○○일 수면제 과량 복용.〉 〈두 번째 자살 시도: ○○년 ○○월 ○○일 칼로 복부를 찌름. 인근 병원에 입원한 후 퇴원함.〉 〈세 번째 자살 시도: ○○년 ○○월○○일 바다 위 다리에서 뛰어내림. 인근에 있던 배가 구조해 해양 경찰을 통해 병원 응급실로 이송됨.〉 그게 전부였다.

그리고 입원해 있는 그 긴 시간 동안 자살 시도에 대해서는 아무런 언급이나 탐색을 하지 않았다. 대신 성장 과정에서, 부부 관계에서, 직장생활에서 어떤 문제점이 있는지를 탐색했고 그것을 근거로 인지치료와 정신역동치료를 시행하고 있었다. K선생 발표가 끝나고 내가 물었다.

"K선생, 그 환자에게 가장 중요한 것이 무엇이라고 생각하나? 치료의 초점을 어디에 두어야 하나?"

"우울증입니다."

"병명을 이야기하지 말고 구체적으로 말해 보게"

"제 생각에는 환자가 느끼는 과중한 직장 내 부담이 주요 원인이라고 생각됩니다만……." K선생이 말끝을 흐리며 내 눈치를 살핀다.

"그것도 중요하겠지. 그러나 만약 내가 그 환자의 주치의라면 그 환자의 자살 시도에 모든 초점을 맞추고 싶어.

인간이 자살을 시도한다는 것은 그 사람의 일생에서 가장 큰 사건이지. 그보다 더 심각하고 큰 사건은 없어. 우울이나 불안이나 불면과 같은 그 환자가 호소하는 다른 증상과는 비교하기 어려울 정도로 큰 사건이지.

그래서 알베르 카뮈는 『시지프스의 신화』에서 이렇게 말했어. '참으로 진지한 철학적 문제는 오직 하나뿐이다. 그것은 바로 자살이다. 인생이 살 가치가 있느냐 없느냐를 판단하는 것이야말로 철학의 근본 문제에 답하는 것이다.'

내가 카뮈의 말을 인용한 이유는 자살 시도라는 것이 다른 어떤 증상보다도 더 중요한 핵심 증상이기 때문이야. 그래서 자살 시도를 한 환자 경우에는 그 자살 시도에 모든 면담과 치료 노력을 기울여야 해.

성장 과정에서의 문제점이나 부부간의 문제나 직장 내 문제 등은 설혹 그것이 자살 시도의 유발 요인이라고 여겨지더라도 뒤로 미루고 오로지 자살 시도에만 초점을 맞추어야 해.

더구나 이 남자는 세 번이나 자살 시도를 했고 자살 방법의 위험도도 계속 증가하기 때문에 더더욱 자살 시도에 초점을 맞추는 게 필요해. 그렇다면 자살 시도에 초점을 맞춘다는 것은 어떻게 하는 것일까?"

"잘 모르겠습니다." K선생이 고개를 숙이며 내 시선을 피했다.


"아주 쉬워. 자신이 자살 시도자의 자리에 앉아 보면 되지. 어떤 사람이 자살하려고 할 때 그 심정이 어떨까? 상상으로 그것을 알 수 있을까? 삶과 죽음의 갈림길에서 이해나 공감이라는 단어는 불충분한 말이야. 오로지 그 환자로 하여금 그때의 상황으로 되돌아가서 그때 심정이 어땠는지, 어떤 생각이 들었는지, 어떤 기분이었는지 물어야 해. 잔인할 정도로 집요하게 물어야 해.

그러면 내가 경험한 바로는 대부분의 환자는 울음을 터뜨려. 온몸을 부들부들 떨지. 나보고 욕을 하는 환자도 있었어. 그렇게 해야 자살 시도라는 것이 얼마나 무서운 것인지를 치료자가 이해할 수 있지.

그 엄청난 사건을 단지 〈자살 시도〉라는 한마디 단어로 묘사한다는 것은 눈을 감고 환자를 보겠다는 것과 마찬가지야. 그러니 앞으로 환자가 자살 시도를 해서 입원하면 그냥 한마디 말로 서술하고 넘어가지 말고 〈자살 시도〉라는 문으로 들어가 보도록 노력해야 해. 집요하고 끈질기게 그 문을 두드려야 해. 그게 바로 환자의 심리로 들어가는 방법이야."

# 모든 고통의 근원은 생각이다

50대 여자가 있다. 젊은 날에 바람피우는 남편에게 버림받았고 그것을 보상하기 위해 혼신의 힘을 다해 아들을 키웠다. 그런데 나이 들어 아들로부터도 버림받는 바람에 그녀는 한국판『여자의 일생』의 주인공이 되었다.

그녀의 이야기를 들어보면 인간이 겪을 수 있는 고통의 종류가 참으로 다양하다는 사실을 알게 된다. 〈피부 껍데기를 쓴 송장처럼 살고 있다.〉〈죽지 못해 사는데 제발 죽는 방법을 가르쳐 달라.〉 그녀는 외래로 찾아올 때마다 나에게 애원한다.

그녀가 겪는 고통의 양과 질이 엄청나서 어떤 말이든 하기가 쉽지 않다. 그래서 며칠을 고민하다가 다음과 같이 조언해 주었다.

"삶에 저항하지 마십시오. 저항하지 않는다면 어떤 사건이 일어나도 마음을 두지 않을 것이고 그러면 불행하다는 느낌도 줄어들 것입니다."

"저항이라뇨? 저는 저항할 힘도 없고 무기력한데요, 선생님."

"남편이 바람을 피우든, 사귀는 여자를 집에 데리고 오든, 아들이 술을 마시고 망나니 짓을 하든, 그냥 스쳐 지나가는 바람으로 받아들이십시오.

그 사건에 대해 판단하거나 생각하지 마십시오. 생각하지 말고 하루하루를 살아가십시오. 아침에 일어나 밥 먹을 때는 밥 먹는 행동에만 집중하고, 화장실 갈 때는 변 보는 행동에만 집중하고, 장 보러 갈 때는 장 보는 행동에만 집중하십시오."

"그게 가능합니까? 그 인간들이 그렇게 하는데."

"당신을 괴롭게 만드는 것은 남편과 아들이 아닌 남편과 아들에 대한 당신의 생각입니다. 그러니 그 생각을 마음속에 가두어 두지 말고 흘러가도록 해야 합니다. 그렇게 하는 가장 쉬운 방법은 몸을 움직이는 것입니다. 일을 하는 것입니다."

"선생님 말을 잘 모르겠는데요."

"예를 하나 들겠습니다. 당신의 남편이나 아들이 불치병에 걸렸다고 합시다. 그래서 얼마 못 산다고 합시다. 그러면 당신은 그들에 대해 어떤 생각이 듭니까?"

"천벌 받았다는 생각이 들겠죠."

"그뿐입니까? 또 다른 생각은 없습니까?"

"안됐다는 생각도 들겠죠."

"그렇게 생각하면 당신의 마음은 어떻습니까? 고통이 줄어듭니까?"

"지금보다는 낫겠죠."

"그렇다면 그렇게 생각하고 남편과 아들을 대하십시오. 제가 말하고자 하는 바는 당신을 괴롭히는 것은 남편과 아들이 아니라 그들에 대한 당신의 생각이라는 것입니다.

당신이 남편과 아들을 바꿀 수는 없습니다. 그러나 남편과 아들에 대한 당신의 생각은 바꿀 수 있습니다. 그 생각만 바꿀 수 있다면 당신의 불행은 훨씬 줄어들 것입니다."

"살아가면서 어떻게 생각을 하지 않을 수가 있나요? 그게 가능한가요?"

"가능합니다. 충분히 가능합니다. 가장 쉬운 방법은 어떤 일에 몰두하는 것입니다. 아무 생각이 나지 않을 정도로 일에 몰두하는 겁니다. 그때 느끼는 마음이 당신의 진짜 마음입니다. 그러니 어떤 일이든 한번 몰두해서 해 보십시오. 그러면 불행감은 줄어들 것입니다."

얼마 후 나를 찾아온 부인의 얼굴이 훨씬 밝아 보였다. 집 근처 마켓 점원 일을 하기 시작했고 그 일에 몰두하니 일을 하는 동안은 마음이 훨씬 편하더라는 것이다. 생각을 하지 않으니 이전보다는 훨씬 덜 괴롭고 덜 고통스럽다고 말한다.

생각이 아픔을 일으키는 까닭에 사람들은 본능적으로 생각을 없애려고 몸부림친다. 그러나 몸부림치면 칠수록 생각은 올가미처럼 온몸을 묶는다. 저항할수록 더욱 단단히 온몸을 옭아맨다.

그러니 생각이 일어나 가슴에 통증이 올 때 저항해서는 안 된다. 저항하면 오히려 고통이 더 심해진다. 흘러가는 구름처럼 스쳐 지나가는 바람처럼 그냥 바라보아야 한다.

자신이 감당하기에 삶의 무게가 너무 무겁다고 생각될 때는 그것을 생각하지 말고 그냥 받아들여야 한다. 자신이 변화시킬 수 없는 경우에는 그 문제에 대한 집착을 끊어야 한다. 묻지도 말고 따지지도 말고 그냥 하던 일을 계속하면 된다.

그러면 아무리 고통스러운 삶도 사건도 결국은 바람처럼 지나가게 되어있다. 삶도 사건도 결국은 흘러간 과거이고 생각이 만들어 낸 허상에 불과하기 때문이다.

모든 고통의 근원은 생각이다.

# 가르쳐 주세요

"교수님, 저는 불쌍한 여자랍니다. 어떻게 해야 할지 가르쳐 주세요." 한 50대 여자가 진료실을 찾아와 하소연한다. 의료급여 1종의 생활보호 대상자이다.

그녀는 어릴 때 일찍 부모가 돌아가시고 공장 노동자와 식모를 전전하다가 한 남자를 만났다. 만난 지 얼마 되지 않아 성폭행을 당했고 임신한 후 유산했다. 그 일 이후 남자라면 치를 떨면서 혼자 살겠다고 결심했지만 22세 때 같은 공장에 다니는 한 남자를 만나 동거 생활을 시작했다. 그리고 남편으로부터 매 맞고 지내다가 결국 남편에게도 버림받았다. 20대 후반 외아들은 직장 없이 빈둥거리며 눈만 뜨면 돈을 달라고 환자를 때린다. 밑의 남동생과 여동생도 팔자가 기구하여 기댈 형편이 못 된다.

여자가 다시 나를 보며 애원한다. "교수님, 저는 기댈 곳이 아무 데도 없어요. 어떻게 해야 할지 가르쳐 주세요."

난감하다. 병원을 방문한 주된 이유를 적는 칸에 보통은 우울이나 불안이나 환청이나 망상을 적는데 이 환자의 경우에는 〈어

354

떻게 해야 할지 가르쳐 주세요〉라고 적을 수밖에 없다.

이런 경우가 힘들다. 밖에서 기다리는 환자들은 빨리 나오지 않는다고 화를 내고, 내 앞에 앉아 있는 여자는 필사적으로 나에게 매달린다. 갈 길은 먼데 해는 저무는 꼴이다. 그래서 내가 간단하게 말해주었다. 가장 중요한 것은 건강을 지키면서 밥을 먹고 사는 것이다. 다음 4가지를 지켜야 한다.

첫째, 매일 무조건 한 시간씩 걷는다.
둘째, 매일 적어도 두 끼 식사는 한다.
셋째, 주민 센터에 가서 무료로 기술을 배울 수 있는 학원을 추천해 달라고 부탁한다.
넷째, 지난 과거를 떠올리지 않는다.

환자를 보내고 나니 갑자기 〈가르쳐 주세요〉라는 노래가 생각난다. '외롭고 가엾은 여자를 만나거든 행복이 무엇인지 사랑이 무엇인지 가르쳐 주라'는 노랫말이 떠오른다. 환자가 나에게 '가르쳐 주세요'라고 말한 것이 연상 작용을 한 모양이다. 내 안에 참으로 많은 노래가 있나 보다.

# 늦가을이면 언제나 우울해지는 남자

늦가을로 접어들면 언제나 우울증에 빠지는 한 30대 남자가 있다. 그가 초등학교 입학하기 전인 5살 때, 그해 늦가을인 11월에 어머니가 돌아가셨다는 점을 감안하면 일종의 기념 우울증 anniversary depression으로도 볼 수 있다. 어머니에 대한 기억은 별로 없지만 그는 늘 어머니를 그리워한다.

"이 나이에도 어머니가 그리우면 병인가요?" 그가 묻는다.

"병은 아니고 아직까지 어머니의 죽음을 애도하는 중이라고 말할 수 있지요. 다른 사람보다 애도 기간이 더 길다고 볼 수 있습니다." 내가 대답했다.

"제가 왜 이렇게까지 어머니가 그리운지 모르겠습니다. 저번에 심리 상담을 받아 보았는데 제가 어머니를 그리워하는 이유가 어릴 때 경험한 어머니와의 분리불안 때문이라고 말하던데요. 교수님 생각은 어떻습니까?"

"그건 잘 모르겠습니다. 그러나 한 가지 확실하게 말씀 드릴 수 있는 것은 어머니가 그리운 이유는 어머니가 이미 죽었기 때문입니다."

"그렇다면 만약 어머니가 죽지 않았더라면 제가 어머니를 그토록 그리워하지 않는다는 말씀인가요?"

"그렇습니다. 어떤 대상이 그리운 이유는 그 대상이 이미 죽었기 때문입니다. 그리움은 대상의 죽음을 전제하고, 그렇기 때문에 그리움 옆엔 언제나 대상의 죽음이 있습니다. 제가 하나 물어볼 것이 있습니다. 현재 그리워하는 어머니가 어릴 때 돌아가신 실제 어머니입니까? 아닙니까?"

"당연히 제 어머니이지요. 제게는 돌아가신 어머니 말고 다른 어머니는 없습니다."

"있습니다."

"그게 무슨 말입니까?"

"제가 하나 더 물어보겠습니다. 5살 때 어머니가 돌아가셨다고 하셨는데 어머니에 대한 기억이 어느 정도로 있습니까? 어머니에 대한 기억 때문에 그토록 어머니에 대한 그리움이 생깁니까?"

"어머니에 대한 기억은 별로 없습니다. 그냥 막연하게 보고 싶을 뿐입니다. 그냥 이유없이 그립습니다."

"그냥 막연하게 보고 싶은 어머니, 그냥 이유없이 그리운 어머니, 그 어머니는 현실에서의 실제 어머니가 아닌 자신이 머릿속에서 떠올린 상상 속의 어머니입니다. 한없이 따뜻하고 한없이 포근한 어머니, 어머니의 품에 안긴 갓난아기가 느끼는 바로 그 어머니입니다. 그런 어머니는 상상 속에서만 존재하지 현실에서는 존재하지 않습니다. 영원히 상실되었기 때문에 오직 그리움의 대상으로만 남아 있습니다."

그리움, 그리움이 짙어지는 가을이다. 다시는 안길 수 없는 어머니의 포근한 품이 그리운 계절이다.

# 삶은 애도다

"살아 있어도 사는 게 아니에요. 나는 이미 죽은 목숨이에요."
"자꾸 눈물이 나서 눈을 뜰 수가 없어요."
"내 몸 안의 모든 눈물이 말라 버려 아무 느낌도 감정도 없어요."
"계속 자고 싶어요. 꿈속에서는 만날 수 있겠지요."
"우리 애는 내가 기억하는 한 내 마음속에 살아 있어요."

사랑하는 사람을 잃은 사람들은 다양한 방식으로 자신의 슬픔을 표현한다. 말로 표현하는 사람이 있는가 하면 차마 그 고통을 말로 담아내지 못해 몸으로 나타내는 사람도 있다.

자신의 가슴을 너무 때려 가슴이 온통 피멍인 여자, 차마 죽은 아들을 잊지 못해 아들의 옷을 입고 자는 여자, 눈만 뜨면 눈물이 흘러 눈을 뜨지 못하는 여자, 갑자기 말을 하지 못하게 된 여자, 술에 취하지 않으면 잠을 이루지 못하는 남자, 자식이 자주 가던 카페에서 하루 종일 멍하니 있는 여자, 떠난 자식의 음성이 들려 하염없이 눈물을 흘리던 남자. 그렇다. 인간이 겪는 가장

큰 고통 중의 하나는 사랑하는 사람과 헤어지는 것이다. 애별리
고愛別離苦이다.

애도란 무엇인가? 애도는 사랑하는 대상을 상실할 때 일어나
는 심리 과정을 말한다. 사랑하는 대상은 사람일 수도 있고, 동물
일 수도 있으며 심지어는 물건일 수도 있다. 대상을 상실하여도
그 대상이 사랑하는 대상이 아니면 애도는 일어나지 않는다. 애
도의 전제 조건은 사랑의 상실이다.

그렇다면 사랑이란 무엇인가? 정신분석적으로 사랑이란 어
떤 대상에게 '리비도libido', 즉 삶의 에너지가 투여되는 것을 말
한다. 그렇기에 사랑은 삶의 모든 것이며 살아야 하는 존재 이유
가 된다.

애도는 현실 검증을 통해 사랑하는 대상이 더 이상 현실에 존
재하지 않는다는 사실을 깨닫고 그 대상에게 투여했던 에너지를
그 대상과의 관계로부터 철수시키는 과정을 말한다. 애도는 누
구나 겪는 정상적인 과정이며 이를 통해 인간은 사랑하는 대상
으로부터 분리된다.

사랑하는 대상이 죽거나 사라지면 대상에게 향하던 리비도는
그 대상에 대한 기억에 머물게 되어 기억에 리비도의 과잉 투여
가 일어나게 된다. 회상은 마치 양파 껍질 벗기듯이 단계별로 진
행된다.

프로이트는 말한다.

〈사랑하는 사람이 떠난 직후 한 여자 환자에게서 재현 작업이
시작된다. 그녀의 눈앞에 병과 죽음의 장면이 다시 상연된다. 그

녀는 매일 자기의 인상을 하나씩 다시 불러내어 그것 때문에 울고 그러면서 천천히 마음을 달랜다.〉

이 단계는 상실된 대상과 운명을 같이할 것인지 아니면 자기 보존 본능에 따라 상실된 대상과의 인연을 끊고 자기를 살리는 쪽으로 나아갈 것인지 자아가 결정할 때까지 계속된다.

대상에 대한 기억에 투여되던 리비도가 자기 쪽으로 되돌아오면 애도 과정은 끝나고 이제는 다른 대상을 사랑할 수 있게 된다. 이 단계까지 오려면 어느 정도 시간이 지나야 한다. 정상적인 애도의 핵심은 상실된 대상에 대한 기억으로 향하던 리비도가 자기에게 돌아오거나 다른 대상에게 향하는 것이다.

애도의 과정을 거친 사람은 이렇게 말한다.

"산 사람이라도 살아야겠다."

딸을 잃은 어머니는 이렇게 말한다.

"내 딸 몫까지 살아야겠다."

남자에게 차였던 한 젊은 여성은 이렇게 말한다.

"그 놈 눈이 삐었지, 어디서 나 같은 여자를 만나? 남자가 그 놈밖에 없나, 이 세상 반이 남자인데!"

사랑하는 사람을 잃고 괴로워하는 이유는 기억 때문이다. 사건이 아니라 그 사건에 대한 기억이 사람을 고통스럽게 만든다. 사랑하는 사람은 죽었지만 그 사람에 대한 기억은 죽이지 못해 생물학적 죽음과 심리학적 죽음 사이에서 슬퍼한다. 두 죽음 사이에서 괴로워한다.

그렇기에 인간은 두 죽음 사이에 놓여 있는 가련한 존재이다.

애도 작업은 죽은 자를 다시 죽이는 것이다. 자신의 기억 속에 남아 있는 죽은 자에 대한 기억을 한 번 더 죽이는 것이다. 그래야 자신이 살 수 있기 때문이다.

우리는 살아가면서 끊임없이 애도를 경험한다. 사랑하는 사람이 죽었을 때, 사랑하는 동물이나 식물을 잃었을 때, 심지어 사랑하는 친구와 헤어지거나 아끼던 물건을 잃어버렸을 때도 우리는 애도 과정을 겪는다. 인류 역사가 애도의 역사이듯 인간의 삶도 애도의 연속이다. 애도를 통해 모든 위대한 건축물과 예술 작품이 창조되었듯이 애도를 통해 인간은 더 나은 자기 자신을 만들어 간다. 삶은 애도이고 인간은 애도를 통해 비로소 완성된다.

김철권은 1984년에 부산대학교 의과대학을 졸업하고 부산대학교병원에서 정신과 전문의와 의학박사를 받았다. 부산대학교 재학 중에 소설로 부대 문학상을 받았다.

30대 초에 미국 UCLA 정신과학 교실에서 2년 동안 행동치료와 정신재활을 공부하고 돌아와 국내에 정신재활을 소개했고 한국정신가족협회와 한국정신사회재활협회 창립을 주도했다. 40대에 10년 동안 부산광역정신보건센터장, 광역자살예방센터장, 해바라기센터소장, 정신보건사업지원단장을 맡아 지역사회정신의학을 실천했다. 50대 들어 소설가나 철학자가 되고 싶다는 젊은 날의 꿈을 이루기 위해 부산대학교에서 영화 전공으로 예술학 박사 학위를 받았으며, 프로이트라캉 정신분석학회에서 10년 이상 정신분석을 공부하면서 정신분석가 자격증을 취득했다. 동시에 니체철학, 불교철학, 그리스신화와 비극, 사진미학, 타로, 마술 등을 공부했다.

정신의학 분야에서 주 저자로 80여 편의 논문을 쓰고 저서와 번역서 16권을 출판했다. 대한신경정신의학회가 출판한 의과대학 교과서『신경정신의학』에서「정신분열병」(제2판)과「지역사회정신의학」(제3판)을 집필했다. 영화 저널에 영화 논문 30여 편을 게재했다.

1998년에 세계정신사회재활협회가 선정한 정신재활 분야에서 세계에 영향을 미치는 100명의 정신과 의사에 선정되었고, 세계 인명사전에 여러 차례 등재되었다. 보건복지부 장관 표창 3회, 부산시장 표창, 교육감 표창, 얀센 학술상을 포함한 정신의학 분야 학술상과 논문상을 7회 받았다. 현재 동아대학교병원 정신건강의학과 교수로 재직 중이다.

한 정신과 의사의
37년간의 기록

*Volume. 2*

죽은 아들의 옷을
입고 자는 여자

**초판 1쇄 발행** 2024년 1월 30일
**초판 2쇄 발행** 2024년 9월 2일

**저자** 김철권
**사진** 김철권
**펴낸이** 박태희
**제작** 박재현
**디자인** 표지 엄인정 | 본문 Flow | 감수 서혜진

**펴낸곳** 안목
**출판등록** 제381-2006-000041호
**전화** 051-949-3253
**전자우편** anmocin@gmail.com
**홈페이지** www.anmoc.com

Copyright (C) 안목, 2024, *Printed in Korea*

ISBN 978-89-98043-25-4 04330
ISBN 978-89-98043-23-0 04330 (전4권)

**이 도서는 한국출판문화산업진흥원의 '2023년 중소출판사 출판콘텐츠 창작 지원 사업'의
일환으로 국민체육진흥기금을 지원받아 제작되었습니다.**